KRIMINOLOGIE

Abhandlungen über abwegiges Sozialverhalten

Herausgegeben von

Prof. Dr. Th. Würtenberger

Direktor des Instituts für Kriminologie und Strafvollzugskunde
der Universität Freiburg i. Br.

Nr. 6

FERDINAND ENKE VERLAG STUTTGART

FAMILIE UND JUGENDKRIMINALITÄT

BAND IV

Die soziale Kontrolle in der Familie
und ihre Bedeutung
für das abweichende Verhalten Jugendlicher

Von

PETER JACOBI

Die statusabhängige soziale Kontrolle
in der Familie und die Jugend-Delinquenz

Eine empirische Untersuchung

Von

HARALD HASLER

1·9·7·0

FERDINAND ENKE VERLAG STUTTGART

ISBN 3 432 01650 6

Alle Rechte, insbesondere das der Übersetzung, vorbehalten

© 1970 Ferdinand Enke Verlag, Stuttgart
Printed in Germany

Fotomechanische Wiedergabe, auch von Teilen des Buches,
nur mit ausdrücklicher Genehmigung durch den Verlag

Druck: Buchdruckerei Eugen Göbel, Tübingen

Vorwort des Herausgebers

Zusammen mit den anderen Wissenschaften vom Menschen sieht sich die Kriminologie vor die Aufgabe gestellt, die drei großen Gebiete sozialwissenschaftlicher Forschung: Person, Kultur, Gesellschaft systematisch miteinander in Beziehung zu setzen. Sie wendet sich hierbei vornehmlich den Mängeln, Spannungen und Risiken der Sozialisation zu, die eine erfolgreiche Integration des Individuums in die Gesellschaft erschweren oder hindern.

In engem Zusammenhang mit diesem Sozialisationsprozeß steht die soziale Kontrolle mit ihren Methoden und Techniken, die als Aktualisierung der Norm ein Element in dem Prozeß der Strukturierung und Umstrukturierung des Individuums bildet. Es ist deshalb zu eng, soziale Kontrolle allein vom abweichenden Verhalten her als jenen Prozeß bestimmen zu wollen, in dem von Fall zu Fall Korrekturvorgänge sich abspielen. Zwischen Sozialisation und sozialer Kontrolle besteht kein fundamentaler Unterschied. Beide sind allenfalls verschiedene Aspekte desselben Interaktionsprozesses. Beide Phänomene geben nur Auskunft darüber, ob und wie, aber nicht darüber, was gelernt wird.

Eine Theorie abweichenden Verhaltens kann deshalb nicht bei einer Theorie der Sozialisation und der sozialen Kontrolle stehenbleiben; sie wird nach dem Grund und der Notwendigkeit dieser Prozesse zu fragen haben. Von verschiedenen Prämissen über die Natur des Menschen ausgehend, werden diese Fragen, zumindest der Tendenz nach, von Soziologie und Psychologie anders beantwortet. Für den psychoanalytisch orientierten Wissenschaftler ist durch die Annahme des zerstörerischen »Es«, jener nach Freud »ursprünglichen, selbständigen Triebanlage des Menschen«, die Frage nach dem Grund des abweichenden Verhaltens bei ungenügender Sozialisation und Kontrolle insoweit unproblematisch. Unübertrefflich klar wurde diese Position von Alexander und Staub formuliert: »Der Kriminelle setzt seine natürlichen unangepaßten Triebe... in Handlungen um... Eine teilweise motorische Beherrschung der kriminellen Regungen und ihre Ableitung in andere, sozial unschädlichere Wege unterscheidet allein die sozial angepaßten Moralmenschen von den Kriminellen.« Während Tiefenpsychologen in erster Linie nach dem Grund der Konformität fragen, stellen Soziologen die Frage eher umgekehrt nach dem Grund der Nonkonformität. Zwar wurde auch in der Soziologie das Konzept des

»Über-Ich« von Freud übernommen, das von Freud gleichermaßen angenommene »Es« blieb jedoch, zumindest in der amerikanischen Soziologie, weitgehend unberücksichtigt. Prüfstein für die Frage, welche der Prämissen über die Natur des Menschen zutreffender ist, bleibt letztlich die Erklärung des abweichenden Verhaltens. Die Kriminologie bietet insoweit den zentralen Ausgangspunkt für eine fruchtbare Kooperation von soziologisch orientierten Psychologen und psychologisch orientierten Soziologen. Möglicherweise stellt der Streit um das »Es« nur eine Wiederholung – in anderer Form – des in der Kriminologie überwundenen Streits über das Verhältnis von Anlage und Umwelt dar. Arbeiten von Scott, McNeil, Harlow u. a. deuten jedenfalls auf die Bedingtheit der Aggression durch Form und Verlauf des Sozialisationsprozesses hin.

Unerläßliche Voraussetzung für jedwede Art der Zusammenarbeit auf interdisziplinärer Grundlage ist neben der Information über Prämissen, Gegenstände, Ziele und Methoden die Einigung in der Terminologie. Eine der wichtigsten Aufgaben des im Institut für Kriminologie und Strafvollzugskunde der Universität Freiburg i. Br. bearbeiteten Forschungsprojekts »Familie und Jugendkriminalität« war es, die wissenschaftlichen Bemühungen um einige der für wesentlich erachteten Zusammenhänge zwischen Familie und Jugenddelinquenz darzustellen, um eine Reihe der für eine interdisziplinäre Zusammenarbeit notwendigen Voraussetzungen zu schaffen.

In seiner Untersuchung versucht Peter Jacobi die Funktion von sozialer Kontrolle für den Sozialisationsprozeß sowie die Wechselwirkung von sozialer und personaler Kontrolle herauszuarbeiten. Wegen der fundamentalen Bedeutung der Familiengruppe für die erfolgreiche Sozialisation des jungen Menschen schränkt er seine Arbeit bewußt auf eine Analyse dieser Kontrollprozesse in der Familie ein. Er weist eindringlich darauf hin, daß soziale Kontrolle in engem Zusammenhang mit der altersabhängig unterschiedlichen Sozialisation zu sehen ist. Seine Darstellung der bisherigen, vor allem in den USA durchgeführten Untersuchungen, die Kontrolltheorien als Bezugsrahmen zugrunde legten, zeigt, wie fruchtbar das Konzept der sozialen Kontrolle zur Erklärung abweichenden Verhaltens verwendet werden könnte, wie ungenügend aber auch die bisherigen Forschungsarbeiten sind. Die von ihm theoretisch aufgezeigten Möglichkeiten, mit Hilfe des Konzepts der sozialen Kontrolle abweichendes Verhalten zu erklären, sind bei weitem noch nicht voll genutzt worden.

Die aus einer 1967 in Mannheim durchgeführten Befragung hervorgegangene Untersuchung von Harald Hasler über die Zusammenhänge von sozialem Status und sozialer Kontrolle geht ebenfalls von der Einsicht aus, daß das Konzept der sozialen Kontrolle mannigfache Erklärungsmöglichkeiten für abweichendes Verhalten darbietet. Diese Arbeit hat ihre besondere Bedeutung darin, daß sie der vielfach geäußerten Warnung vor einer zu unkritischen Übernahme der Ergebnisse amerikanischer kriminologischer Forschung auf dem hier zu erörternden Teilgebiet Rechnung trägt. Sie versucht erstmals, die Übertragung dieser Ergebnisse der amerikanischen Wissenschaft auf deutsche Verhältnisse in einer Replikationsstudie zu prüfen. Die Untersuchung von M. Gold »Status forces in delinquent boys« (1963) diente als Vergleichsstudie, um die Frage einer interkulturellen Übertragung von Ergebnissen prüfen, gleichzeitig aber die in Deutschland anzutreffenden Besonderheiten erkennen zu können.

Der Herausgeber dankt der Deutschen Forschungsgemeinschaft und dem Deutschen Jugendinstitut e.V. sowie all jenen Personen, die dem Forschungsprojekt »Familie und Jugendkriminalität« tatkräftige Mithilfe und großzügige finanzielle Unterstützung zuteil werden ließen. Besonderer Dank gebührt Herrn Gerichtsreferendar Wolfgang Heinz für seine verdienstvollen Bemühungen um den Abschluß des Forschungsprojektes.

Freiburg i. Br., im Frühjahr 1970　　　　　　　　　　　　*Th. Würtenberger*

Inhalt

Vorwort des Herausgebers V

PETER JACOBI

Die soziale Kontrolle in der Familie und ihre Bedeutung
für das abweichende Verhalten Jugendlicher

Einleitung 1

Erster Teil
Sozialisation und soziale Kontrolle in der Familie

1. Kapitel: Die soziale Kontrolle 4
   1. Abschnitt: Begriff und Abgrenzung 4
   2. Abschnitt: Die Funktion der sozialen Kontrolle für die Gruppe und für die Entwicklung der sozio-kulturellen Persönlichkeit 11
   3. Abschnitt: Die Sanktionen – Lohn und Strafe 14

2. Kapitel: Die soziale Kontrolle und die Familie 21
   1. Abschnitt: Die soziale Kontrolle und die Familiengruppe 21
      a) Die Funktion der Kernfamilie für den Sozialisationsprozeß 21
      b) Die besonderen Faktoren für die Wirksamkeit sozialer Kontrolle in der Kernfamilie 21
   2. Abschnitt: Soziale Kontrolle und Erziehung in der Familie 23
   3. Abschnitt: Stadien der Sozialisation und Mechanismen der sozialen Kontrolle 25
      a) Die soziale Kontrolle in der Familie vor der Geburt des Kindes 25
      b) Die soziale Kontrolle im Kleinkindalter 26
      c) Die soziale Kontrolle im Vorschul- und Kindergartenalter 29
      d) Die soziale Kontrolle im Schulalter. 32

Zweiter Teil
Soziale Kontrolle und Jugenddelinquenz

1. Kapitel: Das Konzept der sozialen Kontrolle in der Kriminologie . 35

2. Kapitel: Anomie und Jugenddelinquenz 36
   1. Abschnitt: Das Konzept der Anomie von Durkheim 37
   2. Abschnitt: Das Konzept der Anomie von Merton 38
   3. Abschnitt: Das Konzept der Anomie von Jaffe 40

3. Kapitel: Die »Kontrolltheorien« 43
  1. Abschnitt: Die Theorie der Verhaltenskontrolle von Redl und Wineman . . . 43
  2. Abschnitt: Die Theorie der sozialen und personalen Kontrolle von Reiss . . . 45
  3. Abschnitt: Die Theorie des Selbstbildes von Reckless u. a. 49
  4. Abschnitt: Die Halttheorie von Reckless 56
  5. Abschnitt: Die Theorie des Norm-Halts von Reckless und Shoham 59
  6. Abschnitt: Die Kontrolltheorie von Nye 62
  7. Abschnitt: Die Theorie der »Attraktion« (»attraction«) der Familie als Delinquenzkontrolle des Jugendlichen von Gold 73
  8. Abschnitt: Soziale Kontrolle und abweichendes Verhalten: Zusammengefaßte Kritik an den dargestellten kriminologischen Untersuchungen 77

4. Kapitel: Anwendungsmöglichkeiten des Konzepts der sozialen Kontrolle in der Kriminologie 81

Literaturverzeichnis 83

HARALD HASLER

Die statusabhängige soziale Kontrolle in der Familie und die Jugend-Delinquenz

Einleitung 91

1 Grundlagen der Untersuchung 92
  11 M. Golds »Status Forces in Delinquent Boys« als Ausgangsuntersuchung . 92
  12 Kurze Darstellung des theoretischen Ansatzes von Martin Gold 93
    121 Golds spezifizierter theoretischer Ansatz 96
  13 Darstellung der Hypothesen 101

2 Anlage der Untersuchung 107
  21 Allgemeine Bemerkungen zur Methode 107
  22 Erstellung des Fragebogens 109
  23 Vorbefragung 112
    231 Ergebnisse der Vorbefragung 113
  24 Hauptbefragung 115
    241 Allgemeine Bemerkungen zur Hauptbefragung 115
    242 Auswahl der Prüf-Gruppe 115
    243 Auswahl der Kontroll-Gruppe 116
    244 Durchführung der Hauptbefragung 117

3 Die Familie als Quelle sozialer Kontrolle — Darstellung der Ergebnisse 118
  31 Vorbemerkungen 118
  32 Die soziale Schichtzugehörigkeit als Determinante des sozialen Status . . . 119
  33 Sozialer Status und Einfluß des Mannes in der Familie 123
    331 Antizipation einer beruflichen Verbesserung des Vaters 128
    332 Vorbehalte hinsichtlich der Überführung des väterlichen Einkommens zugunsten der Familie 129

Inhalt

34 Väterliche Attraktion und soziale Kontrolle	130
341 Indikatoren väterlicher Attraktion	133
3411 Die Stellung des Vaters im Bilde der Jugendlichen	133
3412 Das Maß gemeinsamer Aktivitäten	134
3413 Der Vater als Gesprächspartner	136
3414 Einfluß des Vaters auf die Auswahl der Freunde	138
3415 Die Rolle des Vaters im Freizeitverhalten der Jugendlichen	141
35 Prestige des väterlichen Berufes und väterliche Attraktion	142
36 Disziplinäre Kontrolle und väterliche Attraktion	146
4 Väterliche Attraktion – soziale Kontrolle und Delinquenz – Versuch einer Interpretation	**149**
41 Väterliche Attraktion – soziale Kontrolle und Delinquenz Jugendlicher aus oberen sozialen Schichten	152
42 Väterliche Attraktion – soziale Kontrolle und Delinquenz Jugendlicher aus unteren sozialen Schichten	157
43 Familien-desorientiertes Freizeitverhalten als gemeinsames Merkmal delinquenter Jugendlicher aus unteren und oberen sozialen Schichten	162
5 Mütterliche Attraktion und Delinquenz	**163**
6 Attraktion anderer Personen im Vergleich zur Attraktion der Eltern	**165**
7 Delinquenz-Neigung und Delinquenz	**167**
8 Schlußbetrachtung	**169**
Abkürzungsverzeichnis	175
Literaturverzeichnis	176
Tabellenverzeichnis	178
Anhang: Muster der Fragebogen	180
Sachregister	191

Die soziale Kontrolle in der Familie und ihre Bedeutung für das abweichende Verhalten Jugendlicher

Von

PETER JACOBI

Einleitung

Formen und Voraussetzungen der Wirksamkeit sozialer Kontrolle sind vielfach untersucht worden. Die soziale Kontrolle als verhaltenssteuernde und die Entwicklung von Verhaltensmustern bestimmende Instanz wurde vor allem in soziologischen und sozialpsychologischen Arbeiten analysiert. Zunehmend findet dieses Konzept auch Beachtung in der Kriminologie, der es letztlich darum geht, ein bestimmtes Verhalten – das (norm)abweichende Verhalten – und seine Genese zu erklären. Der Bruch strafrechtlicher Normen ist insoweit nur ein Unterfall der Verletzung außerstrafrechtlicher Regeln. Ein Verstoß gegen das Strafgesetz ist wie jeder andere Normbruch zu analysieren und auf seine Voraussetzungen und sein Zustandekommen zu untersuchen. Diese Gleichstellung der Verstöße gegen strafrechtliche mit Verletzungen gegen außerstrafrechtliche Normen scheint uns bei einer jugendkriminologischen Untersuchung besonders nützlich zu sein. Denn hierdurch werden nicht nur die täter- und tatspezifischen Aspekte der Jugenddelinquenz berücksichtigt, sondern auch das Verhalten von Jugendlichen im »Vorfeld« kriminologisch relevanten Verhaltens miteinbezogen. Wenn wir in dieser Arbeit von Jugenddelinquenz sprechen, meinen wir damit jeden Bruch strafrechtlicher Normen durch Jugendliche und jedes Verhalten, das nach den Auffassungen staatlicher Institutionen, die solche Handlungen erfassen, sowie nach den gegenwärtigen Erkenntnissen der Kriminologie geeignet ist, die Grundlage für die Entwicklung krimineller Verhaltensmuster abzugeben. In diesem Sinne wird auch der Begriff des abweichenden Verhaltens verwendet.

Nur vereinzelt wurde in kriminologischen Untersuchungen das Konzept der sozialen Kontrolle als Erklärungsmodell delinquenten Verhaltens Jugendlicher benutzt. Diese noch vereinzelt gebliebenen Versuche sollen im folgenden dargestellt und daraufhin überprüft werden, inwieweit sie die Grundlage für weitere Forschungen sein können, inwieweit sie Lücken aufweisen, wo Mängel und Schwächen der aufgestellten Hypothesen liegen und welche erfolgversprechenden Wege für künftige Forschung bei einer Ergänzung durch neuere theoretische Erkenntnisse und Untersuchungsergebnisse auf anderen Gebieten der Soziologie und Sozialpsychologie offenstehen. Aufgrund der uns bekannten Untersuchungen über Sozialisations- und Kontrollprozesse in der Familie sollen die in der Literatur bisher aufgestellten Hypothesen über Zusammenhänge zwischen der sozialen Kontrolle in der Familie und der Verhaltensentwicklung der Kinder und Jugendlichen anhand dieser Forschungsergebnisse im Wege einer Sekundäranalyse überprüft werden. Dieses methodische Vorgehen zwingt uns allerdings dazu, unter Vernachlässigung manch anderer Aspekte wie z. B. der philosophischen Anthropologie, von dem theoretischen Ansatz der jeweils ausgewerteten Forschungsarbeiten auszugehen, die das Sozialverhalten des Menschen vornehmlich mit Hilfe von Methoden zu erfassen suchen, die in Maß und Zahl ausdrückbare Ergebnisse liefern. Auf die vielfach betonte Problematik derartiger Methoden einzugehen, würde jedoch den Rahmen dieser Arbeit übersteigen.

Von den »anthropologisch orientierten« Wissenschaften wird vor allem den Prozessen der Sozialisation und Personalisation in der Kindheit und im Jugendalter große Bedeutung für die Entwicklung von Verhaltensmustern beigemessen. Von diesen Formungsvorgängen ausgehend, soll die soziale Kontrolle untersucht werden, die diese Vorgänge i. S. eines Anpassungsdruckes unterstützt und ergänzt, ohne mit ihnen jedoch identisch zu sein. Die soziokulturelle Persönlichkeit des einzelnen entwickelt sich vornehmlich in der Familie. Untersuchungen über die familiäre Sozialisation und die von der Familie ausgeübte soziale Kontrolle können uns daher wertvolle Aufschlüsse über die allgemeinen Funktionen der sozialen Kontrolle für die Verhaltensentwicklung geben.

Zunächst sollen deshalb im Ersten Teil dieser Arbeit aufgrund der bedeutsamsten und allgemein anerkannten Untersuchungen Wesen und Funktion der sozialen Kontrolle im Unterschied zu den Prozessen der Sozialisation herausgearbeitet werden. Weiter wird versucht, eine dem funktionalen Zusammenhang zwischen sozialer Kontrolle und Sozialisation gerecht werdende Definition der sozialen Kontrolle zu geben. Unter Beschränkung auf die uns bekannten Forschungsarbeiten über Zusammenhänge zwischen den Erziehungspraktiken und -haltungen der Eltern und dem späteren Verhalten ihrer Kinder sollen dann jene Erziehungsvorgänge, die in der Familie besonders der sozialen Kontrolle dienen, sowie ihr Einfluß auf die Formung der kindlichen Persönlichkeit dargestellt werden. Wir gliedern dabei den Erziehungszeitraum in Lebens- und Entwicklungsphasen und stellen dar, welche altersspezifischen Erziehungsmittel erfolgreich für die Entwicklung konformen Verhaltens eingesetzt werden und welche Faktoren später besonders häufig abweichendes Verhalten auslösen.

In einem Zweiten Teil sollen die uns bekannten kriminologischen Untersuchungen gewürdigt werden, die das Konzept der sozialen Kontrolle zur Erklärung der Delinquenz verwendeten. Dazu gehören die Forschungen über die Anomie und die von Reckless unter dem Begriff »Kontrolltheorien« zusammengefaßten Ansätze. Daß diese Arbeiten fast ausschließlich aus dem Bereich der amerikanischen Jugendkriminologie stammen, ist ohne Bedeutung, weil die von uns analysierten sozialen Prozesse sich in jeder Gesellschaft finden, ihre Existenz also insoweit nicht an eine bestimmte soziale Struktur gebunden ist.

In einer kritischen Würdigung der dargestellten Arbeiten soll schließlich gezeigt werden, daß – modellartig gesehen – innerhalb der Kontrolltheorien i. w. S. verschiedene Ansätze zur Erklärung abweichenden Verhaltens möglich sind. Ihnen allen ist jedoch gemeinsam, daß sie sich des Konzepts der sozialen Kontrolle bedienen und es für die Kriminologie fruchtbar zu machen suchen.

Erster Teil

Sozialisation und soziale Kontrolle in der Familie

1. Kapitel: Die soziale Kontrolle

1. Abschnitt: Begriff und Abgrenzung

Der Begriff »soziale Kontrolle« wird in der soziologischen Literatur vielfach verwendet (vgl. Roucek 1957, 461), ohne daß bislang alle Fragen nach dem Wesen und der Bedeutung der sozialen Kontrolle als beantwortet angesehen werden können.

Die soziale Kontrolle als Bestandteil des gesellschaftlichen Lebens beschrieb zuerst der französische Sozialphilosoph Auguste Comte in seinem 1848 abgeschlossenen Werk »Cours de Philosophie Positive« (vgl. Roucek 1957, 461; König 1968, 277). Seine Bezeichnung »Voraussicht« (»prévision«) übernahm der amerikanische Soziologe Ward (1883 nach König 1968, 277), veränderte sie aber sprachlich zu der Formel »predict in order to control« (»voraussehen, um zu kontrollieren«). Ward verstand unter sozialer Kontrolle diejenigen Kräfte, die den Menschen befähigen, sein eigenes Leben zu meistern. Die erste systematische Untersuchung der sozialen Kontrolle wurde von Ross in seinem 1901 erschienenen Buch »Social Control; A Survey of the Foundations of Order« veröffentlicht, in dem er mehrere im letzten Jahrzehnt des 19. Jahrhunderts in »The American Journal of Sociology« erschienene Aufsätze zusammenfaßte (vgl. König 1968, 277). Seit dieser Zeit ist das Konzept der sozialen Kontrolle ein wichtiger Bestandteil der soziologischen Forschung.

Nach einer in der amerikanischen soziologischen Literatur weit verbreiteten Definition sind soziale Kontrollen »... die geplanten und ungeplanten Prozesse und Institutionen, durch welche die Individuen belehrt, überzeugt oder gezwungen werden, sich in Übereinstimmung mit den Gebräuchen und den entscheidenden Werten derjenigen Gruppen zu verhalten, denen sie angehören« (Brearley 1956, 3; vgl. auch Roucek 1957, 461). Nach einer anderen Begriffsbestimmung sollen unter sozialen Kontrollen »... all jene Interaktionsprozesse verstanden werden, die beabsichtigt oder nicht beabsichtigt, innerhalb eines Toleranzbereiches eine Konformität des Verhaltens aller Beteiligten bewirken...« (Stendenbach

1963, 231 mit weiteren Nachweisen; vgl. auch Tenbruck 1962, 226; König 1968, 280).

Diese Definitionen der sozialen Kontrolle weisen zunächst auf einen Tatbestand der Alltagserfahrung hin, daß nämlich Menschen in vielen Situationen sozialen Zwängen ausgesetzt sind und sich entsprechend verhalten. So werden wir uns etwa bei einem Trauerfall der sozialen Norm, nicht laut zu lachen und bestimmte Kleidung zu tragen, selbst dann beugen, wenn uns der Tod der verstorbenen Person nicht berührt, also keine weiteren Gründe, wie Schmerz, Mitgefühl usw., vorhanden sind. Falls wir uns als Fremde einer Gesellschaft anschließen, werden wir darauf achten, was die Mitglieder dieser Gruppe tun und uns möglichst genauso verhalten, weil wir wissen, daß wir in irgend einer Form »bestraft« werden, wenn wir von dem Verhalten der anderen Gruppenmitglieder abweichen. Die Verletzung einer Verhaltensregel wird deshalb sanktioniert werden, weil jede Gruppe den Bestand von Normen, deren Einhaltung infrage gestellt ist, durch Verhängung von Sanktionen zu schützen trachten wird. Es wird also irgendeine »Macht« vorhanden sein, die versuchen wird, die Gruppenmitglieder dazu zu veranlassen, sich an diese Regeln zu halten. Diese »Macht«, die den Bestand von Regeln gewährleistet, nennen wir soziale Kontrolle. Dabei soll unter »Macht« nicht irgendeine Institution verstanden werden. Insbesondere in der kleinen Gruppe, der unsere Aufmerksamkeit in erster Linie gilt, ist die soziale Kontrolle »keine abgetrennte Aktivität für sich, sondern in den zwischen den Verhaltenselementen ... bestehenden Beziehungen enthalten« (Homans 1960, 277 f.). Für diese Beziehungen sind nach Homans (1960, 277) fünf Faktoren bedeutsam:

a) die Norm (»norm«)
b) die Tätigkeit (»activity«)
c) die Gefühle in Gestalt der zwischen Menschen bestehenden Zu- und Abneigung (»sentiments«)
d) die Gefühle in Gestalt sozialer Einschätzung oder Rangeinstufung von Individuen durch andere Gruppenmitglieder (»sentiments«)
e) die Interaktion (»interaction«)

Zu a): Soziologisch gesehen ist eine Verhaltensforderung dann eine Norm, wenn für den Fall der Nichterfüllung bis zu einem gewissen Grad eine negative Sanktion vorgesehen ist (vgl. Homans 1960, 136; vgl. Spittler 1967, 19 m. w. N. auch über andere Normbegriffe). Der Sanktion kommt dabei konstitutive Bedeutung für den Normbegriff zu, denn der Charakter einer sozialen Regel als Norm läßt sich vielfach erst aufgrund der Sanktion bestimmen (vgl. Spittler 1967, 19).

Soziale Normen besitzen einen verschieden weiten Geltungsbereich und eine verschieden lange Geltungsdauer, manche verpflichten die Gesamtgesellschaft, andere sind nur für eine kleine Gruppe innerhalb dieser Gesellschaft verbindlich. Normen können ferner einen verschieden hohen Verpflichtungsgrad besitzen, so wenn eine Rangfolge der zu erfüllenden Verhaltensforderungen besteht. Normen sind auch nach der Art der möglichen Sanktionen und der sie verhängenden Sanktionsinstanz unterscheidbar (vgl. Geiger 1947, 95). So sind Rechtsnormen diejenigen Normen, über deren Einhaltung institutionalisierte staatliche Sanktionsinstanzen wachen und bei Abweichungen Sanktionen zu verhängen befugt sind (vgl. Popitz 1961, 195; Hirsch 1966, 35).

Zu b): Tätigkeit (»activity«) ist nach Homans (1960, 59f.) jede Art menschlichen Tuns. Sie bestimmt die Art, die Form und den Verlauf sozialer Beziehungen. Sie entscheidet auch über die soziale Kontrolle, deren sich der Mensch anderen gegenüber bedient und der er selbst unterliegt.

Zu c): Mit dem Begriff »Gefühle« als einem Element sozialen Verhaltens meint Homans (1960, 62) innere Zustände wie Triebe, Emotionen und Empfindungen des Körpers, die häufig u. a. darüber entscheiden, wie im sozialen Bereich auf den Normbruch eines anderen reagiert wird, ob beispielsweise abweichendes Verhalten streng oder weniger streng, angemessen oder unangemessen sanktioniert wird.

Zu d): Neben diesen affektiv gebundenen Gefühlen bestimmt aber auch noch die Einschätzung unseres Gegenübers das Ob und Wie der Sanktion. Welche Sanktionen einem Normbruch folgen, hängt nicht zuletzt davon ab, wie der Normbrecher einzuschätzen ist, auf welcher sozialen Rangstufe er im Verhältnis zu den Sanktionierenden steht.

Zu e): Interaktion (»interaction«) ist die gemeinsame Teilnahme an sozialen Ereignissen derart, daß eine bestimmte Einheit der Aktivität eines Menschen von der bestimmten Einheit der Aktivität eines anderen angeregt wird (vgl. Homans 1960, 60). Erst Interaktionen begründen Kontrollmöglichkeiten und ermöglichen es, Verhaltensforderungen allgemein durchzusetzen. Durch Interaktion werden Kontrollchancen erst geschaffen, sie ist aber nicht bereits soziale Kontrolle. Ein Normkonsens als Folge der Interaktion führt ferner zu einer Übereinstimmung von Meinungen und erhöht die Kontrollbereitschaft. Die Interaktion erweitert auch die Skala der Sanktionsmittel und schafft damit eine erhöhte Kontrollchance (vgl. Spittler 1967, 146). Interaktion ist damit aber nicht die soziale Kontrolle selbst, sondern nur das »Medium« der sozialen Kontrolle. Ohne Interaktion kann soziale Kontrolle nicht wirksam werden.

Damit steht vorläufig nur fest, daß soziale Kontrolle mit sozialen Prozessen eng verbunden ist. »The analysis of social processes also dealt implicitly with social control« (Gillin und Gillin 1948, 693). Es ist deshalb notwendig zu untersuchen, in welchem funktionalen Zusammenhang die soziale Kontrolle mit sozialen Vorgängen steht. Wir können hierbei davon ausgehen, daß der Mensch einem lebenslangen, sozialen Formungsprozeß unterworfen ist, der Sozialisation. Sie ist die funktional wie intentional erfolgende Integration des einzelnen in jegliche Gruppe durch »Führung, Betreuung und Prägung des Menschen durch die Verhaltenserwartungen und Verhaltenskontrollen seiner Beziehungspartner« (Wurzbacher 1963, 12; vgl. auch Davis 1960, 195; Johnson 1962, 183; Stendenbach 1963, 184 ff.; Neidhardt 1966, 61). Diesem Prozeß ist der Mensch zeit seines Lebens unterworfen; insbesondere ist die Sozialisation nicht auf die Zeit der Erziehung in der Familie beschränkt (vgl. Wurzbacher 1963, 19). Analytisch läßt er sich in drei Vorgänge aufgliedern, in die Soziabilisierung, die Enkulturation und die sekundäre soziale Fixierung (vgl. Claessens 1967, 25). So wird durch die Soziabilisierung im Menschen erst die Fähigkeit zur sozialen Kooperation geweckt (vgl. Claessens 1967, 24; Neidhardt 1966, 62). Während dieses Prozesses erfolgt ferner eine primäre Zuweisung von Positionen, d. h. der Mensch übernimmt die ersten Positionen und lernt das entsprechende Rollenverhalten (vgl. Claessens 1967, 24, 100). In diesem Lebensabschnitt ist die Mutter fast ausschließlich Sozialisationsträger (vgl. Neidhardt 1966, 62; Spitz 1960). An die Soziabilisierung schließen sich die Stadien der Enkulturation und der sekundären sozialen Fixierung an. In diesen Prozessen wird dem Menschen zuerst seine »kulturelle Rolle« und dann seine »soziale Rolle« zugewiesen. Handelt es sich bei der Enkulturation um die »gruppen- wie personspezifische Aneignung und Verinnerlichung von Erfahrungen, ›Gütern‹, Maßstäben und Symbolen der Kultur zur Erhaltung, Entfaltung und Sinndeutung der eigenen wieder Gruppenexistenz« (Wurzbacher 1963, 14), werden bei der sekundären sozialen Fixierung soziale Normen zunächst durch Imitation und Identifikation verinnerlicht. Mit Imitation ist dabei ein Prozeß gemeint, bei dem eine Person in einer ganz spezifischen Situation als Bezugsperson dient, an der das Verhalten ausgerichtet wird, während bei der Identifikation jemand als Bezugsperson für ein generalisiertes Lernen dient, das viele oder alle sozialen Situationen umfaßt (vgl. Stendenbach 1963, 159). Mit dem Fortgang dieses Prozesses werden immer mehr Positionen und das dazugehörende Rollenverhalten übernommen. Durch die Übernahme von Normen werden Gewohnheiten, d. h. häufig gelerntes Sollen (vgl. Popitz 1961, 197) entwickelt. Neben Gewohnheiten werden Haltungen erworben, spezifische Dispositionen, die so wenig verallgemeinert sind, daß sie nur durch einen engen Bereich von Reizsituationen geweckt werden (vgl. Allport 1959, 346). Es sind verfestigte Einstellungen objekt- oder personenbezogener Art (vgl. Eyfferth 1962, 347), die die gefühlsmäßigen Beziehungen und die Machtstruktur in der Gruppe widerspiegeln und die Übernahme der verschiedenen Rollen beeinflussen (vgl. Watson 1962, 483; Johnson 1962, 183 f.).

Erst durch die Rollenübernahme entwickelt sich das Selbst, das wir im Anschluß an Allport (1959, 350) als den »... subjektiven Regler jeder Einheit, welche die Persönlichkeit haben kann« definieren wollen. Die Sozialisation allein vermag jedoch die Persönlichkeitsentwicklung nicht zu erklären. Zwar übernimmt der Mensch soziale Rollen und lernt aus dem sozialen Verhalten seiner Umgebung, gleichzeitig aber belehrt er andere durch sein Verhalten über seine individuelle Interpretation des von ihm erwarteten Handelns. Der Prozeß der Sozialisation findet also seine notwendige Ergänzung in der Personalisation, jenem Prozeß der Selbststeuerung und -formung, durch den das Individuum auf die Faktoren Gesellschaft und Kultur zurückwirkt (vgl. Wurzbacher 1963, 14). Die Persönlichkeit ist damit nicht das Ergebnis sozialer Prägung, sondern letztlich erst das Resultat des auf dem Sozialisationsprozeß aufbauenden Personalisationsprozesses. Damit wird die Bedeutung der Sozialisation nicht herabgemindert, vielmehr durch die Feststellung, daß der Personalisationsprozeß auf ihr aufbaut, deutlich hervorgehoben. Deshalb hat das Augenmerk auch diesem, vor allem im frühen Kindesalter besonders bedeutsamen Sozialisationsprozeß zu gelten.

Sozialisation ist, vom Individuum aus gesehen, ein ständiger Lernprozeß (Stendenbach 1963, 150), in dem u. a. Normen übermittelt und Verhaltensweisen übernommen und eingeübt werden. Schwierig erscheint es, bei diesen Formungsprozessen Sozialisation und soziale Kontrolle eindeutig voneinander zu unterscheiden. Beiden Prozessen kommen aber verschiedene Funktionen in dem ständigen sozialen Anpassungsvorgang zu. »It is not possible to draw a rigid line between socialisation und social control... But the function of the mechanisms of social control is indicated by the extent to which actual social systems fail to achieve the ... order of integration through socialisation« (Parsons und Shils 1959, 228, 229). Die Sozialisation hat die Aufgabe, den einzelnen mit den geltenden Normen vertraut zu machen, ihm Normen für die Entwicklung von Verhaltensweisen zu übermitteln. Die soziale Kontrolle dagegen hat die Funktion, den Normübermittlungsprozeß zu unterstützen und das Verhalten dadurch zu steuern, daß eine Norm durch einen von außen ausgelösten Reiz (externe Kontrolle) aktualisiert wird. Solche Reize sind entweder positive Sanktionen, wie Belohnungen oder das Versprechen einer künftigen Belohnung, oder negative Sanktionen, wie Strafen oder Strafandrohungen. Wenn die Normübernahme bei der Sozialisation fehlerhaft ist, dann wird die Verhaltensregel durch eine Strafe oder Strafandrohung in das Bewußtsein des einzelnen gehoben werden. Dadurch kann die mangelhafte Verinnerlichung der Norm – Normkenntnis und Anerkenntnis der Norm als verbindliche Verhaltensregel – nachgeholt werden. Ein Kind, das fremdes Eigentum nicht respektiert, wird wahrscheinlich durch Strafen seiner Eltern eindringlich darauf hingewiesen. Das wird notfalls so oft geschehen, bis das Kind durch sein Verhalten zu erkennen gibt, daß es in Zukunft fremdes Eigentum achten und nicht mehr verletzen wird. Damit ist allerdings noch nicht sicher, daß das Kind über die Dressur hinaus die Norm anerkennt. Es kann durchaus geschehen, daß es, wenn es keine Strafe erwartet, wieder fremdes Eigentum beschädigt. Umgekehrt kann durch Belohnung von normkonformem Verhalten die Norm ebenfalls aktualisiert werden. Die Belohnung erhöht, wenn sie nicht zu häufig verwendet wird, die Wahrscheinlichkeit, daß das gezeigte Verhalten wiederholt wird.

Um einen reibungslosen und fehlerfreien Ablauf der Normübermittlung zu gewährleisten, müssen also zunächst externe Kontrollen benutzt werden. Die soziale Kontrolle ist damit also nicht allein »Ziel und Ergebnis der Sozialisierung« (Goode 1966, 35). Sie ist vielmehr Mittel eines auf Normübernahme ausgerichteten Sozialisationsprozesses.

Von der sozialen Kontrolle, wie wir sie beschrieben haben, können die kulturelle und die personale Kontrolle unterschieden werden. Mit kultureller Kontrolle wird der Regulationsprozeß gemeint, der erforderlich ist, um ein Kind im Stadium der Enkulturation an seine Umwelt anzupassen (vgl. Frank 1953, 119 ff.), wie etwa das Sauberkeitstraining oder die Entwöhnung. Während der Enkulturation werden dem Kind in der Regel von der Mutter bereits Normen übermittelt. Die kulturelle Kontrolle ist lediglich auf dieses Stadium der Sozialisation beschränkt. Kulturelle Kontrolle ist danach ebenfalls ein Normaktualisierungsprozeß mit den der Entwicklung des Kleinkindes entsprechenden Sanktionen, so daß die Trennung von sozialer und kultureller Kontrolle sachlich nicht notwendig ist (so auch Landis 1956, 50).

Notwendig erscheint es dagegen, zwischen der sozialen und personalen Kontrolle zu unterscheiden. Sind Normstrukturen einmal verinnerlicht, dann können interne Sanktionen ausgelöst werden, wenn eine Abweichung von den internalisierten Verhaltensregeln erfolgen soll oder erfolgt ist. Personale Kontrolle ist also jener Prozeß, bei dem durch interne Sanktionen – in der Außenwelt nicht sichtbare Reize – das Verhalten gesteuert wird. Bei der Bestimmung des Orts der personalen Kontrolle in der Persönlichkeitsstruktur ist eine Abgrenzung zum Ich, Selbstbild, Über-Ich und zum Gewissen des Menschen erforderlich. Ohne auf den mit dieser Frage verbundenen Theorienstreit im einzelnen eingehen zu wollen, soll eine Klärung insoweit erfolgen wie es notwendig erscheint, um diese Elemente der Persönlichkeitsstruktur von der personalen Kontrolle abzuheben.

Das Ich, oft als »Kern« der Persönlichkeit bezeichnet, ist ein dynamisches, steuerndes und wertendes Organisationsprinzip, das Erlebnisse und Handlungen des Individuums bestimmt (vgl. Drever und Fröhlich 1968, 114). Es ist also nicht mit dem Selbst gleichzusetzen. Das Selbstbild ist die Vorstellung des Individuums über sein Verhältnis zur Umwelt. Unter Über-Ich verstehen wir das Gefüge der in die Persönlichkeitsstruktur durch Sozialisation verinnerlichten Normen. Das Gewissen ist dann als Aktualisierung dieser für verbindlich erachteten Normen nur eine Funktion des Über-Ich für die Verhaltenssteuerung. Die personale Kontrolle entspricht nach unserem Begriffsverständnis dem Über-Ich. In diesem Sinne soll das Konzept der personalen Kontrolle in der vorliegenden Arbeit Anwendung finden. Inwieweit auch das Ich als Kontrollinstanz Teil der personalen Kontrolle sein kann, ist bisher ungeklärt. Denn die Psychologie hat bisher keine allgemeingültige, für das Wesen der personalen Kontrolle maßgebliche Unterscheidung gefunden.

Soziale und personale Kontrolle sind in ihrer Wirkungsweise zwar voneinander unabhängig, sie können sich aber gegenseitig beeinflussen. Die personale Kontrolle kann für die Wirksamkeit der sozialen Kontrolle sowohl funktional als auch dysfunktional sein. Ihre mögliche Dysfunktionalität, die von der Art und Stärke der Normverinnerlichung abhängt, kann vor allem bei schnellem Normwandel, jedoch auch bei Wechsel der Mitgliedschaftsgruppe eintreten. So kann ein Jugendlicher aus der Mittelschicht Schwierigkeiten haben, sich schnell in einer Gruppe von Kindern der unteren Schicht anzupassen. Immer wieder kann er Gewissensbisse haben, wenn er entgegen seinen bisherigen Vorstellungen etwas tun will oder muß. Seine Ängste können Sanktionen der Gruppe auslösen. Die Gruppenmitglieder können ihn deshalb verachten, weil er in ihren Augen eine »sissy«-Rolle spielt, weil er als »Muttersöhnchen« erscheint. Die personale Kontrolle ist dagegen dann funktional, wenn sie die soziale Kontrolle entlastet oder sogar überflüssig werden läßt (vgl. Claessens 1967, 116), da das Motiv für ein abweichendes Verhalten oft bereits durch innere Angst oder durch die »Stimme des Gewissens« unterdrückt wird. Das Motiv zu einem normverletzenden Verhalten muß erst die »Barrieren« interner Sanktionen überwinden. Da personale Kontrolle das Ergebnis der Verinnerlichung der Außenkontrolle ist, baut sie auf der sozialen Kontrolle auf. Erwartungen der Außenwelt, auf deren Erfüllung gedrungen wird, werden zu eigenen Erwartungen gegenüber sich selbst (vgl. Claessens 1967, 115).

Für den Aufbau der sozio-kulturellen Persönlichkeit sind derartige Kontrollen, sozialer wie personaler Art, zur Unterstützung der Normverinnerlichung wesentlich. Über diese individuelle Bedeutung hinaus wird damit auch ein Beitrag zur Erhaltung der jeweiligen Gruppen geleistet, seien es Familie, Freundesgruppen oder letztlich eine gesellschaftliche Subgruppe. Diesen beiden Aspekten wollen wir uns im folgenden zuwenden.

2. Abschnitt: Die Funktion der sozialen Kontrolle für die Gruppe und für die Entwicklung der sozio-kulturellen Persönlichkeit

Durch Interaktion wird soziale Kontrolle erst möglich, denn erst dadurch werden Sanktionen ausgelöst, die durch Normaktualisierung das Verhalten steuern. Aber umgekehrt wird durch soziale Kontrolle erst Interaktion für längere Zeit möglich, damit aber auch der Bestand von Gruppen, deren Existenz ein gewisses Maß an Interaktionen ihrer Mitglieder voraussetzt. Dem trägt im übrigen auch die weitgehend anerkannte Definition des Begriffs »Gruppe« durch Eubank »as an entity consisting of two or more persons, who are in psychic interaction« Rechnung (zitiert nach Proessler-Beer 1955, 17; vgl. auch Homans 1960, 278). Interaktion und damit Existenz der Gruppe verlangen aber, daß einige Normen für mehrere Menschen für eine bestimmte Zeitdauer verbindlich sind, daß also die miteinander in Interaktion stehenden Menschen gemeinsame Bezugssysteme haben. Erst solche gemeinsamen Normen ermöglichen konformes Verhalten. Der sozialen Kontrolle kommt somit die Aufgabe zu, die Konformität der Gruppenmitglieder in einem bestimmten Toleranzrahmen zu erhalten; sie ist damit funktional für die Aufrechterhaltung von gemeinsamen Bezugssystemen, die Interaktion ermöglichen und damit den Bestand der Gruppe sichern.

Umgekehrt läßt sich auch sagen, daß die das Gruppenleben beeinflussenden Faktoren Rückwirkungen auf Art und Grad der Wirksamkeit der sozialen Kontrolle haben werden, weil erst durch die in Gruppen sich vollziehende Interaktion die Notwendigkeit erwächst, ein normatives Bezugssystem zu schaffen und seinen Bestand durch soziale Kontrollen zu sichern. Mit den Veränderungen, denen das Gruppenleben aus den verschiedensten Gründen unterworfen sein kann, geht eine Veränderung des Interesses an der Erhaltung des gemeinsamen Bezugssystems einher. Damit ändert sich sowohl die Auffassung über die Notwendigkeit, soziale Kontrolle einzusetzen, als auch der Respekt gegenüber den sozialen Kontrollen. Diese sind somit in Abhängigkeit von den das Gruppenleben bestimmenden Faktoren zu sehen. Von früheren Gruppenuntersuchungen ausgehend, arbeiteten Proessler-Beer (1955, 36 ff.) sieben solcher Faktoren heraus.

a) Der Grad der Geschlossenheit einer Gruppe, der darüber bestimmt, ob und unter welchen Bedingungen es möglich ist, Mitglied einer Gruppe zu werden. »In the closed type of group one's membership is theoretically fixed for life. In the open type of group one can theoretically move either ›upward‹ or ›downward‹« (Gillin und Gillin 1948, 207).

Einem Jugendlichen aus einer Familie der Mittelschicht ist es kaum möglich, die Mitgliedschaft in einer von ihm bewunderten Straßenbande zu erwerben, wenn diese Gruppe aus Jugendlichen der Unterschicht besteht und er sich dem Einfluß seiner Familie nicht entziehen kann, sich ihren Normen verpflichtet fühlt. Je weniger es aber möglich ist, sich dem Einfluß einer Gruppe zu entziehen, desto wirksamer ist die soziale Kontrolle in dieser Gruppe. Das Gruppenmitglied kann den Sanktionen seiner Gruppe nicht ausweichen; es ist ihnen vielmehr ständig ausgeliefert und wird sich dem Druck anpassen.

b) Die Homogenität der Gruppe, die ein größtmögliches Maß an Normgleichheit zuläßt, erlaubt ein Höchstmaß an einheitlicher, wirkungskräftiger sozialer Kontrolle. Jede Differenzierung, sei es nach Alters-, Geschlechts-, Berufs-, Schicht-, Religions- und Rassenunterschieden zwischen ihren Mitgliedern bedingt spezifische Normen, löst möglicherweise Normkonflikte aus. Dadurch kann die soziale Kontrolle abgeschwächt oder doch dysfunktional differenziert werden, so etwa dann, wenn der gleiche Regelverstoß schichtspezifisch unterschiedlich sanktioniert wird. Bestehen dagegen keine Normkonflikte, dann können Normen ohne Störungen aktualisiert werden und das Verhalten steuern.

c) Die Gruppengröße beeinflußt ebenfalls die Funktion der sozialen Kontrolle für die Gruppe. In einer Kleingruppe lassen sich Gruppennormen leichter durchsetzen als in einer Gruppe mit zahlreichen Mitgliedern. Mit der Gruppengröße verringert sich die Möglichkeit, das Verhalten eines Gruppenangehörigen zu überwachen und abweichendes Verhalten zu bestrafen (Kontrollchance), insbesondere sinkt die Zahl der Interaktionen innerhalb einer Gruppe. Über die Interaktion aber werden erst Normaktualisierungen durch Belohnung und Strafe möglich.

d) Der Gruppenzweck bestimmt, welche Normen für die Gruppe gelten sollen. Die Kontrollbereitschaft wird um so größer sein, je mehr die Verwirklichung des Gruppenzwecks durch Verletzung der zu seiner Realisierung aufgestellten Normen gefährdet wird.

e) Die Dauer der Gruppenbeziehung ist bereits deshalb für die soziale Kontrolle maßgeblich, weil nur bei einer relativ lange andauernden Gruppenbeziehung das Verhalten der Gruppenmitglieder maßgeblich beeinflußt werden kann. Eine einmalige Sanktion hat Zufallscharakter und beeinflußt die Verhaltensentwicklung im allgemeinen nicht. Je andauernder jedoch eine Gruppenbeziehung ist, um so größer ist die Wahrscheinlichkeit, daß die in das Bewußtsein gerufenen Normen das Verhalten steuern werden.

f) Die Wirkung der sozialen Kontrolle ist ferner abhängig von der Art des Gruppenkontakts: Nach der Art des Kontakts in der Gruppe können Primär- und Sekundärgruppen unterschieden werden (vgl. Cooley 1929, 23). Primärgruppen sind »face-to-face groups«, die sich durch ein starkes »Wir-Bewußtsein« ihrer Mitglieder auszeichnen, wie wir es typischerweise bei der Kernfamilie oder der Spielgruppe des Kindes finden. In Sekundärgruppen, etwa einer Arbeitsgruppe, fehlt es dagegen an diesem engen Kontakt der Gruppenmitglieder. Nach Spittler (1967, 142) ist soziale Kontrolle besonders in Gruppen mit ausgeprägtem »Wir-Bewußtsein« zu finden, d. h. die Normaktualisierung ist in Primärgruppen häufig und besonders stark. Damit will Spittler keinesfalls sagen, daß in Sekundärgruppen das Verhalten der Gruppenmitglieder nicht durch soziale Kontrolle beeinflußt werden würde. Er weist jedoch zu Recht darauf hin, daß die Gruppenkohäsion in Primärgruppen die Wirkung der sozialen Kontrolle verstärkt. Spittler (1967, 145) nennt vier Gründe für die besondere Wirkung der sozialen Kontrolle in kohäsiven Gruppen:

aa) In kohäsiven Gruppen – also etwa in Primärgruppen – können die Gruppen über ihre Mitglieder mehr Macht ausüben als in Gruppen mit geringem Zusammenhalt.
bb) Es gibt in solchen Gruppen häufiger Interaktionen als in Sekundärgruppen. Durch starken Einfluß der Gruppe auf ihre Mitglieder und durch häufige Interaktion wird die Kontrollchance vergrößert.
cc) Die Kohäsion der Gruppe impliziert Solidarität ihrer Mitglieder.
dd) Solche kohäsiven Gruppen dienen häufig als Bezugsgruppe. Deshalb und wegen der Solidarität der Mitglieder erhöht sich die Kontrollbereitschaft der Gruppenmitglieder und damit die Wirksamkeit der sozialen Kontrolle.

Kohäsion ist Ausdruck der Solidarität der Gruppenmitglieder. Wenn in der Gruppe ein starker Zusammenhalt besteht, dann folgt auf einen Normbruch mit größerer Wahrscheinlichkeit eine negative Sanktion, als wenn nur ein schwacher Zusammenhalt besteht. Durch Solidaritätsgeist wird auch die Sanktionsbereitschaft nicht unmittelbar am Geschehen Beteiligter gefördert.

g) Das Verhältnis einer Gruppe zu anderen Gruppen besitzt ebenfalls Bedeutung für die soziale Kontrolle in der Gruppe. Die Mitglieder einer von der Umwelt isolierten Gruppe können oft nicht Mitglieder anderer Gruppen werden. Das Verhältnis zu fremden Gruppen (»outgroup«) ist gestört. Die eigene Gruppe (»ingroup«) beherrscht mit ihren Normen und Sanktionen das Leben eines jeden Mitglieds. Der einzelne kann der sozialen Kontrolle seiner Gruppe nicht ausweichen, denn er ist mit ihr gleichsam isoliert. Nur wenn es ihm gelingt, diese Isolation zu überwinden, kann er sich von seiner eigenen Gruppe lösen. Je schlechter das Verhältnis der Mitglieder einer Gruppe zu Angehörigen anderer Gruppen ist, desto mehr unterliegen diese Gruppenmitglieder dem ausschließlichen Einfluß der sozialen Kontrolle in ihrer eigenen Gruppe.

Die genannten Faktoren beeinflussen die Wirkungsweise und Wirksamkeit der sozialen Kontrolle. Wenn die personale Kontrolle die soziale Kontrolle entlastet, dann ist auch dieses Kontrollsystem des Verhaltens funktional für den Bestandsschutz der Gruppe. Gewissensregungen und Ängste vor Strafe sorgen schon oft vor dem Normbruch für ein konformes Verhalten. Die Normaktualisierung durch interne Sanktionen ist damit in gleicher Weise wie die soziale Kontrolle für den Bestand der Gruppe bedeutsam. Letztlich beruht diese Funktion der sozialen Kontrolle darauf, daß die Normaktualisierung durch Sanktionen den Sozialisationsprozeß, in dem Normen übermittelt, eingeübt und übernommen werden, unterstützt.

Die soziale Kontrolle ist damit aber auch funktional für die Entwicklung der sozio-kulturellen Persönlichkeit bedeutsam. Die Aktualisierung von Normen durch Strafen und Belohnungen unterstützt die Normübernahme und die Entwicklung sozial gebilligten Verhaltens. Art und Ausmaß der sozialen Kontrolle beschleunigen oder verlangsamen den Sozialisationsprozeß. Die durch soziale Kontrollen unterstützte Verinnerlichung von Normen führt zum Aufbau eines personalen Kontrollsystems. Zu starke soziale Kontrolle oder auch die Normaktualisierung durch andere Gruppen kann aber für eine dysfunktionale Persönlichkeitsentwicklung verantwortlich sein. Entscheidend ist deshalb, daß soziale Kontrollen funktional für den Aufbau der sozio-kulturellen Persönlichkeit wirken. Dies hängt vor allem von der Art und Weise der eingesetzten Sanktionen ab. Dieser Problematik des Normaktualisierungsprozesses wollen wir uns im folgenden Abschnitt zuwenden.

3. Abschnitt: Die Sanktionen – Lohn und Strafe

Von der sozialen Kontrolle sind die Sanktionen – Lohn und Strafe – streng zu trennen. Sanktionen sind Reaktionen auf einen Normbruch oder auf ein normgemäßes Verhalten und sollen die Normübernahme unterstützen. Unter Sanktionen sollen hierbei nicht nur die bewußt ausgeübten Reaktionen verstanden werden, sondern auch solche unbewußter Art (vgl. auch Stendenbach 1963, 231). Sanktionen sind nach unserer Auffasssung also alle Verhaltensweisen – ob bewußt oder unbewußt ausgelöst –, die zu einer Normaktualisierung führen und damit das Verhalten auf eine Konformität hinzusteuern versuchen: »A sanction is any technique which serves the function of unifying and stabilizing a group through the adjustment of human interests, thus enforcing the form of social order typical for this group« (Bennett und Tumin 1949, 515).

Es ist noch keine völlige Übereinstimmung darüber erzielt worden, ob als Sanktionen nur negative Reaktionen anzusehen sind. Werden Sanktionen nur im Zusammenhang mit normabweichendem Verhalten gesehen, dann ist sicherlich Spittlers (1967, 23) Definition von Sanktionen als »... Reaktionen auf Abweichungen von Verhaltensregelmäßigkeiten, durch die demonstriert wird, daß das abweichende Verhalten nicht hingenommen wird« zutreffend. Diese Auffassung vernachlässigt jedoch zu sehr die Notwendigkeit und Bedeutung sozialer Kontrollen für die Einübung normkonformen Verhaltens. Deshalb sind alle Verhaltensweisen, die zu einer Normaktualisierung führen, als Sanktionen zu betrachten. Wir unterscheiden zwischen positiven und negativen Sanktionen. Eine Sanktion ist positiv, wenn sie ein Verhalten belohnt. Löst ein Verhalten eine Belohnung aus, dann erhöht sich die Wahrscheinlichkeit, daß es wiederholt und dadurch gelernt und beibehalten wird. Eine Sanktion ist demgegenüber negativ, wenn sie ein Verhalten bestraft. Sie ist jede funktional und intentional auf Verhaltensänderung gerichtete Maßnahme.

Die Anwendung von Lohn und Strafe als Hilfsmittel der Verhaltenssteuerung wurde vor allem von Lewin (1964) untersucht. Sein Ziel war es festzustellen, wieweit schon dadurch, daß Lohn oder Strafe in Aussicht gestellt werden, ein bestimmtes Verhalten herbeigeführt werden kann. Nach Ansicht von Lewin (1964, 2) kommen Lohn und Strafe als Hilfsmittel zur Verhaltenssteuerung dann in Betracht, wenn z. B. ein Kind etwas tun soll, was ihm zuwider ist. Positive und negative Sanktionen sollen dann dazu dienen, ein Gebot auszuführen oder ein Verbot zu beachten. Um die psychische Wirkung von Lohn und Strafe auf den einzelnen feststellen zu können, analysierte Lewin (1964, 4 ff.) die konkreten psychologischen Situationen, bei denen der einzelne ein ursprüngliches oder abgeleitetes Interesse an der Sache hat, sowie die Lohn- und Strafsituationen.

Wenn z. B. ein Kind gern mit seinen Spielsachen spielt, wird es bereitwillig der Bitte der Mutter folgen, damit zu spielen. Das Kind hat ein ursprüngliches oder abgeleitetes Interesse an der Sache selbst. Die Situation ist von einer Lockung, einem positiven Aufforderungscharakter (positive Valenz) beherrscht (vgl. Lewin 1964, 6). Hat das Kind dagegen kein ursprüngliches Interesse an dem gebotenen Verhalten – z. B. für die Mutter einzukaufen –, dann hat diese Aufgabe nach Lewin (1964, 8) für das Kind einen negativen Aufforderungscharakter (negative Valenz). Wenn die Mutter die Unlust des Kindes erkennt, kann sie entweder eine Belohnung oder eine Strafe in Aussicht stellen. Die Androhung der Strafe schafft eine weitere negative Valenz für das Kind. Es entsteht eine Konfliktsituation, aus der das Kind versuchen wird auszubrechen. Um das zu verhindern, müssen Barrieren geschaffen werden (vgl. Lewin 1964, 14). Solche Barrieren können »physikalisch-körperlicher« Natur sein: Der Erwachsene schließt das Kind ein, bis es seine Aufgabe erledigt hat (vgl. Lewin 1964, 15). Sie können auch »soziologischer« Natur sein, d. h. Machtmittel, die der Erwachsene kraft seiner sozialen Stellung und der inneren Beziehung zu dem Kind besitzt: Die Mutter verbietet ihrem Kind zu spielen, bevor es seine Aufgaben erledigt hat. Weiter gibt es nach Lewin (1964, 16) noch Barrieren »ideologischer« Natur, wenn sich etwa der Erwachsene an das Ehrgefühl des Kindes wendet: Die Mutter appelliert gegenüber ihrem Sohn etwa an den Mut, den ein Mann zu zeigen habe. Diese Barrieren sollen einen Ausbruch aus der konfliktgeladenen Situation verhindern. Für den einzelnen gibt es nach Lewin (1964, 27 ff.) verschiedene Möglichkeiten, die Strafsituation zu bewältigen:

a) das Gebot wird befolgt;
b) die Strafe wird angenommen;
c) es kommt zu Aktionen gegen die aufgerichteten Barrieren;
d) ein Kampf gegen das Sanktionsgesetz wird ausgelöst;
e) Trotzreaktionen treten ein;
f) es kommt zum Affektausbruch.

Ein gebotenes Verhalten kann auch mit dem In-Aussicht-Stellen einer Belohnung erreicht werden (vgl. Lewin 1964, 48). Das Versprechen einer Belohnung hat positive Valenz und soll den von der Aufgabe ausgehenden negativen Aufforderungscharakter überspielen. Auch hier müssen Barrieren einen Ausbruch aus der Konfliktsituation verhindern. Auch die Belohnungssituation erlaubt mehrere Verhaltensweisen. Der einzelne kann

a) die Aufgabe durchführen;
b) auf die Belohnung verzichten;
c) die Barrieren durchbrechen.

Etwas anders ist die Lohn- und Strafsituation bei einem Verbot. »Das Verbot nimmt einen bestimmten Bezirk aus dem Lebensraum des Kindes heraus, indem es diesen Bezirk mit einer Barriere umgibt. Es schränkt den freien Bewegungsraum des Kindes an einer Stelle ein« (Lewin 1964, 60). Die Strafandrohung wirkt als Barriere. Sie soll den einzelnen davon abhalten, gegen das Verbot zu verstoßen. Es entsteht wieder eine Konfliktsituation, bei der die negative Valenz der Strafandrohung den positiven Aufforderungscharakter des verbotenen Verhaltens überspielen soll. Ist mit dem Versprechen einer Belohnung beabsichtigt, den Verstoß gegen ein Verbot zu verhindern, so geschieht es immer in der Form, daß eine

Belohnung in Aussicht gestellt wird, falls innerhalb einer gewissen Zeit ein solches Verhalten vermieden wird. Die positive Valenz der Belohnung soll von dem positiven Aufforderungscharakter des verbotenen Verhaltens ablenken. Das Konfliktgeschehen nötigt zu einer Entscheidung. Wenn das Versprechen der Belohnung stärker das Verhalten beeinflußt als das verbotene Verhalten, dann wird nicht gegen das Verbot verstoßen werden.

Belohnungen und Strafen steuern also das Verhalten. Sie schaffen den jeweils erwünschten, sozial gebilligten Aufforderungscharakter der Situation. Positive und negative Sanktionen beeinflussen nicht nur das Verhalten in einer bestimmten Situation, sondern sie steuern auch den ganzen Sozialisationsprozeß. Die Sozialisation ist ein Lernprozeß. Ohne im einzelnen auf die Lerntheorie und ihre Anwendung auf soziale Vorgänge eingehen zu wollen (vgl. hierzu Rudolph 1959, 46 ff., Claessens 1967, 35 ff., Stendenbach 1963 und Eyfferth 1964, 76 ff., 347 ff.) genügt es hier, die lerntheoretische Funktion von Lohn und Strafe für den Sozialisationsprozeß herauszustellen.

Positive Sanktionen besitzen »Verstärker«-(»reinforcement«) Charakter (vgl. Stendenbach 1963, 52). Das bedeutet: Belohnungen wirken verhaltensbestätigend. Es ist wahrscheinlicher, daß ein belohntes Verhalten eher wiederholt wird als ein unbelohntes. Wird ein Verhalten mehrfach geübt, kann es sich verfestigen. Es wird zur Gewohnheit; denn bestimmte Reiz- und Reaktionsketten wurden im Handlungsgefüge des einzelnen aufgebaut (vgl. LaPierre 1954, 48; Allport 1959, 292). Die Belohnung verschafft Befriedigung (»satisfaction«), die die Verstärker-Wirkung der positiven Sanktionen verständlich werden läßt. Ein für sein Verhalten gelobtes Kind wird das Lob wahrscheinlich mit Befriedigung aufnehmen und sich wahrscheinlich auch in Zukunft so verhalten, daß es wiederholt gelobt wird. Schließlich verstärkt nicht nur die Belohnung selbst eine Verhaltensweise, sondern auch der »Auslöser« der Belohnung, etwa in der Familie der Vater oder die Mutter, wird als Belohnung empfunden (»secondary reinforcement«, vgl. Stendenbach 1963, 54 ff.). Diese »zweite Belohnung« ist um so größer, je stärker die gefühlsmäßigen Beziehungen zwischen dem Belohnenden und dem, der belohnt wird, sind.

Negative Sanktionen haben nach der Lerntheorie die Funktion zu verhindern, daß ein Verhalten wiederholt und damit zur Gewohnheit wird (vgl. Meng 1953, 40). Strafdrohungen führen bei manchen Menschen zu Konformität, bei anderen wächst der Widerstand gegen das geforderte Verhalten; sie weichen häufiger ab (vgl. Spittler 1967, 123). Daß Strafen solchen Widerstand auslösen, läßt sich damit erklären, daß Strafen, wenn es sich um Affektentzug handelt, offenbar ständige Frustration auslösen (vgl. Claessens 1967, 79). Frustration aber bedeutet Vereitelung einer Bemühung oder Erwartung und hat häufig Aggression zur Folge wie Dollard u. a. (1957) anhand empirischen Materials nachgewiesen haben. Nach neueren Erkenntnissen der Sozialpsychologie können wir die Sequenz Frustration-Aggression noch fortsetzen: So folgt nach Claessens (1967, 118) der Aggression eine sekundäre Frustration, die wiederum eine sekundäre Aggression auslöst. Dieser kann wieder eine Frustration folgen. Schließlich kann es zu Depression oder sogar Regression kommen (vgl. Claessens 1967, 118; McKinley 1966, 51). Kann der einzelne seine Bedürfnisse nicht befriedigen, wird er vielleicht versuchen, auf andere Weise Ersatz zu finden. Es kommt zur Substitution oder zur Verschiebung (vgl. Stendenbach 1963, 199 ff.).

Eine Strafe ist eine pädagogische Maßnahme und auf Verhaltensänderung gerichtet (vgl. Frankl 1935, 41). Sie soll besonders wirkungsvoll für längere Zeit das künftige Verhalten bestimmen. Man kann daher auch nach dem Ausmaß ihrer beabsichtigten Wirkungstiefe und nach ihrer Wirkungsdauer unterscheiden (vgl. Frankl 1935, 41 ff.). Die Strafe kann entweder zum Inhalt haben, das Verhalten für eine einzelne Situation oder für eine ganze Verhaltensdimension zu ändern oder gar die gesamte Persönlichkeit zu beeinflussen.

Wie Sanktionen wirken, hängt davon ab, wer Sanktionssubjekt ist und welches Sanktionspotential dieses Sanktionssubjekt besitzt. Sanktionssubjekt ist diejenige Person oder Personengruppe, die eine Sanktion auslöst. Es ist in der Regel die Gruppenöffentlichkeit (vgl. Geiger 1947, 33). Es kann aber auch der einzelne in der Gruppe Sanktionssubjekt sein. Häufig ist das Sanktionssubjekt der Normbenefiziar und Normabsender. Das Sanktionssubjekt kann auch eine von der Gruppe bestimmte Instanz sein wie etwa das staatliche Strafgericht. Art und Ausmaß der Sanktion hängen vom Sanktionspotential ab. Wir unterscheiden mit Spittler (1967, 96 ff.) zwischen einem absoluten und relativen Sanktionspotential. Für die Durchsetzung normgemäßen Verhaltens ist aber letztlich nur das relative Sanktionspotential maßgebend. Es bedeutet, daß die Sanktionsmacht immer etwas größer ist als die möglichen Gegenreaktionen des Normbrechers (vgl. Spittler 1967, 100). Nur wenn das Sanktionssubjekt über ein solches relatives Sanktionspotential verfügt, ist gewährleistet, daß die Sanktionen negativer Art verhaltensändernde Wirkung haben.

Belohnungen und Strafen finden wir in vielfältigen Formen. Wir wollen hier nicht daran gehen, positive und negative Sanktionen zu klassifizieren. Es scheint uns zweckmäßiger zu sein, wichtige Faktoren zu nennen, die die Formen der Belohnungen und Strafen maßgeblich beeinflussen:

a) die Geschlechtszugehörigkeit: Die Zugehörigkeit zum männlichen oder weiblichen Geschlecht des Normbrechers entscheidet oft darüber, welche Sanktionsformen verwendet werden (vgl. Daurav und Withey 1955 nach McKinley 1966, 201).

b) die Schichtzugehörigkeit: Jeder Mensch gehört einer bestimmten Schicht an. Wie zahlreiche Untersuchungen über Art und Häufigkeit der in Familien verschiedener Schichten verwendeten Sanktionen zeigten, besteht ein Zusammenhang zwischen Schichtzugehörigkeit und Sanktionspraktiken. Die soziale Kontrolle ist damit schichtspezifisch, somit aber auch der Normübernahmeprozeß, dessen Verlauf durch Sanktionen beeinflußt wird. Bennett und Tumin (1960, 669 f.) generalisierten die Ergebnisse einer breit angelegten Untersuchung von Davis und Havighurst (1947), die die Disziplintechniken von 202 Familien analysierten. Dabei stellten sie für die Sozialisation in der Mittelschicht folgendes fest: Die Sozialisation geht relativ langsam vonstatten. Das Kind wird nicht in die Erwachsenen-Rolle gedrängt. Die Erziehung ist darauf angelegt, in dem Kind den Wunsch nach Aufstieg zu entwickeln und das Kind zur Konformität zu erziehen. Die Eltern verwendeten systematisch ihre Zuneigung als Maßstab für Belohnungen; denn die Kinder sollen Schuldgefühle gegenüber ihren Eltern entwickeln. Strafen sind relativ unbeständig, weil die Eltern Schuldgefühle haben, wenn sie ihre Kinder strafen. Milde Behandlung wechselt mit strengen Strafen. Andere Beobachtungen machten Davis und Havighurst (1947) bei der Erziehung in Familien der Unterschicht: Die Sozialisation ist rasch; die Kinder werden sobald wie möglich in Erwachsenenrollen gedrängt. Die Kinder werden freier und unter weniger Druck als in den Mittelschichtfamilien erzogen. Belohnungen stammen nur aus der materiellen Sphäre, Liebesentzug wird selten als Strafe verwendet. Physische Strafen herrschen vor. Strafe und Liebe werden freier und beständiger gegeben. Diese Untersuchung wurde weitgehend durch die Arbeit von Bronfenbrenner (1958, 400 ff.) bestätigt, der acht verschiedene Untersuchungen über schichtspezifische Disziplintechniken aus verschiedenen Teilen der USA miteinander verglich. Er stellte dabei fest, daß in den Familien der Unterschicht Körperstrafen vorherrschen, in den Familien der Mittelschicht häufig mit Liebesentzug und Isolation statt durch psychische Sanktionen erzogen wurde.

c) das Alter: Mit dem Alter eines Menschen ist eine bestimmte Motivationsstruktur und Anpassungsfähigkeit verbunden. Daher haben sich auch altersspezifische Formen von Lohn und Strafe entwickelt.

d) die Art des Gruppenkontakts: In Primärgruppen werden wahrscheinlich mehr informelle Sanktionen auf abweichendes Verhalten folgen als in Sekundärgruppen. Sanktionen sind informell, wenn sie, aus der Situation entstehend, spontan erfolgen.

e) der Grad der Abweichung von der Norm: Je weiter sich ein Mensch von einem durch eine Norm geforderten Verhalten entfernt, desto heftiger wird im allgemeinen die Gruppe auf den Normbruch reagieren.

Wir sind in dieser Arbeit davon ausgegangen, daß der Mensch einem lebenslangen Formungsprozeß – der Sozialisation – unterliegt. Der einzelne paßt sich an die soziale Umwelt an, indem er sich deren Verhaltensforderungen zu eigen macht. Mit der Verinnerlichung von Normen entwickelt sich in einem Personalisationsvorgang die sozio-kulturelle Persönlichkeit. Wesen und Bedeutung der sozialen Kontrolle ergeben sich aus ihrer funktionalen Stellung im Sozialisationsprozeß: Die soziale Kontrolle ist eine verhaltenssteuernde und die Entwicklung von Verhaltensmustern beeinflussende Instanz. Durch positive und negative Sanktionen werden Normen in das Bewußtsein des einzelnen gehoben. Die mangelhafte Normverinnerlichung oder die dysfunktionale Übernahme unerwünschter Verhaltensregeln lösen negative Sanktionen wie Strafen oder Strafdrohungen aus, so daß nach lerntheoretischen Erkenntnissen die sanktionierten Normbrüche wahrscheinlich nicht wiederholt werden. Positive Sanktionen hingegen, die ein Verhalten belohnen, haben wahrscheinlich zur Folge, daß die Verhaltensweise wiederholt wird. Die soziale Kontrolle ist aber nicht nur für die Verhaltensentwicklung des einzelnen, sondern auch für den Bestand des Gruppenlebens funktional: Die soziale Kontrolle gewährleistet, daß Gruppennormen verbindliche Verhaltensforderungen für alle Gruppenmitglieder bleiben. Diese funktionale Bedeutung der sozialen Kontrolle wird in dieser Arbeit nicht weiter behandelt werden. Normaktualisierung als steuernde Instanz des Sozialisationsprozesses wird in ihrer Wirksamkeit wesentlich durch die Faktoren: Grad der Geschlossenheit und Homogenität einer Gruppe, dem Zweck und der Dauer der Gruppenbeziehung, der Art des Gruppenkontakts und dem »ingroup«-»outgroup«-Verhältnis geprägt. Diese Faktoren bestimmen die Wirksamkeit sozialer Kontrolle im Sozialisationsprozeß. In der vorliegenden Untersuchung wollen wir von diesem hier kurz zusammengefaßten Konzept der sozialen Kontrolle ausgehen.

In dem lebenslangen Sozialisationsprozeß fällt der Familie die Aufgabe zu, die Verhaltensentwicklung des Kindes und des jugendlichen Menschen zu steuern. Die ersten Anpassungszwänge erfolgen im Rahmen der Familienbeziehungen. Wir wollen uns deshalb im folgenden Kapitel vornehmlich der Art und Weise der sozialen Kontrolle in dieser Gruppe zuwenden.

2. Kapitel: Die soziale Kontrolle und die Familie

1. Abschnitt: Die soziale Kontrolle und die Familiengruppe

a) Die Funktion der Kernfamilie für den Sozialisationsprozeß

Der bei seiner Geburt noch weitgehend unstrukturierte, instinkt- und orientierungslose Mensch wird erst durch jenen Prozeß lebens- und funktionstüchtig, den die Soziologie mit dem Begriff Sozialisation umschreibt. Durch diesen Prozeß werden dem Individuum auch die Normen seiner Umwelt vermittelt. Im Hinblick auf die Bedeutung dieses Sozialisationsprozesses für die Entwicklung der sozialen Persönlichkeit des Menschen hat König (1946, 125) von einer »zweiten Geburt« des Menschen gesprochen, die in der Regel im Rahmen der modernen Kernfamilie stattfindet. Im Anschluß an Goode (1966, 38) verstehen wir unter Kernfamilie eine Familiengruppe, die aus den Eltern und den unmündigen Kindern besteht. Da es für den Sozialisationsprozeß nicht entscheidend ist, daß unbedingt die Eltern die ersten Träger des Sozialisationsprozesses sind, wollen wir im folgenden alle jene Gruppen der Kernfamilie gleichstellen, in denen andere Menschen als Dauerpflegepersonen die Rolle der Eltern einnehmen, so etwa dann, wenn ein oder beide Elternteile verstorben sind. Aus der Vielzahl der Funktionen, die dieser Kleingruppe von der Wissenschaft immer wieder zugesprochen worden sind, hat Goode (1966, 32) der Familie folgende Hauptfunktionen zugeordnet:

aa) Reproduktion;
bb) Statuszuweisung;
cc) Sozialisierung und soziale Kontrolle;
dd) biologische Erhaltung des Individuums;
ee) emotionale und wirtschaftliche Erhaltung des Individuums.

Ähnliche Funktionskataloge haben Bossard (1948, 95) und Waller-Hill (1951, 30 f.) aufgestellt. Bossard (1948, 140 ff.) weist darauf hin, daß die genannten Funktionen sich ausschließlich auf die Sozialisationsprozesse beziehen, denen das Kind in der Familie unterworfen ist. Zu Recht hebt er aber auch hervor, daß die oben erwähnten Funktionen der Familie durch solche ergänzt werden müssen, die Kinder in einer Familie für ihre Eltern haben; denn auch die Eltern sind Anpassungszwängen im Zusammenleben mit ihren Kindern ausgesetzt.

b) Die besonderen Faktoren für die Wirksamkeit sozialer Kontrolle in der Kernfamilie

Wir wiesen bereits auf die Bedeutung hin, die der sozialen Kontrolle hinsichtlich der Unterstützung des Sozialisationsprozesses und damit der Entwicklung der sozio-kulturellen Persönlichkeit des Kleinkindes zukommt. Die gerade in der Kernfamilie besonders günstigen Bedingungen für die Wirksamkeit sozialer Kontrolle auf des Verhalten des Kindes lassen sich anhand der oben (S. 11 ff.) im Anschluß an Proessler-Beer (1955) herausgearbeiteten Faktoren aufzeigen. Bedeutsam sind nach unserer Ansicht vor allem folgende Eigenschaften der Familiengruppe:

1. Sie ist eine Primärgruppe. Dieser von Cooley (1929, 23) zuerst in die Soziologie eingeführte Begriff besagt, daß diese Gruppen »nach Zeit und Bedeutung anderen Gruppen vorausgehen« (vgl. König 1946, 117), daß die Mitglieder der Gruppe ein »Wir-Gefühl« (»we-feeling«) verbindet, und daß eine »face-to-face« Beziehung besteht. Für die Wirksamkeit sozialer Kontrolle sind die genannten drei Merkmale der Primärgruppe von hervorragender Bedeutung. In einer Primärgruppe wird soziales Verhalten bereits deshalb nachhaltiger und intensiver als in anderen Gruppen gelernt, weil sie zeitlich gesehen die erste Gruppe ist, der ein Mensch in dem lebenslangen Prozeß der Normübermittlung angehört. Der Mensch wächst in der Regel in einer Familie auf und knüpft dort die ersten sozialen Beziehungen an. Für die soziale Kontrolle besteht eine höhere Wirkungschance, denn es ist wahrscheinlicher, daß sie in einem Stadium der Abhängigkeit – wie sie die Kindheit darstellt – in sehr viel stärkerem Maß das Verhalten beeinflussen kann, als dies in späteren Jahren noch möglich sein wird. In der Primärgruppe verbindet die Gruppenmitglieder ferner ein besonderes Gefühl der Zusammengehörigkeit, das »Wir-Gefühl« (»we-feeling«). Die Angehörigen der Gruppe fühlen sich gemeinsamen Normen verpflichtet. Diese Gemeinsamkeit der Verhaltensforderungen hat, wenn sie aktualisiert wird, Solidarität zur Folge. Solidarität unter den Mitgliedern bedingt einen starken Zusammenhalt gegenüber anderen Gruppen, der Korpsgeist erzeugt Kohäsion (vgl. auch König 1946, 86). Solidarität und Kohäsion begünstigen die Wirsamkeit sozialer Kontrolle. Solidarität ist die Folge der Aktualisierung von Gruppennormen. In einer solchen Gruppe sind daher Sanktionen als Mittel zur Bewußtmachung von Normen weitgehend unnötig. Sollte es doch zu abweichendem Verhalten kommen, werden sogleich Sanktionen eingeleitet. Solidarität – diese Hypothese können wir aufstellen – erhöht die Kontrollbereitschaft. Wer sich mit anderen Menschen gemeinsamen Normen verpflichtet fühlt, hält es für selbstverständlich, daß die Verletzung dieser Normen geahndet wird. In der Primärgruppe besteht schließlich zwischen den Mitgliedern eine »face-to-face« Beziehung; jeder Gruppenangehörige kann einen Großteil des Verhaltens eines jeden anderen Mitglieds der Gruppe beobachten und kontrollieren. König (1946, 4, 118) bezeichnet die Familie deshalb auch als »Intimgruppe«. Die Interaktion zwischen den Familienmitgliedern umfaßt fast alle Lebensbereiche und ist nicht etwa wie in einer Arbeitsgruppe auf die Arbeits-

welt beschränkt. Damit erhöht sich auch die Kontrollchance. Darüber hinaus kommt es in der Familie häufig zur Interaktion. Je häufiger und intimer die Interaktionen sind, um so eher ist es möglich, einen großen Bereich des Verhaltens zu überwachen und abweichendes Verhalten sofort mit negativen Sanktionen zu ahnden.

2. Die Kernfamilie ist eine geschlossene Gruppe, denn nicht jeder Mensch kann Mitglied einer bestimmten Familie werden. Kinder werden in eine Familie geboren; Erwachsene können eine Familie gründen. Jedoch kann man außer in besonderen Fällen, wie z. B. bei der Adoption, nicht Mitglied anderer Familien werden. Durch diesen Abschluß nach außen hin wird erreicht, daß die soziale Kontrolle besonders wirksam das Verhalten der Mitglieder beeinflußt. Störungen von außen durch die Aufnahme neuer Mitglieder sind fast unmöglich.

3. Die Kernfamilie ist eine homogene Gruppe mit einer relativ homogenen Struktur. Es kommt daher seltener als in anderen Gruppen zu Normkonflikten, die die Wirksamkeit der sozialen Kontrolle einschränken können.

4. Sie ist eine Kleingruppe, denn sie besteht in der Regel aus drei bis fünf Personen. In der kleineren Gruppe ist es leichter, das Verhalten anderer Gruppenmitglieder zu kontrollieren als in einer großen Gruppe.

5. Sie ist eine auf Sozialisation angelegte Gruppe. Die Sozialisationsfunktion ist eine der wichtigsten Funktionen der Familie. In der Familie sind sehr wirksame Sanktionen für die Verhaltenskontrolle vorhanden. Auf diese werden wir unten (S. 25 ff.) noch eingehen.

6. Sie ist eine auf Dauer angelegte Gruppe. Mit Goode (1966, 78 f.) unterscheiden wir zwischen der »Orientierungsfamilie« (»family of orientation«) und der »Fortpflanzungsfamilie« (»family of procreation«). Das Kind wird in die Orientierungsfamilie geboren. Es »orientiert« sein Verhalten an den Verhaltensforderungen, denen seine Eltern sich verpflichtet fühlen. Später – selbst erwachsen – gründet der Mensch meistens eine Fortpflanzungsfamilie, in der seine Kinder aufwachsen. Der Mensch lebt also in der Regel nahezu ein Leben lang in einer Familiengruppe. Die Bindungen an familiäre Normen werden deshalb in aller Regel stärker sein als die einer jeden anderen Gruppe.

Diese von der Familienforschung herausgearbeiteten Merkmale der Kernfamilie machen den starken Einfluß der sozialen Kontrolle in dieser Gruppe verständlich.

2. Abschnitt: Soziale Kontrolle und Erziehung in der Familie

Die soziale Kontrolle ermöglicht eine vollständige Normübernahme. Sie vermag mangelhaft oder nicht genügend verinnerlichte Normen in das

Bewußtsein des einzelnen zu heben und dadurch die Entwicklung des Verhaltens zu steuern. Gerade in der Kindheit und im Jugendalter, wenn der einzelne regelmäßig in einer Familie aufwächst, wird die sozio-kulturelle Persönlichkeit entscheidend geformt (vgl. Claessens 1967, 105). Es ist deshalb wichtig, anhand der Forschungsergebnisse vor allem der Soziologie, Sozialpsychologie und Psychologie zu überprüfen, wie die soziale Kontrolle das Verhalten der Kinder in der Familie bestimmt, welche Formen von Sanktionen das Familienleben beherrschen und wie sich bestimmte Sanktionsformen auf das Verhalten von Kindern auswirken.

In der Familie kann jedes Verhalten der Eltern, soweit es die Entwicklung ihrer Kinder beeinflußt, Normaktualisierung im hier gemeinten Sinn auslösen. Kindererziehung läßt sich nicht vom sonstigen Verhalten gegenüber Kindern trennen. Da die soziale Kontrolle auch Interaktionsprozesse umfaßt, die nicht intentional auf »Erziehung« gerichtet sind, sind letztlich alle Formen der Kindererziehung Gegenstand unserer Untersuchung. »Child rearing is not a technical term with precise significance. It refers generally to all the interactions between parents and their children. These interactions include the parents expressions of attitudes, values, interests, and beliefs, as well as their caretaking and training behavior« (Sears, Maccoby und Levin 1957, 457). Wenn wir Kindererziehung in diesem weiten Sinne verstehen, müssen wir nach Forschungen suchen, die die Wirkung solcher Erziehung auf das Verhalten der Kinder untersucht haben. Zum einen könnte man sich auf Beobachtung der Erziehungstechniken von Eltern gegenüber ihren Kindern und auf die Reaktionen der Kinder hierauf beschränken. Daraus können jedoch keine Schlußfolgerungen über die Wirkung sozialer Kontrollen gezogen werden. Wie amerikanische Untersuchungen ergeben haben, sind nicht so sehr die Erziehungstechniken der Eltern, als vielmehr deren Haltungen gegenüber den Kindern für die Entwicklung der kindlichen Persönlichkeit von Bedeutung. »It would appear that positive and negative attitudes are more predictive of the nature of the child's later adjustment than the nature of the specific practices followed by the mother in the infant's socialization« (Watson 1962, 232).

Soziale Kontrolle – wie sie sich in der Erziehung manifestiert – wird zum überwiegenden Teil durch die Eltern ausgeübt. Sie ist hier vornehmlich in diesem Sinne von Interesse. Soziale Kontrolle ist damit ein wesentlicher Aspekt der Kindererziehung im weitesten Sinne. Sie umfaßt intentionales und funktionales Erziehungsverhalten. Viele der positiven und negativen Sanktionen der sozialen Kontrolle in der Familie sind altersspezifisch geformt. Es erscheint daher zweckmäßig, die einzelnen Stadien der Sozialisation und die damit verbundene soziale Kontrolle darzustellen.

3. Abschnitt: Stadien der Sozialisation und Mechanismen der sozialen Kontrolle

Vor der Geburt des Kindes werden die Eltern auf ihre Funktionen im Sozialisationsprozeß des Kindes hingewiesen. Durch soziale Kontrolle wird versucht, sie zur Übernahme der gesellschaftlich definierten Rolle als Vater oder Mutter zu veranlassen. Nach der Geburt setzt der bereits dargestellte Sozialisationsprozeß ein, der bis zum Abschluß etwa des 15. Lebensjahres von besonderer Intensität und Bedeutung ist. Im wesentlichen werden hierbei drei Stadien durchlaufen, die im einzelnen dargestellt werden sollen: das Kleinkindalter (»infancy«), das Vorschulalter (»preschool-age«) und das Schulalter (»school-age«). In jeder der genannten Entwicklungsstufen steuern spezifische Sanktionen den Lernprozeß, wobei diese Belohnungen und Strafen auch in jedem Alter verschieden verarbeitet werden. Das affektive Klima in der Familie und die anderen Umweltfaktoren, die den Verlauf des Normverinnerlichungsprozesses beeinflussen, haben bei der Formung der sozio-kulturellen Persönlichkeit ein unterschiedlich starkes Gewicht.

a) Die soziale Kontrolle in der Familie vor der Geburt des Kindes

Schon vor der Geburt der Kinder werden die Eltern auf ihre Funktion im Sozialisationsprozeß ihrer Kinder als Normvermittler (»socializing agents«) hingewiesen (vgl. Roucek 1956, 118f.). Die zukünftigen Eltern werden auf ihre Erzieherrolle vorbereitet. Sie müssen auf ihr zukünftiges Kind Rücksicht nehmen. Die Frau übernimmt die Rolle der werdenden Mutter; vom Mann erwartet die Umwelt, daß er in dieser Zeit seiner Frau zur Seite steht. »There are social as well as psychological and physiological aspects to pregnancy. In a real sense it is not the wife alone who is pregnant but the entire family. Pregnancy is a status as well as a process. Pregnancy as a social status involves husband and wife, relatives, friends, professional associates, and all who have social intercourse with the family. It involves the mores and the laws of the state« (Waller-Hill 1951, 382, 393; vgl. Sears, Maccoby and Levin 1957, 32f.).

Die Ehepartner werden gezwungen, die Vater- und Mutterrolle zu übernehmen und sich den gesellschaftlichen Erwartungen entsprechend zu verhalten. Die soziale Umwelt der zukünftigen Eltern korrigiert schon vor der Geburt deren Verhalten durch formale, staatliche Sanktionen wie die Mutterschutzgesetzgebung und die Strafgesetzgebung zum Schutze des keimenden Lebens aber auch zum Teil durch informelle Sanktionen wie soziale Isolierung, wenn etwa die Ehepartner sich weigern, die ihnen zugewiesenen Rollen zu übernehmen.

b) Die soziale Kontrolle im Kleinkindalter

Diese Entwicklungsstufe reicht von der Geburt bis etwa zum Ende des zweiten Lebensjahres. In diesem Zeitabschnitt lernt das Kind die ersten sozialen Verhaltensweisen. Claessens (1967, 65) nennt dieses Stadium Soziabilisierung. In diesem Zeitraum steht die Beziehung zwischen Mutter und Kind im Mittelpunkt (vgl. Spitz 1960, 1 ff.). Die organischen Bedürfnisse des Kindes lösen bei ihm Spannungszustände aus, die auf sozial vorgegebenen Wegen beseitigt werden müssen. Das soll in einer Form geschehen, die dem Kind Befriedigung verschafft. Die Mutter »stillt« in einem »lustbetonten Dialog« (vgl. Oeter 1963, 108) die ersten und ursprünglichen Bedürfnisse des Kleinkindes. Das Kind entwickelt eine erste Wahrnehmungsstruktur, die sich qualitativ abgestuft nachweisen läßt. Solche Entwicklungsabschnitte sind das »erste Lächeln« – etwa drei Monate nach der Geburt –, das man mit Spitz (1960, 37 ff.) als Vorstufe der ersten sozialen Objektbeziehung bezeichnen kann. Die erste Objektbeziehung selbst ist nach Spitz (1960, 50 ff.) die »Acht-Monatsangst«. Durch regelmäßige Bedürfnisbefriedigung entstehen im Kleinkind Abfolgeerwartungen, die das Ergebnis bestimmter Koordinierungsprozesse im Individuum sind, die nach der Sättigung des angeborenen Kontaktbedürfnisses eintreten (vgl. Claessens 1967, 83). Das Kind erwartet etwa, daß es gefüttert, daß sein Hunger gestillt wird. Die anschließende Entwicklung führt dazu, daß sich die Abfolgeerwartungen zu Erwartungshaltungen verdichten (vgl. Claessens 1967, 83). Darunter verstehen wir mit Claessens (1967, 83) die Erwartung von etwas Bestimmtem. Das Kind lernt, bei Hungergefühl zu schreien, weil es aus früherer Erfahrung weiß, daß es dann in der Regel bald gefüttert wird. Wenn diese Erwartungshaltungen des Kindes nicht enttäuscht werden, entwickelt das Kind nach Claessens (1967, 84) einen sozialen Optimismus. Es vertraut darauf, daß sein Verhalten immer in gleicher Weise »beantwortet« wird: »... es gelingt bei eindringlicher Analyse nicht, aus den sozialen Beziehungen, welcher soziologischen Formation auch immer, d. h. aus der Situation des Menschen überhaupt, das basale Vertrauen in die Regularität des Verhaltens des anderen gänzlich herauszuziehen« (Claessens 1967, 96).

Dieses Vertrauen ermöglicht den einsetzenden Ablösungsprozeß des Kindes von seiner ersten Pflegeperson. Diese »soziale Emanzipation« wird durch die »primäre Zuweisung von Positionen« und Rollen wie die des Kindes, des Sohnes, der Tochter gekennzeichnet. Die neuen Positionen erfordern neues Rollenverhalten. Dem Kind werden Handlungsmöglichkeiten bereitgestellt, die in engem Zusammenhang mit dem affektiven Klima die soziale Entwicklung des Kindes bestimmen. Soziale Positionen und Rollen werden vom Kind in diesem Stadium vornehmlich in der Familie erworben. Dieser Lernprozeß verläuft im allgemeinen relativ ungestört und konfliktfrei. Das Kind ist vor allem nicht den Normkonflikten ausgesetzt, die sich aus der Zugehörigkeit zu verschiedenen Normsystemen ergeben.

Das Interaktionsgeschehen in einer Familie mit Kindern ist zum großen Teil auf die Kindererziehung ausgerichtet. Die für die Kinder geltenden Normen besitzen ein hohes Maß an Toleranzbreite. Das Verhalten wird soweit umschrieben, daß geringe Abweichungen von den Regeln noch nicht als Normbruch von den Eltern gewertet werden und deswegen auch keine negativen Sanktionen auslösen. Ein Kind, das erst noch Normen verinnerlichen muß, und das im Probehandeln soziale Verhaltensweisen lernt, soll nur in geringem Maß durch eine Strafe »frustriert« werden. Die soziale Kontrolle in der Familie muß besonders elastisch sein und den Sozialisationsprozeß funktional unterstützen. Das Normverständnis muß im Kind erst geweckt werden, ehe es zur Normverinnerlichung kommen kann. Solange das Kind die Norm als Verhaltensforderung noch nicht nachvollziehen kann, dienen Rituale als »Vorformen« der Norm dem Anpassungsprozeß. Unter Ritualen verstehen wir expressiv betonte Handlungen mit großer Regelmäßigkeit des Auftretens und Gleichheit des Ablaufs, die Verhaltensweisen zur Gewohnheit werden lassen (vgl. Claessens 1967, 145; Waller-Hill 1951, 399 ff.). Solche Rituale sind etwa die Tischsitten einer Familie. Sie führen dazu, daß die Verhaltenspartner »beim Auftreten oder bereits bei der Annäherung der betreffenden Situation zu solchem Verhalten tendieren« (Claessens 1967, 145). Rituale lassen sich insoweit als Ankündigung von Regeln auffassen (vgl. Piaget 1954, 29). Schon bei der Erziehung von Säuglingen im Alter von 10–12 Monaten will sie Piaget (1954, 28) beobachtet haben. Die Rituale erleichtern den Normübernahmeprozeß. Sie regulieren das Verhalten der Menschen innerhalb der persönlich gefärbten Beziehungen zwischen Eltern und Kind in »überpersönlicher Form« (vgl. Claessens 1967, 146). Solche Rituale, ihre Erscheinungsformen und ihre Bedeutung für die Sozialisation in der Familie haben Bossard und Boll (1943) beschrieben. Nach ihren Ergebnissen bestimmen die Rituale einer Familie wesentlich den Verlauf der Sozialisation, weil sie die schon genannte Funktion haben, normiertes Verhalten zur Gewohnheit zu machen, bevor es zur Verhaltensforderung wird.

Im Kleinkindalter wird das Kind entwöhnt und das Sauberkeitstraining durchgeführt. Amerikanische Ethnologen, die die Bedeutung dieser Erziehungstechniken für die sozio-kulturelle Entwicklung der Kinder untersuchten, wiesen auf Zusammenhänge zwischen bestimmten »Nationaleigenschaften« von Stämmen und Völkern und den spezifischen Sanktionsformen der sozialen Kontrolle bei diesen Stämmen und Völkern hin. Die Forscher beobachteten alles Verhalten, das im Zusammenhang mit dem Stillen, der Fütterung, Entwöhnung und dem Sauberkeitstraining stand. Sie bedienten sich der Methode der »teilnehmenden Beobachtung« und untersuchten kleine, relativ geschlossene Kulturen. Aus dem Vergleich dieser Primärinstitutionen schlossen sie auf Beziehungen zwischen den Erziehungstechniken dieser Völker beim Stillen, Füttern, Entwöhnen und beim Sauberkeitstraining und dem »Nationalcharakter«. Die festgestellten Zusammenhänge sollen zwar keine Relation zwischen Ursachen und Wirkung sein, die Sanktionsformen sollen aber auch nach Meinung dieser Forscher direkt oder indirekt die sozio-kulturelle Entwicklung des jungen Menschen beeinflussen. Diese Untersuchungen sind vielfach und auch zu Recht kritisiert worden. Zum einen ist einzuwenden, daß in diesen Untersuchungen der Einfluß der primären Sozialisation auf die sozio-kulturelle Entwicklung in den ersten Lebensjahren überschätzt wird. Normen werden nicht nur in den ersten Lebensjahren übernommen; auch die Sozialisation in den späteren Lebensjahren vermag den einzelnen noch stark zu beeinflussen (vgl. Wurzbacher 1963, 19; Thomae 1955, 53). Zum anderen ist der »Nationalcharakter«, zu dem die Sanktionsformen beim Stillen, bei der Fütterung, Entwöhnung und beim Sauberkeitstraining in Beziehung gesetzt worden sind, eine problematische Größe. Der Volkscharakter läßt sich nur idealtypisch erfassen; er ist der Wirklichkeit nur angenähert und besitzt daher nur bedingten Aussagewert (vgl. Goldman-Eisler 1953, 146 ff.). Schließlich hätten zusätzlich zu diesen Erziehungstechniken die elterlichen Haltungen gegenüber dem Kind, dessen organische Konstitution und der Rahmen der »sozial-kulturellen Gesamtsituation« untersucht werden müssen (vgl. Orlansky 1949, 38 f. nach Rudolph 1959, 68). Ebenso wären die Haltungen der Pflegepersonen dem Kind gegenüber und die Zusammenhänge die zwischen diesen Haltungen und dem späteren abweichenden Verhalten der »Erzogenen« bestehen, zu überprüfen gewesen, also etwa nach dem Schema Ablehnung/Zuneigung und Verwöhnung/Strenge sowie deren Extremformen (vgl. Watson 1962, 212).

Der Mensch muß sich im Kleinkindalter soziale Verhaltensweisen zu eigen machen. Da der Normübernahmeprozeß in der Regel nicht reibungslos verläuft, unterstützt die soziale Kontrolle die Normverinnerlichung. Auf die Funktionen der positiven und negativen Sanktionen für die Sozialisation ist schon oben (S. 15 ff.) hingewiesen worden. Das Kleinkind muß erst ein Verständnis für die Bedeutung von Lohn und Strafe entwickeln. Gerade Kinder gewinnen allmählich dieses Verständnis in den ersten beiden Lebensjahren vor allem durch Lohn und Strafe als Dressurmittel. In den ersten anderthalb Lebensjahren ist es Kindern noch nicht möglich, eine Strafe als Normaktualisierung zu verstehen; die Kinder können zwischen abweichendem Verhalten und Strafe durch Assoziation noch keinen inneren Zusammenhang herstellen (vgl. Frankl 1935, 16ff.). Auch wenn Eltern schon in diesem Alter an ein solches Verständnis für den Sinn der Belohnung oder der Strafe appellieren, findet man erst in der zweiten Hälfte des zweiten Lebensjahres die Vorstufe eines solchen Verständnisses bei Kindern. Obwohl die Eltern also die Kinder darauf hinweisen, warum sie bestraft werden, oder warum sie eine Belohnung erhalten, werden sie von den Kindern oft noch nicht verstanden. Erst vom zweiten Lebensjahr an entwickelt sich das Verständnis für den Sinn von Lohn und Strafe (vgl. Frankl 1935, 22). Strafen und Belohnung bleiben also im Kleinkindalter fast reine Dressurmittel.

Wegen der großen, für dieses Stadium typischen, emotionalen Abhängigkeit des Kindes ist deshalb im Kleinkindalter das affektive Klima von besonderer Bedeutung. Ein hohes Maß an Zuneigung oder der Entzug der elterlichen Liebe sind insoweit geeignete verhaltenskorrigierende Mittel der Sozialisation in der Familie. Diese Erziehungstechniken, »love oriented techniques«, bestehen darin, daß die Art von Belohnung und Strafe vom Maß der Zuneigung bestimmt wird. Jede Form des Liebesentzugs ist eine Strafe. »Was das Kind als wirkliche Strafe empfindet, ist der Entzug der elterlichen Zuneigung und die Angst, in die das Kind dadurch gerät« (Josselyn 1959, 39). Wie stark das Kind in diesem Lebensabschnitt vom affektiven Klima in der Familie abhängt, beweisen die Untersuchungen von Bowlby (1957) und Spitz (1960, 111). Die Folgen mangelhafter Zuneigung sind seelische, aber auch körperliche Schäden. Es wird dadurch die sozio-kulturelle Entwicklung verlangsamt oder bis zur Regression getrieben. Das Kind kann auch nicht das bereits oben (vgl. S. 26) beschriebene »basale Vertrauen« in die Regularität des Verhaltens erwerben.

c) Die soziale Kontrolle im Vorschul- und Kindergartenalter

Etwa mit dem Ende des zweiten Lebensjahres beginnt das Stadium der »frühen Kindheit« (»early childhood«), das mit dem Eintritt in die Schule, also in der Regel mit sechs Jahren endet. Während dieses Zeitraums – dem Vorschulalter (»pre-school-age«) – wächst das Kind hauptsächlich in der Familie auf. Die Entwicklung des Kindes kann während dieses Lebensabschnittes bereits durch die Sozialisationsprozesse in Spielgruppen und im Kindergarten beeinflußt werden. Die genannten Sozialisationsvorgänge in der Spielgruppe oder dem Kindergarten können die Normverinnerlichung in der Familie fördern oder auch ihr entgegenwirken. Im Vorschulalter übernimmt das Kind neue Positionen und lernt die dazugehörenden Rollen. Durch Probelernen (»trial-error«) werden

Verhaltensweisen zu Gewohnheiten, d. h. auf einen speziellen Reiz hin wird immer gleiches Verhalten ausgelöst.

Auch in diesem Stadium der sozio-kulturellen Entwicklung besitzt das affektive Klima der Familie noch großen Einfluß. Ablehnende Haltungen der Eltern lösen aggressives Verhalten des Kindes aus (vgl. Watson 1962, 389); sie haben die für den Sozialisationsprozeß dysfunktionale Folge, daß die Kinder sich seltener mit ihren Eltern identifizieren. Das beobachteten z. B. Glueck und Glueck (1963, 59 f.) bei delinquenten Jugendlichen. Andry (1960, 39) hält die ablehnende Haltung der Eltern für eine der Ursachen späterer Delinquenz. Ein günstiges affektives Klima fördert dagegen die Entwicklung des Selbstbildes, das in diesem Stadium zu entstehen beginnt und auf dessen kriminologische Bedeutung wir später noch eingehen werden. Der umstrittene Begriff des Selbstbildes (vgl. Watson 1962, 410) soll hier als Vorstellung des Individuums über sein Verhältnis zur Umwelt definiert werden (vgl. auch oben S. 10). Hilgard (1949), der das Gedächtnis als einen wesentlichen Faktor des Selbst ansieht, betont, daß nur derjenige ein Selbstbild entwickeln könne, der sein Verhalten über einen längeren Zeitraum hinweg als sein eigenes Verhalten erkennen und daraus bestimmte Schlüsse über seine eigene Person zu ziehen vermöge. Die Existenz von Schuldgefühlen solle ein bestehendes Selbstbild beweisen, denn nur der Mensch entwickle Schuldgefühle, der sich für sein Verhalten verantwortlich fühle. Das könne aber nur jemand, der ein Selbstbild besitze. Solche Schuldgefühle sind unserer Ansicht nach interne Sanktionen.

Im Vorschulalter entwickelt das Kind außer dem Selbstbild auch soziale Distanz. Es wird unabhängiger von seinen Pflegepersonen, es entwickelt Eigeninitiative und den Willen, Schwierigkeiten zu überwinden. Weiter gewinnt das Kind Ausdauer und eine aktive Haltung. »... in the process of socialization, emotional dependence tends to shift away from a passive ›infantile‹ dependence toward a more active and assertive dependence on one's peers« (Heathers 1962, 419). Das affektive Klima in der Familie und die Trainingstechniken der Eltern sind von maßgeblichem Einfluß für die Entwicklung des Selbstbildes und der sozialen Distanz. Eingehende Untersuchungen unter dem hier interessierenden Aspekt fehlen jedoch bislang weitgehend, so daß wir uns hier auf einige vorläufige Bemerkungen beschränken müssen (vgl. Watson 1962, 393). Vater und Mutter sind auch in diesem Lebensabschnitt die wichtigsten Sanktionssubjekte. Beide Eltern strafen und belohnen das Verhalten ihrer Kinder. Im Vorschulalter herrschen Körperstrafen vor. Das gilt besonders für die Familien der Unterschicht (vgl. Frankl 1935, 63; McKinley 1966, 86). Aber auch Liebesentzug ist ein häufig angewandtes Strafmittel. Radke (1949, 49 ff. nach Watson 1962, 395) stellte fest, welche Strafen und Belohnungen die

Kinder während des Vorschulalters erhielten. Seine Untersuchungen stützen sich auf frühere amerikanische Forschungen, wonach die Kinder am häufigsten Prügel erhielten. In der Rangfolge der am häufigsten angewandten Strafen folgen dann: Isolation (»isolation«), Belohnung und Lob (»rewards and praise«), natürliche Folgen des Verhaltens (»natural results of conduct«) – also nicht bestimmbare Sanktionsformen –, wörtliche Aufforderungen (»verbal appraisals«), Entzug von Privilegien (»depriving«), Liebesentzug (»withdrawing love«), Einschüchterung (»frightening«), Beschämung (»shaming«) und Nichtbeachtung (»ignoring«). Eine ähnliche Rangordnung der Sanktionsformen findet sich bei Frankl (1935, 63 f.). Belohnungen sind in diesem Lebensabschnitt entweder symbolisch wie Zustimmung oder nicht symbolisch wie Geschenke aller Art. Schon im Vorschulalter bestehen Unterschiede in den Sanktionsformen, je nachdem, welchem Geschlecht die bestrafte oder belohnte Person angehört. Mädchen werden häufiger als Jungen mit Liebesentzug bestraft, Jungen erhalten statt dessen häufiger Prügel. Mädchen werden auch öfter als Jungen für ihr Verhalten gelobt (vgl. Watson 1962, 443).

Werden die Kinder in dieser Zeit ungerecht bestraft, kann das Vertrauensverhältnis zwischen den Kindern und ihren Eltern erschüttert werden. Die Folge davon ist, daß die Strafen nicht mehr ernstgenommen werden oder übermäßigen Trotz hervorrufen (vgl. Frankl 1935, 110 f.). Daß das affektive Klima in der Familie für die funktionale Wirkung der sozialen Kontrolle von Bedeutung ist, wurde bereits oben (S. 29) hervorgehoben. Es bleibt auch in den folgenden Jahren im Schulalter des Kindes nicht ohne Bedeutung auf die Wirkung der Sanktionen. Untersuchungen über die Art der gefühlsmäßigen Haltungen der Eltern mit ihrer Wirkung auf den Sozialisationsprozeß sollen im folgenden Abschnitt über das Schulalter wiedergegeben werden.

Im Vorschulalter trifft der Mensch in der Regel zum ersten Mal in Spielgemeinschaften außerhalb der Familie mit Gleichaltrigen zusammen. Die Spielgemeinschaft (»peer-group«) ist wie die Familie eine Primärgruppe. Der soziale Umgang mit gleichaltrigen Spielgefährten hilft dem Kind, seine Identität zu finden und sich aus der engen Bindung an seine Familie zu lösen. Das Kind kann in der Spielgruppe sein Verhalten unabhängig von den Eltern bestimmen; es ist dort zum Teil deren Einfluß entzogen. Auch im Kindergarten findet der junge Mensch gleichaltrige Spielgefährten, mit denen zusammen er eine Spielgemeinschaft im Sinne einer Primärgruppe bilden kann. Daneben trifft das Kind zum ersten Mal auf eine außerhalb der Familie bestehende soziale Institution, in der es bestimmte Positionen zugewiesen bekommt. Allgemein gilt, daß die Sozialisation im Kindergarten die Normübernahme in der Familie fördern, ihr aber auch entgegenwirken kann.

d) Die soziale Kontrolle im Schulalter

Es umfaßt in der Regel die Zeit vom 6. bis 15. Lebensjahr. Während dieses Zeitraumes unterliegt der Mensch Sozialisationsprozessen, vor allem in der Familie, in Spielgruppen und in der Schule. Die Schule ist fast immer der soziale Rahmen, in dem der einzelne zum ersten Mal in eine Gruppe eintritt, in der der »Leistungszusammenhang« den »Personenzusammenhang« verdeckt. Nicht mehr die persönliche Bindung, sondern die gemeinsame Lernsituation ist die Ursache der sozialen Beziehung. Die Schule vermittelt daher dem Menschen auch spezifisch familienfremde Verhaltensweisen.

Die Verschiedenheit der in Familie, Spielgruppe und Schule geltenden Normen schafft bei den Sozialisationsprozessen Konflikte. Sie fördert aber auch die »Emanzipation« von der ersten sozialen Umwelt – der Familie. Die Schule hilft dem Kind, den Anschluß an eine größere soziale Umwelt zu finden. Mit fortschreitender Normverinnerlichung löst sich der Verpflichtungsgrad einer Norm von den mit ihr verbundenen Sanktionen. Eine Regel wird befolgt, unabhängig davon, ob derjenige das Verhalten kontrolliert, der die Norm vermittelt hat (vgl. Piaget 1954, 191). Die personale Kontrolle beginnt das Verhalten zu bestimmen.

Da im Schulalter außer der Familie auch andere Personen, wie Spielkameraden, Mitschüler und Lehrer das Verhalten des jungen Menschen kontrollieren, verlieren diejenigen Strafen und Belohnungen in der Familie an Bedeutung, die allgemein zur Verhaltensregulierung verwendet werden. An Bedeutung gewinnen in dieser Zeit familienspezifische Sanktionen (vgl. Frankl 1935, 50). Darunter versteht man solche Sanktionen, die in einzelnen Familien jeweils in verschiedener Form und Häufigkeit zur Verhaltenskorrektur verwendet werden. Wir denken dabei zum Beispiel an den Entzug von Privilegien, die Eltern ihren Kindern gewährt haben. Was als Privileg anzusehen ist, kann von Familie zu Familie verschieden sein. Außer den eigentlichen disziplinären Techniken beeinflussen auch in diesem Zeitabschnitt die elterlichen Haltungen die Entwicklung der sozio-kulturellen Persönlichkeit. Besonders bestimmte Extremhaltungen sind von einzelnen Forschern auf ihre Bedeutung für den Verlauf des Sozialisationsprozesses untersucht worden. So löst die »Überbehütung« andere Verarbeitungsprozesse im Kind aus als die »Ablehnung« des Kindes. Die »Überbehütung« wurde vornehmlich bei Müttern als »mütterliche Überbehütung« (»maternal overprotection«) untersucht. Sie ist »... the unhealthy exaggerated manifestation of that which within optimal limits has been called acceptance« (Watson 1962, 411). Diese elterliche Haltung läßt sich allgemein folgendermaßen charakterisieren:

aa) übermäßiger Kontakt mit der Erziehungsperson (»excessive contact«);
bb) Verlängerung des Stadiums kleinkindlicher Obhut (»prolongation of infantile care«, »infantilization«);
cc) Unterdrückung unabhängiger Verhaltensweisen des Kindes (»prevention of independent behavior«).

In einer Familie, in der Eltern oder auch nur Vater oder Mutter sich so verhalten, kann es an jeglicher Kontrolle des kindlichen Verhaltens durch die Eltern fehlen. Das Kind steht in einem solchen Elternhaus unter »nachsichtiger Überbehütung« (»indulgent overprotection«). Die beschriebene Fehlhaltung der Überbehütung durch die Eltern kann aber auch mit einem Übermaß an Disziplin verbunden sein. In einer Längsschnittuntersuchung mit zwanzig Kindern stellte Levy (1957 nach Richter 1963, 47) fest: Ein Kind, dessen Eltern oder dessen Vater oder Mutter das kindliche Verhalten nicht kontrollieren, wird ungehorsam, entwickelt Aggressivität, es stellt große Ansprüche an seine Umwelt und hat es schwer, Freunde zu gewinnen. Die geschilderten Eigenschaften erschweren es dem Kind, sich an eine familienfremde Umwelt anzupassen. Die gleiche Beobachtung machte auch Schultz-Hencke (1947, 48): »Wenn ein Kind anfänglich, d. h. im engsten Milieu, zu weich behandelt wird, muß es späterhin irgendwann mit der im ganzen härteren Realität desto heftiger zusammenstoßen. Dies ist der übliche Vorgang, der dann zur Gehemmtheit führt.« Kinder aus solchen Familien können leicht delinquent werden (vgl. Ruppert 1957, 59 ff.; Horrocks 1962, 62 f. mit weiteren Nachweisen). Ein »verwöhntes Kind« besitzt nur geringe Frustrationstoleranz; es sucht seine Wünsche in jedem Fall zu befriedigen – und sei es durch ein normwidriges Verhalten.

Demgegenüber bringen bei der elterlichen Fehlhaltung der »Ablehnung« (»rejection«) die Eltern ihrem Kind nur negativ gefärbte Gefühle entgegen (vgl. Watson 1962, 266). Merkmale dieser Fehlhaltung sind:

aa) übermäßige Feindseligkeit und Vernachlässigung (»over-hostility and neglect«);
bb) »Perfektionismus« (»perfectionism«);
cc) kompensatorische Überbehütung (»compensatory overprotection«).

Feindselige Haltung, die sich in übermäßig strenger Erziehung zeigt, führt ebenso wie Vernachlässigung durch die Eltern bei deren Kindern oft zu Aggressivität, Verwahrlosung und Affektflachheit (vgl. Richter 1963, 53 f.).

Eltern, die ihr Kind mit seinen Eigenheiten nicht vorbehaltlos lieben, sondern es ständig ändern und vervollkommnen wollen (»perfektionieren«), behandeln es häufig mit Mißbilligung, Kritik und Zwang. Die Folge ist, daß das Kind oft in seiner Liebe zu den Eltern enttäuscht wird und kein Selbstvertrauen erwerben kann (vgl. Richter 1963, 53 f.).

Verdecken die Eltern ihre ablehnende Haltung gegenüber ihrem Kind, weil sie die Ablehnung nicht offen zeigen wollen, handelt es sich um »kompensatorische Überbehütung«. Eltern verwöhnen dann oft ihr Kind; sie sind übermäßig nachsichtig. Das kindliche Verhalten zeigt Zeichen von Verwöhnung; die Ablösung von der Familie wird verzögert (vgl. Richter 1963, 53 f.). Das kann aus denselben Gründen wie bei der oben beschriebenen »Überbehütung« Delinquenz des Kindes zur Folge haben.

Nach dieser Darstellung der Bedeutung der sozialen Kontrolle für den Sozialisationsprozeß und den häufigsten Formen des Fehlverhaltens sollen in dem Zweiten Teil der Arbeit die bisher bekannten kriminologischen Untersuchungen, die abweichendes Verhalten mit dem Mangel an sozialer Kontrolle zu erklären versuchen, wiedergegeben werden. Sie werden auch daraufhin überprüft, inwieweit in ihnen die Ergebnisse anderer Wissenschaften, wie etwa der Soziologie und Sozialpsychologie, berücksichtigt worden sind.

Zweiter Teil

Soziale Kontrolle und Jugenddelinquenz

1. Kapitel: Das Konzept der sozialen Kontrolle in der Kriminologie

In der Kriminologie wurde die Jugenddelinquenz bisher fast immer auf bestimmte Ursachen oder Ursachenkomplexe zurückgeführt. Die ältere ätiologische Forschung untersuchte abweichendes Verhalten in einem Anlage-Umwelt-Schema. Die Jugenddelinquenz wurde entweder als Folge ungünstiger Umweltverhältnisse oder als Ergebnis von Anlageschäden erklärt. Neuerdings versuchte Reckless (1961, 335 ff.) die bisherigen Erklärungsmodelle delinquenten bzw. abweichenden Verhaltens in einem differenzierteren Schema als dem von Anlage-Umwelt zu erfassen. Er unterschied »Druck«- (»pressure«), »Zug«- (»pull«), »Impuls«- (»push«) und »Kontroll«- (»control«) Theorien.

1. Die »Druck-Theorien« führen das abweichende Verhalten auf den Druck zurück, den die Umwelt auf den Menschen ausübt (vgl. Reckless 1961, 335ff.). So wurden Armut, ungünstiges Milieu und schlechte wirtschaftliche Verhältnisse als kriminogene Faktoren bezeichnet (vgl. Gruhle 1912; Hetzer 1958).

2. Die »Zug-Theorien« erklären die Delinquenz als Folge des Einflusses, den Menschen auf andere Personen haben. Der einzelne macht sich abweichende Verhaltensweisen anderer Menschen zu eigen, verhält sich deshalb delinquent. Jeder Mensch sucht Vorbilder, deren Verhalten er nachahmen kann. Er folgt solchen Vorbildern und wird von ihnen angezogen (vgl. Reckless 1964, 146): So erklärt die »Theorie der differentiellen Assoziation« von Sutherland die Delinquenz als Ergebnis eines erfolgreichen Lernprozesses abweichender Verhaltensweisen (vgl. Sutherland-Cressey 1955, 74ff.). Auch die »Theorie der differentiellen Identifikation« von Glaser (1956, 433ff.) gehört nach Ansicht von Reckless zu dieser Theoriengruppe: Das delinquente Verhalten ist die Folge eines Identifikationsprozesses des einzelnen mit wirklichen oder Phantasiegestalten, von deren Sicht aus abweichendes Verhalten nicht abzulehnen ist.

3. Die »Impuls-Theorien« sehen die Ursache für die Delinquenz in inneren Impulsen, die das Verhalten bestimmen. Dazu zählen alle Theorien, wonach Geisteskrankheiten und seelische Antriebsschäden wie Ängste, Halluzinationen und neurotische Störungen abweichendes Verhalten auslösen (vgl. Reckless 1961, 335).

Diese drei Theoriengruppen unterscheiden nur brennpunktartig (vgl. Reckless 1964, 145) danach, wie abweichendes Verhalten erklärt werden kann. Reckless erkannte aber, daß eine Anzahl kriminologischer Theorien sich nicht in eine der genannten Gruppen eingliedern läßt. Diese Theorien faßte er in einer weiteren Gruppe zusammen und bezeichnete sie als »Kontroll-Theorien«.

4. Die »Kontroll-Theorien« gehen davon aus, daß abweichendes Verhalten die Folge fehlender sozialer Kontrolle ist, oder daß das Kontrollsystem unwirksam bleibt, so daß antisoziale Antriebe zum Durchbruch kommen können (vgl. auch Nye 1958, 3). Diese von Reckless als »Kontroll-Theorien« bezeichneten theoretischen Ansätze zur Erklärung abweichenden Verhaltens wollen wir in den folgenden Kapiteln darstellen. Dazu zählen auch diejenigen Untersuchungen, die die Jugenddelinquenz auf das Versagen oder auf den Mangel von personalen Kontrollen zurückführen, soweit die Forscher einen Zusammenhang zwischen personalen und sozialen Kontrollen bejahen. Von besonderem Interesse sind dabei diejenigen kriminologischen Arbeiten, die auf die Bedeutung sozialer und personaler Kontrolle in der Familie für die Entwicklung der Kinder und deren Verhalten hinweisen. Aus einem kritischen Vergleich dieser Untersuchungen können sich Ansatzpunkte für weitere Forschungen ergeben.

2. Kapitel: Anomie und Jugenddelinquenz

Der Mangel oder die Unwirksamkeit sozialer Kontrollen kann durch einen Zustand der Norm- oder Regellosigkeit, d. h. durch einen Zustand der Anomie, in der das Verhalten nicht von Normen bestimmt wird, hervorgerufen oder begünstigt werden. Das Konzept der Anomie ist also zur Erklärung abweichenden Verhaltens geeignet, für das sowohl der Mangel als auch das Versagen sozialer Kontrolle maßgebend sein können. Wir wollen deshalb untersuchen, inwieweit nach den bisherigen Forschungen die Anomie abweichendes Verhalten erklären kann und welche Bedeutung hierbei der sozialen Kontrolle beigemessen wurde. Nur insoweit werden wir das Konzept der Anomie, das in der soziologischen und kriminologischen Literatur einen breiten Raum einnimmt (vgl. Clinard 1964, 1 ff.; Cole und Zuckermann 1964, 243 ff. mit weiteren Nachweisen) in dieser Arbeit heranziehen.

1. Abschnitt: Das Konzept der Anomie von Durkheim

Der Begriff der Anomie wurde erstmals von Durkheim verwendet (vgl. König 1968, 22; Clinard 1964, 2). In seinem 1893 erschienenen Buch »Arbeitsteilung« ging es Durkheim darum, die »pathologischen« Erscheinungsformen und Auswirkungen der Arbeitsteilung zu erklären. Durkheim hatte beobachtet, daß die »soziale Solidarität« bei zunehmender Arbeitsteilung sich verringert und es zwischen den Angehörigen verschiedener sozialer Schichten zu Konflikten kommt. Er führte dies darauf zurück, daß die im Gefolge der Arbeitsteilung auftretende Spezialisierung der Funktionen keine ausreichenden Interaktionen und damit auch nicht mehr die Entwicklung eines für alle verbindlichen Systems von Regeln zuläßt. Wenn solche gemeinsamen Regeln fehlen, arbeiten die Menschen für einander widersprechende Ziele und schaffen damit Verwirrung, die zur sozialen Desintegration führen kann. Wenn solche gemeinsamen Normen nicht mehr die sozialen Beziehungen regulieren, besteht ein Zustand der Anomie. Die Anomie wurde von Durkheim in dieser Arbeit allerdings nicht zu abweichendem Verhalten in bezug gesetzt. Erst in der 1897 veröffentlichten Untersuchung »Der Selbstmord« benutzte er das Konzept der Anomie zur Erklärung abweichenden Verhaltens. Durkheim unterschied mehrere Selbstmordarten, eine davon kennzeichnete er als »anomischen Selbstmord« (»suicide anomique«). Bei einer Untersuchung von Selbstmordstatistiken stellte er fest, daß die Zahl der Selbstmorde nicht nur bei einem wirtschaftlichen Rückgang, sondern auch zu Zeiten einer günstigen Wirtschaftslage ansteigt. Leicht zu erklären ist die Zunahme der Selbstmorde in einer wirtschaftlichen Depression: Wer aus finanziellen Gründen sein gewohntes Leben nicht mehr fortsetzen kann, gerät vielleicht in Verzweiflung. Das Leben erscheint ihm sinnlos zu sein; Selbstmord kann die Folge sein. Bedeutsam ist aber die Erklärung, die Durkheim für das Ansteigen der Selbstmorde in Zeiten der Prosperität fand: Menschen, die bisher alles daran gesetzt haben, reich zu werden, müssen sich ein neues Lebensziel setzen, wenn sie plötzlich reich geworden sind. Die bisherigen Werte verlieren ihre Bedeutung als Zielvorstellungen und Kontrollinstanzen für das Verhalten. Diese Theorie der Anomie von Durkheim wurde von Lander (1954), Bordua (1958, 230) und Jaffe (1963, 146 ff.) empirisch überprüft. Alle drei Forscher bestätigten Durkheims These über den »anomischen Selbstmord«.

Allerdings wurde zu Recht eingewandt, daß der Begriff der Anomie bei Durkheim noch nicht genau genug formuliert worden ist (vgl. Clinard 1964, 8). Durkheims Konzept der Anomie kann weiter nicht erklären, warum nur wenige Menschen Selbstmord begehen, obwohl alle den gleichen Bedingungen unterliegen. Durkheim berücksichtigte nach dieser

Auffassung nicht genügend, daß die Menschen ihre Erlebnisse individuell verarbeiten. Seine strukturale Analyse läßt keinen Raum für die Dynamik des Einzelerlebnisses, der die neuere Forschung Rechnung trägt, wenn sie die Bedeutung des Personalisationsprozesses hervorhebt. In diesem Sinne haben auch Sozialisation und soziale Kontrolle nicht bei jedem Menschen die gleiche Wirkung, wie wir bereits oben (S. 8) zum Ausdruck brachten, als wir darauf hinwiesen, daß der Sozialisationsprozeß seine Ergänzung in dem jeweils individuell verlaufenden Personalisationsprozeß findet.

2. Abschnitt: Das Konzept der Anomie von Merton

Weiterentwickelt wurde das Konzept der Anomie von Merton. In seiner 1938 erstmals formulierten und später erweiterten (vgl. Merton 1949, 1957) »Theorie der unzulässigen Mittel« (»means-ends-theory«) ging er davon aus, daß die soziale Wirklichkeit aus einem Gefüge von Kulturnormen und der Sozialstruktur besteht. Dabei bilden alle Werte, die das gemeinsame Verhalten der Mitglieder einer Gesellschaft oder Gruppe bestimmen – die Ziele des menschlichen Handelns – das kulturelle Gefüge (vgl. Merton 1959, 162). Die Sozialstruktur besteht seiner Ansicht nach aus den institutionellen Normen, die die anerkannten Wege, um diese Ziele zu erreichen, festlegt. Es sind die sozialen Beziehungen, durch die die Mitglieder der Gesellschaft oder der sozialen Gruppe miteinander verbunden sind. Die soziale Struktur ist »... that organized set of social relationships in which members of the society or group are variously implicated« (Merton 1959, 162).

Zwischen den Zielen einer Gesellschaft oder Gruppe und den Wegen und Mitteln, diese Ziele zu erreichen und zu verwirklichen, erblickt Merton einen strukturellen Unterschied. Auch wenn die Gesellschaftsform sich ändert, bleibt nach seiner Ansicht diese Divergenz immer bestehen. Diesen Unterschied zwischen der sozialen Struktur und den kulturellen Normen nennt er »Anomie«: Anomie »... is then conceived as a breakdown in the cultural structure, occuring particularly when there is an acute disjunction between the cultural norms and goals and the socially structured capacities of members of the group to act in accord with them« (Merton 1959, 162).

Dieser »Zwiespalt« kann seiner Ansicht nach die Ursache abweichenden Verhaltens sein. Diejenigen Menschen, die dieser Divergenz besonders ausgesetzt sind, erscheinen in erhöhtem Maße gefährdet. Mertons Theorie können wir an einem Beispiel erklären: Der materielle Erfolg gilt als erstrebenswertes Lebensziel in der amerikanischen Gesellschaft. Diese bestimmt aber gleichzeitig, auf welchen Wegen und mit welchen Mitteln finanzieller Erfolg erstrebt werden darf. Nicht allen Menschen ist es in Amerika möglich, mit den sozial anerkannten Mitteln reich zu werden. Diese Menschen wählen dann vielleicht andere, sozial nicht gebilligte Wege, auf denen sie dieses Ziel erreichen können. Die Trennung von Zielen und Mitteln würde demnach dazu führen, daß die Menschen sich nicht mehr so stark an die kulturellen Ziele und an die institutionalisierten Mittel gebunden fühlen. Anomie ist die Folge.

Nach Merton gibt es fünf verschiedene Verhaltensweisen, wie der einzelne sich an eine solche Gesellschaftsstruktur anpassen kann (vgl. Merton 1959, 140):

a) Der »Konformismus« (»conformity«) bejaht die in der Gesellschaft anerkannten kulturellen Ziele und die Wege, die zu ihrer Verwirklichung normiert sind (vgl. Merton 1959, 141).

b) Der »Ritualismus« (»ritualism«) verneint die kulturellen Ziele; er bejaht aber die sozial vorgeschriebenen Verhaltensweisen. »But though one rejects the cultural obligation to attempt ›to get ahead in the world‹, though one draws in one's horizons, one continues to abide almost compulsively by institutional norms« (Merton 1959, 150).

c) Die »Rebellion« (»rebellion«) lehnt sowohl die von der Gesellschaft anerkannten kulturellen Ziele als auch die Mittel, sie zu erreichen, ab. So versuchen etwa die Mitglieder revolutionärer Bewegungen, die Ziele und die normierten Wege zu ändern, um eine neue soziale Wirklichkeit zu schaffen (vgl. Merton 1959, 155 f.).

d) Die »Innovation« (i. S. von Neuerung) bejaht zwar die kulturellen Ziele, lehnt aber die anerkannten Mittel ab, mit denen die Ziele zu erreichen sind. So wird zum Beispiel der Erfolg angestrebt, die legitimen Wege werden dagegen abgelehnt (vgl. Merton 1959, 142). Diese Reaktion auf die soziale Wirklichkeit kann abweichendes Verhalten auslösen. Ein solches Verhalten ist nach Merton z. B. die »normale Antwort« desjenigen, der geschäftlichen Erfolg als Lebensziel anstrebt, die vorgeschriebenen Wege dazu aber nicht bejaht, wie etwa ein professioneller Dieb. Abweichendes Verhalten ist eine mögliche Folge der strukturellen Anomie.

e) »Sozialen Rückzug« (»retreatism«) zeigt derjenige, der sowohl die kulturellen Ziele als auch die dafür vorgeschriebenen sozialen Wege verneint, ohne sie ändern zu wollen (vgl. Merton 1959, 153). Dieses Verhalten findet man nach Merton bei chronischen Alkoholikern und Rauschgiftsüchtigen.

Mit diesem Konzept ist es Merton möglich, delinquentes Verhalten als »normale« Reaktion auf eine bestimmte gesellschaftliche Struktur zu erklären. Abweichendes Verhalten ist das Ergebnis eines individuellen Prozesses, mit dem der einzelne seine Umwelt »verarbeitet«. Mertons Gedanken über die Anomie haben daher auch andere Forscher häufig zur Lösung kriminologischer Probleme angeregt (vgl. Clinard 1964, 25 ff.). Für die Frage nach dem Zusammenhang zwischen der Jugenddelinquenz und der Struktur der Familie scheint die Mertonsche Analyse der Anomie aber nur bedingten Wert zu besitzen; denn ebenso wie Durkheim sieht Merton die Anomie nur als strukturales Problem: Die Divergenz zwischen Kultur und Sozialstruktur ist im Aufbau der Gesellschaft begründet. Gesellschaftliche Anpassung aber vollzieht sich in einem Prozeß.

Merton analysiert die möglichen Reaktionen der Anpassung an eine Gesellschaftsstruktur, bei der kulturelle Ziele und institutionalisierte Wege zur Erreichung der Ziele getrennt sind. Er erklärt aber nicht, warum ein Mensch Rebellion und der andere Konformität als Anpassungsverhalten wählt. Hier könnte das Konzept der sozialen Kontrolle weiterführen: Je nachdem wie stark soziale Kontrolle das Verhalten beeinflußt, wird der einzelne sich für eine der von Merton benannten Verhaltensweisen entscheiden.

Die Delinquenz ist auch nicht nur die Reaktion auf die von Merton herausgestellte Divergenz zwischen Wegen und Zielen. Sie ist vielmehr auch die Folge mangelnder sozialer und/oder personaler Kontrolle. Mertons Theorie geht von der Gesamtgesellschaft aus. Sie berücksichtigt jedoch nicht die verschiedene funktionale Bedeutung einzelner Gruppen für die sozio-kulturelle Entwicklung des Menschen. Es ist möglich und denkbar, daß der Zwiespalt zwischen den »Zielen« und den »Wegen« nicht in allen Gruppen gleich stark empfunden wird und daher zu verschiedenen Reaktionen führen kann. Es ist weiter zweifelhaft, ob die von Merton geschilderte Divergenz auch in der Familie besteht. Die Reaktion auf die Divergenz kann bei den einen Konformität, bei den anderen Rebellion auslösen. Mertons Theorie kann weder erklären, warum nur ein Teil der Menschen abweichendes Verhalten zeigt, noch gibt sie Antwort auf die Frage, welche Menschen am meisten gefährdet sind, delinquent zu werden (vgl. Reckless 1961, 339). Ebensowenig wie er die Verarbeitungsprozesse des einzelnen untersuchte, ging Merton dem Einfluß von »Haltungen« der Menschen aus der engeren sozialen Umwelt auf das abweichende Verhalten nach. Nicht allein der von Merton hervorgehobene Konflikt entscheidet über die Möglichkeit späterer Delinquenz, sondern auch die Haltungen der Personen der engeren Umwelt des einzelnen.

3. Abschnitt: Das Konzept der Anomie von Jaffe

In seiner 1963 veröffentlichten Untersuchung stellte Jaffe fest: Es besteht ein Zusammenhang zwischen einer bestimmten, von ihm als »anomisch« bezeichneten Familienstruktur und dem abweichenden Verhalten der Mitglieder dieser Familie. Jaffe ging bei seiner Untersuchung von dem

Durkheimschen Konzept der Anomie aus. Seiner Ansicht nach ist die Anomie-Theorie von Durkheim jedoch zu global, um abweichendes Verhalten ausreichend erklären zu können. Nicht jeder Mensch zeigt in anomischen Situationen delinquente Verhaltensweisen. Es ist daher nach Jaffe (1963, 146) notwendig, die Struktur der Familie, in der der einzelne lebt, zu beobachten; denn die Familie – gemeint ist die Kernfamilie – präge wesentlich die Verhaltensweisen des Menschen. Jaffe untersuchte hierzu einzelne Variablen, die nach seiner Meinung ein »Syndrom« familialer Anomie bilden. Er nannte die folgenden Variablen (vgl. Jaffe 1963, 147):

a) Mangel an Übereinstimmung über die gemeinsamen Werte (»values«) in der Familie (»Wertkonfusion«);
b) Gefühle von »Machtlosigkeit« (»feeling of powerlessness«) bei den Kindern in der Familie;
c) Probleme bei der »elterlichen Identifikation« (»problems of parental identification«).

Dieses Syndrom familialer Anomie vermag nach Jaffe zu erklären, warum die personale Kontrolle unwirksam ist und weshalb Jugendliche delinquent werden. Der Jugendliche »... cannot benefit fully from the experience of others since the people important to him do not present him with a consistent value code« (Jaffe 1963, 147).

So konnte Jaffe bei Jugendlichen aus »anomischen Familien« im Gegensatz zu Jugendlichen aus »Normalfamilien« Gefühle von Machtlosigkeit und mangelhafte Identifikation der Jugendlichen mit den Eltern nachweisen.

Jaffe (1963, 147f.) wählte nach dem Stichprobenverfahren 102 dreizehnjährige Negerjungen einer Schule in Youngstown, Ohio, aus. In einer Kontrollgruppe untersuchte er 72 Jungen weißer Hautfarbe einer anderen Schule, die gleich alt waren, im gleichen Stadtviertel wohnten und deren Eltern zu der gleichen Schicht mit niedrigem Einkommen zählten. Eine zweite Kontrollgruppe bestand aus 105 gleichaltrigen Schülern weißer Hautfarbe aus der oberen Mittelschicht der Bevölkerung einer Vorstadt von Cleveland, Ohio. Die »Neigung zu delinquentem Verhalten« (»delinquency proneness«) bestimmte er mit der »Gough Delinquency Proneness-« oder der »So-(Socialisation)-Scale«. Diese Untersuchungsmethode gehört zu den »kalifornischen Persönlichkeits-Tests« (»California Personality Inventory«). Der »So-Test« macht es möglich, die Haltungen der Jugendlichen, ihre früheren sozialen Erfahrungen, letztlich ihre Bereitschaft zu abweichendem Verhalten, festzustellen. Die Probanden wurden etwa befragt, ob sie bei ihrem Verhalten Rücksicht auf andere Menschen nehmen oder nicht.

Dieser Test wurde durch Berichte des Jugendgerichts, der Bewährungshelfer und durch Beurteilungen der Lehrer über zu erwartendes delinquentes Verhalten ergänzt. Die Jugendlichen wurden weiter befragt, wie sie sich in einzelnen – gedachten – Konfliktsituationen verhalten und ob ihre Eltern nach ihrer eigenen Ansicht ebenso wie sie handeln würden. Die Ergebnisse dieser Befragung wurden mit einer »Wertübereinstimmungsskala« (»value consensus scale«) gemessen, die den Eindruck des Jugendlichen von der Wertübereinstimmung in der Familie wiedergibt. Bei der Untersuchung wurde festgestellt, daß bestimmte Formen der »Wertübereinstimmung« typisch sind: Die völlige Übereinstimmung der Eltern mit der ihrer Kinder oder die partielle Übereinstimmung zwischen dem Jugendlichen und einem Elternteil (vgl. Jaffe 1963, 150). Neben diesem Test wurden Sozialarbeiter und Psychiater nach ihren Erfahrungen mit den untersuchten Familien befragt. Jaffe kam zu dem Schluß: »Ein großes Maß an Wertverwirrung«, an mangelnder »Übereinstimmung der Werthaltungen« ist verbunden mit einer »Neigung zur Delinquenz«. »It seems evident, that an appreciable degree of value confusion accompanies delinquency proneness« (Jaffe 1963, 150). »Gefühle der Machtlosigkeit« sind nach Jaffe etwa fehlendes Selbstvertrauen und persönliche Angst. Sie entstehen, wenn Verhaltensnormen unklar formuliert sind oder im Gegensatz zueinander stehen. Jaffe befragte die Jugendlichen und maß die Testergebnisse an der »Machtlosigkeits-Skala« (»Powerlessness-scale«). Jugendliche aus »anomischen Familien« zeigten nach Jaffe diese Gefühle der Machtlosigkeit. In einem weiteren Fragebogen überprüfte er, ob und wer in den untersuchten Familien sich miteinander identifizierte. So fragte er etwa die Jugendlichen, bei wem in der Familie sie sich in schwierigen Lagen Rat holten. Jaffe stellte fest: Die Jungen identifizierten sich trotz eines guten Verhältnisses zur Mutter mit ihrem Vater. Konnten diese Väter als »gefährdet« bezeichnet werden, dann galt das gleiche für ihre Söhne.

Jaffe stellte als Ergebnis seiner Untersuchung fest: Wenn eine Familienstruktur die Variablen enthält, die nach seiner Ansicht ein »Syndrom« familialer Anomie bilden, dann werden die Kinder aus dieser Familie wahrscheinlich delinquent werden.

Jaffes Arbeit scheint uns einen Weg für die weitere kriminologische Forschung zu weisen: Die Untersuchungen wurden auf den Bereich der Familie beschränkt, die Delinquenz wurde als mögliche Folge mangelhafter Sozialisation betrachtet und deshalb auch sozialpsychologische Erkenntnisse in die Untersuchung mit einbezogen. Jaffe erkannte auch die Bedeutung von Haltungen der Eltern gegenüber ihren Kindern für das abweichende Verhalten; denn die von ihm überprüfte Identifikation der Jugendlichen mit ihren Eltern hängt in ihrer Intensität vornehmlich von emotionalen Beziehungen ab. Jaffe müßte jedoch noch genauer erklären, wie es zu diesem Gefühl der Machtlosigkeit kommt. Auch ist noch unklar, was er mit diesem Begriff genau meint. Soll dieses »Gefühl der Machtlosigkeit« mit einem mangelnden Selbstbild identisch sein? Besteht ein Zusammenhang zwischen dieser von Jaffe genannten Variablen und der mangelhaften Identifikation der Jugendlichen mit ihren Eltern? Es scheint uns deshalb zweckmäßig zu sein, weitere Variablen in die Untersuchung einzubeziehen. So könnten die Haltungen der Eltern gegenüber ihren Kindern und die Sanktionsformen sozialer Kontrolle ebenfalls für das abweichende Verhalten von Kindern aus solchen Familien bedeutsam sein.

Trotz dieser kritischen Bemerkungen können wir feststellen, daß Jaffe mit seiner Untersuchung einen Weg gewiesen hat, wie in Zukunft die Anomie als mögliche Ursache abweichenden Verhaltens überprüft werden kann. Solange aber weitere exakte kriminologische Forschungen fehlen, gilt für das Konzept der Anomie als Erklärungsmodell abweichenden Verhaltens: »Although the theoretical statement of anomie has been widely quoted, until it is related more precisely to empirical evidence it will probably have little research value. Theoretically it sounds like a plausible and sociologically sophisticated explanation for certain types of adult stealing, particularly professional stealing, but as an explanation of all delinquent and criminal behavior it has several limitations« (Clinard 1962, 514).

Die bisher vorliegenden Forschungen der »Anomie-Theorie« berücksichtigen demnach zu wenig die individuellen Verarbeitungsprozesse. Es sollen daher im folgenden Abschnitt jene Untersuchungen über die Bedeutung der sozialen Kontrolle für die Delinquenz dargestellt werden, die unter individuellem Aspekt delinquentes Verhalten als Folge fehlender oder teilweise unwirksamer sozialer Kontrolle ansehen.

3. Kapitel: Die »Kontrolltheorien«

1. Abschnitt: Die Theorie der Verhaltenskontrolle von Redl und Wineman

Redl und Wineman untersuchten in den Jahren 1946 bis 1948 besonders aggressive Kinder. Sie lebten mit ihnen in den Jahren 1946 bis 1948 in drei Lagern zusammen und beobachteten sie. Die Ergebnisse ihrer Forschung veröffentlichten sie in »Children who hate« (1951) und »Controls from within« (1952). Beide Arbeiten erschienen zusammengefaßt unter dem Titel: »The aggressive child« (1960).

Ziel der Untersuchung war »... to understand why children's controls break down, how some of them defend themselves so successfully against the adult in their lives, and what can be done to prevent and treat such childhood disorganization« (Redl und Wineman 1960, 13). Hierbei gingen sie von der Annahme aus, daß Ich und Über-Ich das Verhalten des einzelnen bestimmen (vgl. Redl und Wineman 1960, 61). Diese beiden Steuerungssysteme des Verhaltens sind nach ihrer Definition »... those parts of the personality which have the function and the power to decide just which of a given number of desires or strivings will or will not be permitted to reach the level of behavioral action and in which form« (Redl und Wineman 1960, 59). Das Über-Ich setzten sie mit dem Gewissen gleich (vgl. Redl und Wineman 1960, 61, 197). Das Gewissen ist ihrer Ansicht nach das Ergebnis der Verinnerlichung der Normen. Die Internalisierung geschieht hauptsächlich in der Familie durch Imitation und Identifikation. Diese Lernmodi, insbesondere die Identifikation, sind von den gefühlsmäßigen Beziehungen zwischen dem »Lernenden« und dem »Lehrer« von Verhaltensweisen, d. h. insoweit von den elterlichen Haltungen gegenüber ihren Kindern, abhängig. Redl und Wineman wollten nun feststellen, worin die Funktionen des Ich und des Über-Ich bestehen, welche Aufgaben diese Kontrollsysteme bei Kindern für deren tägliches Leben haben, an welcher Stelle ein solches System von Ich- und Über-Ich-Kontrollen am leichtesten zusammenbricht und wie sich Kinder mit einem mangelhaften Ich und/oder Über-Ich verhalten (vgl. Redl und Wineman 1960, 60). Bei den von ihnen beobachteten aggressiven Kindern konnten Redl und Wineman weder ein starkes Ich feststellen noch ein ausgeprägtes Über-Ich (Gewissen): »their deficient and sick conscience happens to coincide with a deficient or delinquent ego« (Redl und Wineman 1960, 209). Redl und Wineman bezeichnen ein solches Ich als »delinquent«, das den Kindern Schuld- und Angstgefühle nimmt. Sie beobachteten, daß ein delinquentes Ich bei den Kindern Verteidigungsmechanismen entwickelt und abweichendes Verhalten entschuldigt. Für besonders bedeutsam sehen wir die Feststellung an, daß Ich- und Über-Ich-Kontrolle sich erst dann entwickeln konnten, wenn wirksame soziale Kontrolle das Verhalten lenkte (1960, 254).

Redl und Wineman bestätigten damit den Zusammenhang zwischen der sozialen und der Ich- und Über-Ich-Kontrolle, die wir wegen der ihnen von Redl und Wineman zugewiesenen Funktionen auch mit personaler Kontrolle gleichsetzen können; als Beweis für den von ihnen behaupteten Konnex zwischen der sozialen und personalen Kontrolle wiesen sie darauf hin, daß alle von ihnen untersuchten Kinder mit schwachen Ich- und Über-Ich-Kontrollen in einem erzieherisch ungünstigen familiären Milieu aufgewachsen waren (vgl. Redl und Wineman 1960, 219). Die soziale Kontrolle hatte also die Entwicklung des Verhaltens dieser Kinder nur unwesentlich beeinflußt.

Ungeachtet des Werts dieser psychoanalytisch orientierten Arbeit für die kriminologische Forschung, können ihre Ergebnisse nicht kritiklos übernommen werden. Die beobachteten Testpersonen waren ausschließlich Psychopathen, so daß die Thesen von Redl und Wineman durch einen Vergleich mit normal entwickelten Kindern als Kontrollgruppe hätten überprüft werden müssen. Nach dem Konzept von Redl und Wineman hat das Ich Kontrollfunktionen, die wir als Teil der personalen Kontrolle ansehen. Die Abgrenzung des Ich vom Über-Ich ist jedoch in der Psychologie nicht eindeutig geklärt. Nach unserer Auffassung ist personale Kontrolle nur mit dem Über-Ich gleichzusetzen. Die von Redl und Wineman dem Ich zugewiesenen Aufgaben sehen wir nicht als dessen Funktionen an. Diese Funktionen sind vielmehr dem Über-Ich zuzuordnen und damit Teil der personalen Kontrolle. Nicht mit der herrschenden Ansicht in der Psychologie stimmt die Auffassung beider Forscher überein, wonach das Gewissen mit dem Über-Ich gleichzusetzen ist. Das Gewissen ist vielmehr, wie wir oben (S. 10) beschrieben haben, eine Funktion des Über-Ich. Wenn Redl und Wineman auch einen Zusammenhang zwischen der sozialen und der Ich- und Über-Ich Kontrolle – die letztere setzen wir mit der personalen Kontrolle gleich – annehmen, so bleibt doch noch unklar, welcher Art der behauptete Konnex ist und inwieweit soziale Kontrolle die Entwicklung der personalen Kontrolle bestimmen kann. Redl und Wineman analysierten ferner nicht genügend die Struktur der Familien, aus denen die Probanden stammten. Bei ihrer Untersuchung ließen sie zum Beispiel den Einfluß der Haltungen der Eltern ihrer Probanden außer Betracht, die nach unserer Ansicht besonders wirksam die Entwicklung der sozio-kulturellen Persönlichkeit und damit auch der personalen Kontrolle beeinflussen. Beide Forscher hätten auch untersuchen sollen, wie sich die von ihnen beobachteten mangelhaften und delinquenten Ich-Kontrollen entwickeln.

2. Abschnitt: Die Theorie der sozialen und personalen Kontrolle von Reiss

Nach der Ansicht von Reiss ist die Delinquenz die funktionale Folge des Mangels sozialer und personaler Kontrollen: »Delinquency may be defined as the behavior consequent to the failure of personal and social controls to produce behavior in conformity with the norms of the social system to which legal penalties are attached« (Reiss 1951, 196). Personale Kontrolle ist nach Reiss (1951, 196) die Fähigkeit des einzelnen, auf Bedürfnisse zu verzichten, deren Befriedigung geltende Normen verletzen würde. Unter sozialer Kontrolle dagegen versteht Reiss (1951, 196) die allgemeine Fähigkeit der Gruppen, Normen Geltung zu verschaffen. Diese Fähigkeit bedeutet, daß soziale Kontrolle auch dazu benutzt werden kann, um Normen von kriminellen Banden zumindest unter den Bandenangehörigen durchzusetzen. Aber auch diese Wirkung der sozialen Kontrolle ist nach Reiss erst eine funktionale Folge des Mangels an sozialer Kontrolle in der Gesellschaft. Denn eine wirksame soziale Kontrolle kann es wahrscheinlich verhindern, daß sich Jugendliche einer Bande anschließen.

Ziel der Untersuchung war es, eine Reihe von Faktoren für die Wirksamkeit von sozialen und personalen Kontrollen herauszuarbeiten, die mit der Rückfälligkeit von Delinquenten zusammenhängen. Um seine Theorie zu verifizieren, untersuchte Reiss 1100 männliche Jugendliche aus dem Gerichtsbezirk Cook County, Illinois, die auf Bewährung entlassen worden waren. Er verglich diejenigen Jugendlichen, die während ihrer Bewährungszeit (»probation«) rückfällig wurden mit den anderen, die nicht wieder straffällig wurden. Leider finden sich bei Reiss keine ausreichenden Angaben über die von ihm verwendeten Untersuchungsmethoden. Diese können daher auch nicht kritisch überprüft werden.

Nach Reiss kommt den Primärgruppen für die Entwicklung der personalen und für die Wirksamkeit der sozialen Kontrolle große Bedeutung zu. »Primary groups are the basic institutions for the development of personal controls and the exercise of social control over the child« (Reiss 1951, 198). Die Delinquenz kann also auch als funktionale Folge des Fehlens oder Versagens solcher Primärgruppen – wie etwa der Familie – erklärt werden. Auf diese Möglichkeit, die in der Kriminologie vorwiegend unter dem Gesichtspunkt der strukturell oder funktional unvollständigen Familie erforscht wird, soll hier jedoch nur hingewiesen werden (vgl. Feger 1969). Die soziale Kontrolle in der Familie hat nach Reiss (1951, 198) die Aufgabe, die kindlichen Bedürfnisse zu befriedigen (»meeting the needs of the child«). Das bedeutet: Die Familie muß die organischen und sozialen Bedürfnisse erfüllen können. Reiss nennt verschiedene Faktoren, die diese Funktion der Familie beeinflussen:

a) die wirtschaftliche Unabhängigkeit der Familie: Nur eine Familie, die finanziell gut gesichert ist, kann die Bedürfnisse ihrer Mitglieder völlig befriedigen. Befindet sich dagegen die Familie in einer schlechten wirtschaftlichen Lage, beginnen die personalen Kontrollen schon ihre Wirkung zu verlieren. Die Kinder werden unsicher. Ihr Selbstvertrauen schwindet, wenn ihre organischen und sozialen Bedürfnisse durch die Eltern nicht befriedigt werden können. Diese Unsicherheit führt dazu, daß die Kinder leichter Versuchungen außerhalb der Familie unterliegen; die personalen Kontrollen wirken nicht mehr tathemmend. Die ungünstige wirtschaftliche Situation einer Familie beeinflußt aber auch die Wirksamkeit der sozialen Kontrolle. Diese Kontrolle durch die Eltern wird von der weiteren Umwelt außerhalb der Familie nicht mehr unterstützt, weil das Ansehen der Eltern in den Augen der Umwelt durch die schlechte finanzielle Lage gemindert wird. Eine solche Verschlechterung der wirtschaftlichen Verhältnisse einer Familie löst weiter auch desorganisierende Erscheinungen in der Familie aus (vgl. Bakke 1960, 116f., Rottenecker 1969). Durch solche Prozesse der Desorganisation verlieren die sozialen Kontrollen innerhalb der Familie ebenfalls an Bedeutung. Um seine These zu stützen, wonach die wirtschaftliche Situation der Familie so maßgebend ist, führte Reiss folgendes an: Die Kinder aus armen Familien werden häufiger rückfällig als die Kinder, denen von ihren Eltern fast jeder Wunsch erfüllt werden konnte (vgl. Reiss 1951, 198).

b) Die Art der »Norminternalisierung« (»dissemination of norms and rules«) in der Familie beeinflußt ebenfalls die Funktion der Familie, die kindlichen Bedürfnisse zu befriedigen. Der Verlauf der Sozialisation ist auch von der Struktur der Familie abhängig. Gute Beziehungen zwischen den Familienmitgliedern und ein »Gleichgewicht« von Lohn und Strafe sind weitere wichtige Faktoren für die Prognose über die Rückfälligkeit eines Probanden. Reiss (1951, 198) betonte, daß eine »vollständige« Familie nicht immer auch ein für die soziale Entwicklung der Kinder günstiges Familienklima besitze. Entscheidend sei vielmehr inwieweit zwischen den Familienmitgliedern ein gutes Verhältnis besteht. Ob in einer Familie ein günstiges Klima herrscht, hängt nach Reiss (1951, 198) von dem Charakter der gefühlsmäßigen Beziehungen der Eltern zu ihren Kindern während der Tatzeit ab. Aber auch das Gleichgewicht von Lohn und Strafe ist nach Ansicht von Reiss wichtig für die mögliche spätere Delinquenz der Kinder aus solchen Familien. In einer Familie kann ein Kind übermäßig kontrolliert (»over-control«) und in einer anderen Familie kann das Verhalten eines Kindes zu wenig reguliert (»under-control«) werden.

c) Auch die spezifische Normstruktur der Familie und die Art der Sanktionstechniken bestimmen die Wirkung sozialer Kontrollen (vgl. Reiss 1951, 200), auch sie sind Faktoren für die Rückfälligkeitsprognose. Nach Ansicht von Reiss werden in manchen Familien von der Gesellschaft nicht akzeptierte Normen mit adäquater Kontrolle durchgesetzt, in anderen Familien werden inadäquate Kontrollsysteme und gesellschaftlich anerkannte Normen beobachtet. Reiss führte als Beweis für die Wirkung ungünstig wirkender sozialer Kontrolle die hohe Rückfälligkeit von Heimkindern an.

Neben der Familie ist es nach Reiss vor allem die »Gemeinschaft« (»community«) – die weitere Umwelt –, die den einzelnen beeinflußt. Dabei ergänzen sich in der Regel die soziale Kontrolle in der Familie und in anderen Gruppen. Besonders die Schule übt einen großen Einfluß auf das kindliche Verhalten aus. »A measure of the degree of acceptance or submission of the person to the control of the school is the regularity of attendance at school since frequent and continued absence without permission of school authorities removes the child from the contra delinquent controls of the school and prohibits exposure to a situation in which rational controls are developed and strengthened« (Reiss 1951, 201, 202). Nach Ansicht von Reiss (1951, 202 f.) ist das unerlaubte Fernbleiben vom Unterricht – das »Schulschwänzen« – Anzeichen für eine Haltung, die spätere Delinquenz wahrscheinlich macht. Nach seinen Beobachtungen wurden die Probanden, die als Kinder dem Unterricht häufig unerlaubt ferngeblieben waren, eher rückfällig als diejenigen, die die Schule regelmäßig besucht hatten.

Da nach Auffassung von Reiss (1951, 196) auch zwischen dem Versagen oder dem Fehlen personaler Kontrollen und abweichendem Verhalten ein Zusammenhang besteht, unterschied er die untersuchten Personen danach, ob wirksame personale Kontrollen ihr Verhalten steuern oder nicht. Als Komponenten personaler Kontrolle sah er das Ich und das Über-Ich an. Je nach dem Grad der Entwicklung dieser Kontrollelemente teilte er die jugendlichen Probanden ein in solche mit

a) relativ starkem Ich und/oder Über-Ich,
b) relativ schwachem Ich,
c) relativ schwachem Über-Ich (sozial fehlorientiert oder delinquent).

Reiss nahm nur die unter b) und c) charakterisierten Probanden in die Prognosetafeln auf (1951, 203). Er beobachtete, daß die Jugendlichen mit signifikant schwachem Ich nur geringes Selbstvertrauen besaßen und oft aggressiv waren. Sie hatten innere Konflikte und Ängste. Probanden mit defektem Über-Ich besaßen nur ein schlecht ausgebildetes Gewissen und zeigten nur selten Schuldgefühle.

Bei dem Versuch, einen Zusammenhang zwischen der Entwicklung sozialer und personaler Kontrollen herzustellen, stellte Reiss fest, daß die Jugendlichen mit einem schwach ausgebildeten Ich aus Gegenden mit geringer Kriminalität kamen. Die Probanden mit defektem Über-Ich stammten dagegen aus den Slums der Städte mit hoher Delinquenzrate. Aus dieser Beobachtung zog Reiss den Schluß, daß die soziale Stellung der Eltern, die Familienstruktur, die Art der Familiennormen und Sanktionen die Entwicklung des Über-Ich bestimmen. »The character of the moral idea and the techniques of supervision and control represented and exercised by parents over their children are important in the formation of the super ego controls of the child. The ideals influence the content of the controls while the techniques of control influence the extents to which the ideals are accepted and internalized« (Reiss 1952, 715).

Diese Untersuchungsergebnisse sind nach Ansicht von Reiss noch kein Beweis für die Hypothese, wonach zwischen sozialer und personaler Kontrolle ein Entwicklungszusammenhang besteht. Sie weisen aber einen Weg zum Verständnis der Funktion sozialer und personaler Kontrolle im Sozialisationsprozeß. Die Forschungen von Reiss sind neue wertvolle Versuche, die Faktoren abweichenden Verhaltens und die zu überwindenden personalen und sozialen »Barrieren« sichtbar zu machen. Schwächen der Theorie schränken jedoch ihre Verwendungsfähigkeit als Erklärungsmodell für abweichendes Verhalten stark ein.

So berücksichtigt Reiss nicht genügend die Entwicklungszusammenhänge zwischen sozialer und personaler Kontrolle; ob eine wirksame personale Kontrolle sich entwickeln kann, hängt vom Verlauf des Sozialisationsprozesses und den benutzten Mechanismen der sozialen Kontrolle ab. Reiss verkennt in seiner Arbeit die Bedeutung der positiven Sanktionen für die Verhaltensentwicklung. Er berücksichtigt auch nicht die durch negative Sanktionen bei der Normübernahme ausgelösten dysfunktionalen Prozesse. Nach unserer Ansicht bestimmen wesentlich das affektive Klima in der Familie – besonders die Haltungen der Eltern gegenüber ihren Kindern – sowie adäquate Kontrolltechniken darüber, in welchem Ausmaß Normen verinnerlicht werden. Sowohl die gefühlsmäßigen Bindungen in den Familien als auch die Art der Disziplinformen sind in der Untersuchung von Reiss jedoch nicht genau genug geprüft worden. Die Ergebnisse von Reiss gewännen mehr an allgemeiner Gültigkeit, wenn die Untersuchung auch auf solche Jugendliche, die bisher kein delinquentes Verhalten gezeigt haben (Kontrollgruppe) ausgedehnt und die Ergebnisse verglichen worden wären. Erst bei einem solchen Vergleich zwischen Delinquenten und Nichtdelinquenten könnten wir die Hypothesen von Reiss überprüfen. Für die Rückfälligkeitsprognose ist auch die Stärke der personalen Kontrolle beim Probanden wichtiger als die Strenge der sozialen Kontrolle der Umwelt. Das hätte Reiss in der vorliegenden Untersuchung berücksichtigen müssen.

3. Abschnitt: Die Theorie des Selbstbildes von Reckless u. a.

Von der immer wieder gemachten Beobachtung ausgehend, daß auch in Gegenden mit hoher Delinquenzrate nur ein Teil der Bevölkerung mit dem Gesetz in Konflikt gerät, versuchten Reckless und seine Mitarbeiter die Faktoren zu analysieren, die bestimmen, ob jemand delinquent wird oder nicht. Reckless führte zusammen mit mehreren Mitarbeitern verschiedene Untersuchungen in den Jahren 1955 und 1961 in Columbus, Ohio, durch. Die Forscher gingen davon aus, daß bestimmte soziale und personale Strukturelemente dafür verantwortlich sind, daß ein Teil der

Jugendlichen nicht delinquent wird. »The focus of the ... study was an attempt to measure the extent of ›insulation‹ of socio-economically deprived white youths and to specify the mechanisms – personal and social – through« which this insulation was achieved« (Scarpitti u. a. 1960, 555).

Reckless und seine Mitarbeiter nahmen zuerst eine Längsschnittuntersuchung (»longitudinal-study«) vor, die sie in einer Nachuntersuchung (»follow-up-study«) mit einer Kontrollgruppe überprüften. Im Jahre 1955 wurden die Kinder des sechsten Schuljahres der Elementarschule aus bestimmten, vorwiegend von Weißen bewohnten Gebieten mit hoher Delinquenzrate untersucht. Von allen etwa 12 Jahre alten Kindern männlichen Geschlechts aus den in diesen Stadtteilen gelegenen Schulen wurde etwa die Hälfte der Schüler (191) ausgewählt. Die Auswahl erfolgte danach, ob sie nach Ansicht ihrer Lehrer als »gute Jungen« (»good boys«) anzusprechen seien. »Gute Jungen« sollten diejenigen männlichen Jugendlichen genannt werden, die bisher nicht mit dem Gesetz in Konflikt geraten waren und von denen man aufgrund ihres Verhaltens annehmen konnte, daß sie auch in Zukunft keine strafbaren Handlungen begehen würden. Von den ausgewählten Jungen wurden nach Überprüfung der Gerichts- und Polizeiakten noch 12 von der Untersuchung ausgenommen, weil sie in irgendeiner Weise – sei es auch nur wegen delinquenter Geschwister – mit der Polizei oder dem Gericht in Berührung gekommen waren. Von den verbleibenden Schülern konnten dann noch 125 durch Interviews sowohl mit den Müttern als auch den Jugendlichen selbst erfaßt werden.

Bei dem Interview der Jungen wurde der oben (S. 41) beschriebene »So-Test« (»Socialization-Scale«) angewandt. Zusätzlich wurden die Mütter dieser Jungen in einem Interview befragt. Als Ergebnis konnte festgehalten werden: Die »guten« Jungen verhielten sich, wie zu erwarten war, konform. Sie besaßen ein »Selbstbild« (»self-conception«), das sie davon abhielt, delinquent zu werden. Nach ihrer eigenen Meinung waren sie davon überzeugt, daß sie niemals delinquent und daß sie jeden Kontakt mit delinquenten Banden vermeiden würden. Tatsächlich hatten diese Jungen keinen Kontakt mit Delinquenten. Wie sie selbst, waren ihre Spielkameraden bisher fast ausnahmslos nicht mit dem Gesetz in Berührung gekommen. Die familiäre Interaktion wurde von den Jugendlichen als befriedigend angesehen. Die Jungen waren der Meinung, daß ihre Eltern sich um sie sorgten. Sie gingen auch alle gern zur Schule und respektierten ihre Lehrer.

In der Nachuntersuchung wurden diese Jugendlichen vier Jahre später noch einmal untersucht. Zu diesem Zeitpunkt waren sie etwa 16 Jahre alt, hatten also das Durchschnittsalter männlicher jugendlicher Delinquenten erreicht. Von den 125 im Jahre 1955 untersuchten Jungen konnten 1959 noch 103 überprüft werden, von denen noch 99 zur Schule gingen. Der Rest wohnte noch in der Stadt oder wenigstens in demselben Staat (vgl. Scarpitti u. a. 1960, 555f.). Wie schon vier Jahre vorher, wurden die Lehrer gebeten, in ihren Klassen die »guten Jungen« zu benennen, wobei sie die Wahl hatten, die Kinder entweder in die Gruppe derjenigen einzuordnen, die ihrer Meinung nach überhaupt keine Schwierigkeiten machen würden oder in die Gruppe derjenigen, die mit dem Gesetz in Konflikt geraten würden oder schließlich in die Gruppe derjenigen, über die sie nichts Sicheres sagen konnten. Die Lehrer bezeichneten 95 von den 99 Schülern als »gute Jungen«. Tatsächlich waren auch nur 4 von den 99 Jugendlichen der Polizei in den vier Jahren bekannt geworden. Weiter wurden die Schulakten, die Berichte der Polizei und die der Gerichte überprüft. Endlich wurden die Jungen selbst und ihre Mütter oder Pflegepersonen befragt und die Ergebnisse wiederum an der »So-Scale« gemessen. Dabei wurden die Interviews von 1955 noch durch einige Untersuchungen erweitert: Es wurden die Testbögen von Nye und Short (1957, 328f.) über Delinquenz und Fragebögen über die Vorstellung der Jugendlichen für ihre weitere Zukunft benutzt.

Die Forscher kamen bei der Nachuntersuchung zu folgenden Ergebnissen:

a) Die familiären und schulischen Verhältnisse der untersuchten Jungen waren über den Zeitraum von vier Jahren hinweg sehr stabil (vgl. Scarpitti u. a. 1960, 557f.). Innerhalb der Familienstruktur gab es fast gar keine Veränderung. Nur eine Ehe war geschieden worden. Neben den Familien, in denen Vater und Mutter der Jugendlichen noch lebten, gab es auch Familien, in denen nur die Mutter ihre Kinder erzog und andere Familien, bei denen Verwandte den Kindern die Eltern ersetzten. Die Familien konnten auch als seßhaft bezeichnet werden. Über die Hälfte wohnte noch in ihrer ursprünglichen Wohnung; die anderen waren nur in »bessere« Stadtviertel gezogen. Diese Familien verhielten sich nicht anders als die, die in ihren früheren Wohnungen geblieben waren. Die untersuchten Jugendlichen fielen auch in der Schule nicht weiter auf. Sie besuchten regelmäßig den Unterricht und wiesen zumindest keinen Leistungsabfall gegenüber 1955 auf. Die Familienverhältnisse waren – nach den Ergebnissen der Untersuchung zu urteilen – häufig gleichgeblieben. Hieraus läßt sich bereits die Bedeutung stabiler sozialer Beziehungen in den Familien als Voraussetzung für eine starke soziale und/oder personale Kontrolle erkennen.

b) Das Verhalten der Jungen und ihre Haltungen waren unter dem Aspekt der Delinquenz über den untersuchten Zeitraum hinweg gleichgeblieben (vgl. Scarpitti u. a. 1960, 557). Die Gerichtsakten ergaben, daß neben geringfügiger Delinquenz nur ein ernsterer Fall von Gebrauchsdiebstahl vorlag. Diese delinquenten Jugendlichen waren aber nicht wieder straffällig geworden; die anderen Probanden zeigten von 1955–1959 überhaupt kein abweichendes Verhalten. Eine Befragung nach den von Short und Nye ausgearbeiteten Tests ergab als delinquentes Verhalten nur Widerstand gegen die elterliche Autorität. Das kann aber mit dem Alter der untersuchten Jungen erklärt werden, in dem Autoritätskonflikte mit Erwachsenen nicht selten sind. Von den Lehrern wurden vier als potentiell delinquent bezeichnet, die sich aber tatsächlich bisher vollkommen konform verhalten hatten.

Die Jungen hatten eine gute Meinung von den öffentlichen Behörden. Sie fühlten sich von den Eltern verstanden und gerecht behandelt. »The boys felt that they were accepted by their mothers or mother surrogates and in turn expressed acceptance of them« (Scarpitti u. a. 1960, 557). Die Jugendlichen identifizierten sich in einem für die Sozialisation günstigen affektiven Klima eher mit ihren Eltern und übernahmen leichter deren konforme Haltungen als Kinder aus Familien mit schlechten gefühlsmäßigen Beziehungen. Die Jungen waren nur selten mit Delinquenten befreundet. Nur 12 von 102 hatten Freunde, die wegen abweichenden Verhaltens bereits den Behörden bekannt waren. Sie waren als Kinder keine Einzelgänger, sondern besaßen viele Freunde, die nicht delinquent waren (vgl. Scarpitti u. a. 1960, 557). Soweit sie noch Schüler waren, wollten sie die Schule bis zum Abschluß besuchen. Als Ergebnis ihrer Untersuchungen stellten Reckless und seine Mitarbeiter fest: Von den befragten Jugendlichen aus einer Gegend mit hoher Kriminalitätsrate zeigten diejenigen über einen längeren Zeitraum kein abweichendes Verhalten, die ein »gutes Selbstbild« besaßen. Die 1955 gegebenen Prognosen über das künftige Verhalten der Jugendlichen hatten sich als richtig erwiesen. Die Forscher fanden damit ihre Annahme bestätigt, wonach das gute Selbstbildnis ein wirksamer Schutz gegen delinquente Einflüsse ist.

In einer weiteren Untersuchung im Jahre 1957 verglichen Reckless und seine Mitarbeiter die 1955 untersuchten Jugendlichen, die von den Lehrern als »gute Jungen« bezeichnet wurden, mit »schlechten Jungen« (»bad boys«) der gleichen Gegend, die nach derselben Methode gefunden worden waren: Nach der Meinung der Lehrer waren die von Reckless und seinen Mitarbeitern befragten 101 »schlechten Jungen« schon bei den Gerichten bekannt oder hatten Kontakt mit anderen Delinquenten. Tatsächlich waren 24 Jugendliche dieser Gruppe schon mit den Gerichten in Berührung gekommen. Über 60 Prozent dieser Probanden, gegenüber nur 22 Prozent der »guten Jungen«, stammte aus Familien, in denen die Eltern geschieden waren oder aus einem anderen Grund getrennt lebten – Familien, in denen die sozialen Beziehungen zwischen den Familienangehörigen nicht stabil waren.

Bei einem Vergleich dieser beiden untersuchten Gruppen von Jugendlichen arbeiteten Reckless und seine Mitarbeiter folgende Unterschiede heraus: Die »geschützten« Jungen aus Familien, in denen die Eltern für eine adäquate, relativ konfliktarme Normverinnerlichung sorgten, hatten im Gegensatz zu den anderen Jugendlichen ein voll entwickeltes eigenes »Selbstbild« (»self-concept«). Sie erwarteten, niemals mit den Gerichten in Berührung zu kommen. Sie hatten keine delinquenten Freunde und gingen gern zur Schule. Sie hielten sich für gehorsame Söhne, die sich nur selten gegen ihre Eltern stellten. Sie schätzten ihre eigenen Familien hoch ein und beschrieben die familiären Beziehungen als herzlich. In all diesen genannten Punkten unterschieden sie sich von den Jugendlichen der Kontrollgruppe (vgl. Reckless, Dinitz und Kay 1957, 569).

Die »guten« Jungen wurden weniger häufig von den Eltern bestraft. Ihre Mütter bezeichneten sie sogar häufig als ruhige Kinder (vgl. Reckless, Dinitz und Kay 1957, 569). Die Forscher konnten über die Häufigkeit und Strenge der Strafen keine weiteren Angaben machen. Die gefundenen Ergebnisse kann man vielleicht so interpretieren: In den Familien der »guten« Jungen herrschte wahrscheinlich ein angenehmes affektives Klima, das den funktionalen Verlauf von Lernprozessen, die durch Strafen und Belohnungen unterstützt werden, begünstigte. Es kam seltener zu Trotzhandlungen und aggressivem Verhalten bei diesen Probanden. Als wichtigstes Unterscheidungsmerkmal der untersuchten Gruppen von männlichen Jugendlichen sahen Reckless und seine Mitarbeiter aber ein gutes Selbstbild an: »It appeared to the collaborators in this study that the boys, their mothers, and the teachers were aware of some basic component which steers boys away from or toward delinquency. This basic component was considered to be a socially appropriate or inappropriate concept of self and others« (Reckless 1961, 349). Nach Reckless und seinen Mitarbeitern ist die Auffassung des Jugendlichen von sich selbst, sein Selbstbild, seine Haltung zur Umwelt dafür entscheidend, ob er delinquent wird oder nicht. Das »gute«, mit den allgemein anerkannten Normen übereinstimmende Selbst wirkt als ein Puffer gegen schlechte äußere Einflüsse. Das »schlechte« Selbstbild ist zu schwach, um solchen Schutz gegen delinquente Einflüsse zu gewähren. »Concept of self and others is the differential response component that helps to explain why some gravitate towards socially unacceptable patterns of behavior and others steer away from them. Concept of self and others contains the impact of life as he has internalized his experience. It consists of the residues of attitudes and meanings accumulated through the interaction of a certain organism or constitution in interpersonal relations« (Reckless, Dinitz und Kay 1957, 570). Dieses Selbstbild ist weitgehend das Produkt des Sozialisationsprozesses in der Familie. Es ist die Summe der verinnerlichten Erwartungsnormen. Ist dieses »gute« Selbstkonzept in der Persönlichkeitsstruktur vorhanden, so wirkt es selektiv: Nur das wird wahrgenommen, was normgemäß ist. Das Selbstkonzept wirkt als Barriere gegen äußere ungünstige Ereignisse, gegen die Versuchung der delinquenten Banden und gegen innere Impulse wie Ängste und Zwangsvorstellungen. Dagegen ist das schlechte Selbstbild auf eine mangelhafte Sozialisation oder auf die Verinnerlichung von delinquenten Normen zurückzuführen. »Both good and poor self-concept are normal products and are within normal range of childhood, adolescent and adult development« (Reckless 1961, 352).

Das konforme Selbstbild, das nach Reckless ein Element der Persönlichkeitsstruktur darstellt, ist in dem größeren Rahmen einer äußeren Kontrollstruktur – der sozialen Kontrolle – zu sehen, in dem dieses gleichsam »innere Kontrollsystem« sich aufbauen und wirken kann. Die soziale Kontrolle, wie etwa enge Familienbindungen und eine wirksame, die Sozialisation in der Familie unterstützende Nachbarschaft, schirmt in der Regel das Selbstbild gegen delinquente Einflüsse ab. »If family life and the surrounding social organization are adequate to contain practically every individual living within the system, the self-concept does not need to be as favorable as it does when an individual is confronted with adversities and disorganization in his milieu« (Reckless 1961, 352).

Reckless und seine Mitarbeiter verkannten aber nicht, daß bei der Untersuchung der Entwicklung eines derartigen Selbstbildes auch die Persönlichkeit des einzelnen einzubeziehen ist. Die Persönlichkeit bestimmt nämlich als intervenierende Variable den Verarbeitungsprozeß. Dabei sind mehrere Faktoren und Faktorenkombinationen möglich. »This individual variable may represent, among other things, favorable attitudinal residues of previous experience, tractability, a state of homeostasis, a desire to emulate significant others, a condition of happiness, a feeling of acceptance, a sense of belongingness« (Reckless 1961, 352). Diese Komponenten sind für die Entwicklung des Selbstbildes verantwortlich. Das Selbstkonzept ist nicht allein das genaue Abbild der sozialen Umwelt; es ist vielmehr das Ergebnis der individuell verarbeiteten Eindrücke einer sozialen Beziehung. Daß jemand ein gutes Selbstbild in einer adäquaten sozialen Umwelt entwickelt, ist wahrscheinlicher, als daß er ein schlechtes Selbstbild erwirbt (vgl. Reckless 1961, 353).

Nach der Theorie, die Reckless und seine Mitarbeiter aufstellten, dient ein »gutes« Selbstbild als Schutz gegen delinquente Einflüsse. Das »schlechte« Selbstbild ist ein zu schwacher »Puffer«, um abweichendes Verhalten zu verhindern.

Dieser theoretische Ansatz zur Erklärung der Delinquenz wurde von Schwartz und Tangri (1965, 922 ff.) überprüft. Beide Forscher wollten feststellen, ob die von der Umwelt als »gute« Jungen bezeichneten Jugendlichen ein zur Abwehr delinquenter Einflüsse besser geeignetes Selbstkonzept besitzen als die als »schlechte« Jungen benannten Probanden. Weiter wollten sie untersuchen, inwieweit das gute Selbstbild der Jugendlichen mit den Ansichten der Eltern über ihre Kinder übereinstimmte. Zu diesem Zweck befragten sie im Frühjahr 1964 101 Jungen einer Schule in Detroit, Michigan. Die Schule wurde ausschließlich von Negern besucht und lag in dem Stadtteil mit der höchsten Delinquenzrate. Die untersuchten Schüler waren Schwartz und Tangri von den Lehrern, dem Direktor und dem stellvertretenden Direktor der Schule als »gute« oder »schlechte« Jungen im Sinne der von Reckless und seinen Mitarbeitern oben (S. 50, 52) dargestellten Begriffsbestimmungen benannt worden.

Die Jugendlichen füllten ihnen vorgelegte Fragebogen aus. Sie sollten die gestellten Fragen mehrfach beantworten: Zum einen sollten sie ihre Antwort so geben, wie sie es selbst für richtig hielten; zum anderen erhielten die Schüler den Auftrag, die Fragen so zu beantworten, wie nach ihrer Ansicht ihre Freunde, ihre Mütter und ihre Lehrer es tun würden.

Schwartz und Tangri kamen in ihrer Untersuchung zu folgendem Ergebnis (1965, 925): Die »guten« und die »schlechten« Jungen besaßen ein qualitativ verschiedenes Selbstkonzept. Die Jugendlichen hatten – je nachdem welcher Gruppe von Schülern sie angehörten – ganz unterschiedliche Ansichten über sich selbst und ihr Verhältnis zur Umwelt. Das schlechte Selbstbild ist auch nach Ansicht beider Forscher die Folge einer mangelhaften Sozialisation. Die Normübernahme und -verinnerlichung war nicht störungsfrei. Schwartz und Tangri konnten zwar die von Reckless und seinen Mitarbeitern aufgestellte Theorie mit ihrer Untersuchung bestätigen; das Konzept des Selbstbildes ist aber ihrer Meinung nach noch zu vage formuliert und ein komplexeres Phänomen, als bisher angenommen wurde (1965, 926).

Der Begriff des Selbstbildes ist auch heute noch umstritten, worauf wir bereits oben (S. 10, 30) hingewiesen haben (vgl. auch Watson 1962, 410). Daher scheint es vor vollständiger Klärung fragwürdig zu sein, das Selbstbild als theoretischen Ansatz zur Erklärung abweichenden Verhaltens zu verwenden. Auch Reckless und seine Mitarbeiter lassen offen, was das Selbstbild eigentlich ist und welchen Platz es im Bereich der Persönlichkeit einnimmt. Ungeklärt bleibt bei ihnen auch das Verhältnis von Selbst, Ich und Über-Ich. Bei der Darstellung der Bedeutung der Umwelt für die Entwicklung des Selbstbildes beschränken sich Reckless und seine Mitarbeiter darauf, einzelne Faktoren aufzuzählen, die den Aufbau des Selbst beeinflussen können. Infolgedessen fehlt es gegenwärtig nicht nur an den notwendigen Kenntnissen über die Entwicklung von Selbstbild und delinquentem Verhalten, sondern auch an den notwendigen Voraussetzungen für eine wirksame Prophylaxe und Therapie.

Reckless und seine Mitarbeiter machten umgekehrt auch keine detaillierten Angaben darüber, wie sich ein negatives Selbstbild entwickelt. Es wäre auch wichtig zu wissen, ob Zusammenhänge zwischen der Zugehörigkeit zu einer Schicht und einem bestimmt gearteten Selbstbild bestehen (vgl. Gold 1963, 33). Bei der Überprüfung des Selbstbildes der Probanden untersuchten die Forscher vor allem die Haltungen der Jugendlichen sich selbst gegenüber. Sie unterließen es, auch die Haltungen gegenüber der sozialen Umwelt nachzuprüfen.

In weiteren Untersuchungen sollte deshalb genauer überprüft werden, welche Bezugspersonen im Sozialisationsprozeß das Selbstbild der Kinder in einer Familie bestimmen. Außer den Eltern können auch andere Menschen solche für die Entwicklung des Selbstbildes wichtige Bezugspersonen sein.

4. Abschnitt: Die Halttheorie von Reckless

Aus den im 3. Abschnitt dargestellten Untersuchungen entwickelte Reckless einen eigenen Ansatz zur Erklärung delinquenten Verhaltens. Seine Theorie erklärte er an einem Modell: An der Spitze einer vertikalen Anordnung stehen über dem Menschen die ungünstigen Lebensbedingungen wie Armut, Arbeitslosigkeit, wirtschaftliche Schwierigkeiten, familiäre Konflikte, Zugehörigkeit zu Minoritäten und soziale Ungleichheit. Diese Faktoren wirken als Druck auf den Menschen; die Theorien, die abweichendes Verhalten auf solche Ursachen zurückführen, werden daher von Reckless als Druck-Theorien bezeichnet. Ebenfalls im oberen Bereich der schematischen Darstellung stehen die Zug-Faktoren, die den einzelnen vom gesetzmäßigen Verhalten ablenken. Dazu gehören etwa ungünstige Freundschaften, delinquente Subkulturen, Massenmedien und die Propaganda.

In einem internen Bereich und gegen jene kriminogenen Einflüsse wirkt aber der äußere Halt des Menschen. Das ist für Reckless in erster Linie die Interaktion mit Gruppen wie etwa mit der Familie, die dem Menschen einen »Halt« gegen ungünstige Einflüsse geben. Der äußere Halt ist die Barriere, die den einzelnen davon abhält, delinquent zu werden. Elemente einer solchen Haltstruktur sind die Stärkung durch gesellschaftliche Situationen, vernünftige Verhaltensnormen und Zusammenhalt, direkte und indirekte Verhaltenskontrollen und das Gefühl der Zugehörigkeit zu einer bestimmten Gruppe (vgl. Reckless 1964, 149). Diese aufgezählten Haltstrukturen helfen der Familie und den sie unterstützenden Gruppen wie etwa der Schule, dem Druck kriminogener Faktoren und dem Zug zu abweichendem Verhalten entgegenzuwirken. Sie sind »Puffer« gegen ungünstige äußere Einflüsse (vgl. Reckless 1961, 355).

In der vertikalen Anordnung kriminogener Faktoren liegen noch eine Stufe tiefer die inneren Haltstrukturen des Individuums. Sie sind das Ergebnis des Sozialisationsprozesses. Kennzeichen eines starken inneren Halts sind: Gute Selbstkontrolle, starkes Ich, gut entwickeltes Über-Ich, gutes Selbstkonzept, hohe Widerstandskraft gegen ungünstige Beeinflussung, eine hohe Frustrationstoleranz und ein gut entwickelter Sinn für Verantwortungsbereitschaft sowie Zielstrebigkeit. Der innere Halt ist die zentrale Instanz, die die Impulse von innen und den Druck und Zug von außen abwehren muß. In dieser Funktion wird er von einer wirksamen äußeren Haltstruktur wesentlich unterstützt. Ist der äußere Halt dagegen sehr schwach, fällt dem inneren Halt auch die Aufgabe zu, als »Puffer« gegen kriminogene Faktoren von außen zu wirken (vgl. Reckless 1961, 355).

Unterhalb dieser Elemente des inneren Halts liegen einzelne Impulse. Zu ihnen gehören etwa extreme Ruhelosigkeit, Aggressivität, Bedürfnis nach unmittelbarer Befriedigung, extreme Beeinflußbarkeit, Rebellion gegen Autorität, Geschwisterrivalität sowie Unsicherheits- und Minderwertigkeitsgefühle. Einige dieser Impulse sind derart stark, daß sie durch die Macht innerer Haltstrukturen nicht aufgehalten werden können. Solche Impulse sind nach Reckless schon als pathologisch zu bezeichnende Ängste und Zwangsvorstellungen.

Nach Ansicht von Reckless (1964, 149) ist ein Teil der Delinquenz Folge eines fehlenden oder eines zu schwachen äußeren Halts. Diese äußere Haltstruktur ist jede soziale Beziehung, die einen Menschen, insbesondere durch soziale Kontrolle, so beeinflussen kann, daß er sich konform verhält. Die Elemente des äußeren Halts sind zum großen Teil solche Faktoren, die die Kontrolle beeinflussen. Der äußere Halt ist aber nicht mit der sozialen Kontrolle – wie wir sie verstehen – gleichzusetzen. Reckless sieht die Funktion der Normaktualisierung durch äußere Sanktionen in der Abwehr kriminogener Einflüsse. Rechtzeitig einsetzende soziale Kontrolle kann schon vor dem geplanten Normbruch einen Delinquenz auslösenden Druck oder Zug unwirksam machen und abweichendes Verhalten verhindern. Haltstruktur ist nach Recklesss nur diejenige soziale Beziehung, die allgemein anerkannte Normen in das Bewußtsein hebt. Kein äußerer Halt in diesem Sinn ist demnach die soziale Kontrolle durch eine Bande delinquenter Jugendlicher. Reckless sieht auch ein abweichendes Verhalten, das durch starke soziale Kontrolle einer Gruppe von Delinquenten ausgelöst wird, als Mangel an äußerem Halt an. Denn die Familie hat dem Jugendlichen keinen oder einen so schwachen Halt gewährt, daß er sich dieser Bande angeschlossen hat.

Der Mangel an innerem Halt kann nach Reckless ebenfalls einen Teil der Delinquenz erklären. Der innere Halt ist eine Instanz in der Persönlichkeit des einzelnen, die sein Verhalten durch personale Kontrolle korrigiert. Der innere Halt ist nicht mit der personalen Kontrolle identisch. Die Elemente des inneren Halts sind vielmehr Faktoren, die die Normaktualisierung ermöglichen. Wenn der innere Halt fehlt oder zu schwach ausgeprägt ist, können Impulse durchbrechen und delinquentes Verhalten auslösen. Zu schwache innere Haltstrukturen bieten aber auch starkem Druck und Zug kriminogener Faktoren nicht genügend Widerstand und können dadurch ursächlich für Delinquenz sein. Der innere Halt hat also eine Doppelfunktion: Er soll durch personale Kontrolle vor den von außen kommenden delinquenten Einflüsse schützen und innere Impulse, die zu abweichendem Verhalten führen, abwehren.

Nach Reckless (1964, 149 f.) besteht zwischen dem äußeren und dem inneren Halt ein Funktionszusammenhang: Beide Haltstrukturen ergänzen sich bei der Abwehr kriminogener Einflüsse. Sie können wechselweise Aufgaben des anderen Kontrollsystems übernehmen.

Reckless ist darin zuzustimmen, daß zwischen dem äußeren und dem inneren Halt ein Funktionszusammenhang besteht. Daneben aber – und das scheint er zu übersehen – besteht zwischen den Haltstrukturen auch ein Entwicklungszusammenhang. Reckless weist zwar darauf hin, daß zwischen Delinquenz und dem Verlauf der Sozialisation eine enge Verbindung besteht. Ein starker innerer Halt ist erst das Ergebnis eines wirksamen äußeren Halts. Reckless geht aber auf diesen Zusammenhang nicht ein. Das ist um so weniger verständlich, als er selbst auf die Bedeutung der Identifikation für den Aufbau von Haltstrukturen hinweist und sich dabei auf die Erkenntnisse der soziologischen, psychologischen und sozialpsychologischen Forschung beruft. Voraussetzung der personalen Kontrolle ist, daß Normen übernommen worden sind, die als interne Sanktionen das Verhalten beeinflussen. Normverinnerlichung geschieht zum großen Teil durch Identifikation, wie wir oben (S. 7) angeführt haben.

Es hätte daher auch für Reckless nahegelegen, diesen Entwicklungszusammenhang zu analysieren. Nach Reckless setzt die Abwehrfunktion des inneren Halts gegen den Druck oder Zug kriminogener Einflüsse erst dann ein, wenn die äußere Haltstruktur versagt. Dem steht die Erfahrung entgegen, daß wir häufig, ohne daß uns eine Strafe angedroht wird, durch die »Stimme unseres Gewissens« schon vor dem geplanten Normbruch von der Tat abgehalten werden. Trotz vorhandener wirksamer sozialer Kontrolle kann schon die personale Kontrolle kriminogene äußere Einflüsse abhalten.

Eine andere Arbeit von Reckless und Shoham geht dagegen auch auf den Entwicklungszusammenhang zwischen der sozialen und personalen Kontrolle näher ein. Sie soll daher im folgenden 5. Abschnitt dargestellt werden.

5. Abschnitt: Die Theorie des Norm-Halts von Reckless und Shoham

Dieser theoretische Ansatz, der die Halt-Theorie erweitert, soll nach Reckless und Shoham die Bedeutung des Sozialisationsprozesses für das abweichende Verhalten hervorheben. Reckless und Shoham wollen die Entwicklung von Haltstrukturen näher untersuchen. »Norm containment is the label placed on the theoretical statement which can shed light on persons who become nonconforming, deviant or delinquent and persons who remain within the bounds of prevailing norms« (Reckless und Shoham 1963, 637).

Ihre Theorie geht von der Bedeutung des Sozialisationsprozesses für die Entwicklung des Sozialverhaltens aus. Durch die Sozialisation in der Gruppe wird das Verhalten des einzelnen entwickelt und gesteuert. Es wird auch eine personale Kontrolle aufgebaut, die durch interne Sanktionen weitgehend das Verhalten lenkt. Die Normen der Außenwelt werden verinnerlicht, sie werden zu Motiven, die das Verhalten bestimmen. Der Mensch besitzt die Fähigkeit, die Normen im Gedächtnis zu behalten (»normretention«); er kann sie aber auch vergessen. Dann liegt nach Ansicht der beiden Forscher eine »Normerosion« vor. Werden Normen wieder vergessen, wird die verinnerlichte Normstruktur aufgelöst, besteht die Möglichkeit, daß es zu abweichendem Verhalten kommt. Reckless und Shoham sind demnach der Ansicht, daß die Mehrzahl aller delinquenten Handlungen auf eine Auflösung früher verinnerlichter Verhaltensmuster zurückzuführen ist. »The assumption is that the erosion precedes embracing of available deviant patterns of behaviour« (Reckless und Shoham 1963, 637).

Wenn Normen nicht immer wieder durch positive oder negative Sanktionen aktualisiert werden, besteht die Wahrscheinlichkeit, daß sie »vergessen« werden. Die Folge ist abweichendes Verhalten. Delinquenz wird also von Reckless und Shoham mit versagenden oder fehlenden sozialen und/oder personalen Kontrollen erklärt. Nach Ansicht beider Forscher kann diese Theorie erklären, warum Menschen nach langer Zeit konformen Verhaltens plötzlich Normen verletzen. »Consequently, normcontainement as a theory will be applied to behaviour in which individuals over a period of time break through limits, step over bounds, fall from a state of grace. The assumption is that there is a move in behaviour from compliance to noncompliance. This is the movement toward delinquent or criminal patterns« (Reckless und Shoham 1963, 638).

Reckless und Shoham weisen darauf hin, daß sie von der »Theorie des Kulturkonflikts« von Sellin (1938) und von der »Theorie der Neutralisation« von Sykes und Matza (1957, 664 ff.) angeregt worden sind. Diese Kriminologen wiesen bereits vor Reckless und Shoham auf die Bedeutung des Sozialisationsprozesses für die Delinquenz hin. Beiden Forschern, Reckless und Shoham, ging es aber bei der Norm-Halttheorie weniger um den Zusammenhang zwischen Normübernahme und abweichendem Verhalten als vielmehr um die Bedeutung der Normaktualisierung durch Sanktionen der sozialen Kontrolle für die Delinquenz. »Actually, for the purpose of studying delinquent and criminal behaviour, it is somewhat more realistic to talk about the norm-transmitting and norm-holding capability of the group than to talk about norm sending« (Reckless und Shoham 1963, 639). Die Fähigkeit der Gruppe, ihre Mitglieder zu einem bestimmten Verhalten zu »erziehen«, hängt vom Maß der sozialen Kontrolle ab, über das die Gruppe verfügt. Je stärker die soziale Kontrolle einer Gruppe ist, desto leichter werden die Normen von den Mitgliedern der Gruppe übernommen.

Die Normen werden im Laufe der Entwicklung des Jugendlichen nicht nur in einem Sozialisationsprozeß innerhalb der Familie, sondern auch in anderen Gruppen wie der Spielgruppe und der Klassengemeinschaft vermittelt. Durch Sozialisationsvorgänge außerhalb der Familie und der damit verbundenen Ablösung und Emanzipation von der Familie, wird die Normübermittlung innerhalb der Familiengruppe gestört. Nach Reckless und Shoham (1963, 640) ist die Pubertät ein Stadium, in dem die familiäre Sozialisation durch außerhalb der Familie ablaufende Norminnerlichungsprozesse besonders an Wirkung verliert. Gerade in diesem Entwicklungsabschnitt werden bereits verinnerlichte Verhaltensmuster »vergessen«; die »Normerosion« nimmt zu und führt zu einem größeren Maß an delinquentem Verhalten als in den Jahren vor der Pubertät. In diesem Prozeß der geringer werdenden Wirkung von Normen lassen sich nach Reckless und Shoham (1963, 640) die fünf aufeinanderfolgenden Stadien unterscheiden:

a) die Zurückweisung der Normen (»norm reshuffing«),
b) eine Tendenz zu sanktions-orientierter Konformität (»a moving toward sanction-oriented compliance«),
c) ein Zusammenbruch der normativen Barrieren (»a breaking down of normative barriers«),
d) die Neutralisation moralischer Standards (»the neutralization of moral standards«),
e) die letzte Ablösung von bestimmten Normen (»the final discarding of certain norms«).

Jeder Schritt von der Normbindung zur Normerosion kann Ursache der Delinquenz sein. Abweichendes Verhalten kann die Folge des Bruchs normativer Standards, der Neutralisation von Normen oder die Folge davon sein, daß Normen vollkommen »vergessen« worden sind. »Normerosion« weist darauf hin, daß keine wirksamen Normaktualisierungsprozesse das Verhalten steuern. Denn soziale und personale Kontrolle bewirken, daß Normen immer wieder dem einzelnen bewußt werden, wenn er sie »vergißt« und sich deshalb delinquent verhält.

Beide Forscher heben hervor, wie wichtig es ist, eine geeignete Methode zu entwickeln, mit deren Hilfe die »Normerosion« gemessen werden kann. Sie schlagen die Entwicklung eines Tests vor, mit Hilfe dessen man das Maß an personaler und sozialer Kontrolle ermitteln kann (vgl. Reckless und Shoham 1963, 641 f.). Nach ihren Ausführungen sollten hierzu die Vorstellungen (»perceptions«) von 12jährigen Kindern über die Disziplin, das Zusammengehörigkeitsgefühl und über die Unterstützung und Bestärkung innerhalb der Familie gemessen werden. Vier Jahre später könnte die Haltstruktur dieser Familie durch Einsicht in gegebenenfalls vorhandene Polizei- und Gerichtsakten überprüft werden. Dann wäre es möglich, die Familien nach dem geschätzten Maß an höherem oder niedrigerem »Haltpotential« (»holding power«) zu unterscheiden. In gleicher Weise könnte man die Mütter dieser Jungen befragen. Dieses »Haltpotential« der Familie könnte auch durch fremde Interviewer festgestellt werden. Auch inwieweit die Norm im Gedächtnis behalten wird (»norm retention«) könnte gemessen werden. Es müßten dafür Haltungsskalen gefunden werden. Endlich müßte der Test auf seine Validität überprüft werden.

Die Theorie von Reckless und Shoham kann nur einen Teilbereich der Delinquenz erklären. Der theoretische Ansatz der beiden Forscher versagt bei allen Fällen abweichenden Verhaltens, die auf mangelhafte Sozialisation zurückzuführen sind. Wenn Normen erst gar nicht verinnerlicht werden, weil die soziale Kontrolle versagt, ist die Delinquenz nicht die Folge von »Normerosion«. Denn diese setzt voraus, daß die Regeln gelernt und erst dann wieder »vergessen« worden sind. Es sollte ferner untersucht werden, inwieweit ein gutes Selbstbild die Normerosion abschwächen oder sogar verhindern könnte. Die Theorie gibt auch keine befriedigende Antwort darauf, welches Maß an »Normerosion« delinquentes Verhalten auslöst. Reckless und Shoham weisen zwar auf die »Haltfunktion« der Gruppe in bezug auf Normkenntnis (»norm containment«) hin. Die Gruppen haben aber im Sozialisationsprozeß verschieden große Bedeutung für die Entwicklung des einzelnen. Ihre Haltfunktion in bezug auf die Normkenntnis ist daher auch verschieden zu bewerten. Das gilt besonders für die Familiengruppe, deren soziale Kontrolle wesentlich den Verlauf der Sozialisation in der Familie und damit die Persönlichkeitsentwicklung beeinflußt.

6. Abschnitt: Die Kontrolltheorie von Nye

Ebenso wie Reckless ist auch Nye der Ansicht, daß es unmöglich ist, mit den bisher bekannten Theorien das abweichende Verhalten zu erklären. Er weist auf die Klassifikation kriminologischer Theorien von Cohen (1957) hin. Nach dieser Klassifikation wurde deviantes Verhalten vor allem auf

a) soziale Desorganisation,
b) delinquente Subkulturen,
c) Anomie,
d) Kulturkonflikt und
e) individuelle mangelhafte Anpassung

zurückgeführt. Während in diesen Ansätzen im allgemeinen versucht wird, delinquentes Verhalten auf eine Konstellation bestimmter ungünstiger Faktoren zurückzuführen, sieht Nye in dem Mangel oder dem Versagen von Kontrollmechanismen einen wesentlichen Bestimmungsgrund sowohl für konformes als auch abweichendes Verhalten. Unter dem Aspekt abgeschwächter Kontrollmechanismen und der hierfür maßgeblichen Ursachen geht es Nye ebenso wie in den von uns im 1. bis 5. Abschnitt dieses Kapitels dargestellten kriminologischen Ansätzen darum, die Faktoren zu analysieren, die den einzelnen vom Normbruch abhalten.

Nye ist der Ansicht, daß ein Teil des abweichenden Verhaltens auf pathologische Ursachen zurückgeführt werden kann, ein weiterer Teil als das Ergebnis des Lernens delinquenter Verhaltensweisen und wieder ein weiterer Teil als eine Kombination von gelernter Delinquenz und schwacher sowie unwirksamer sozialer Kontrolle anzusehen ist. »The present position is that such behavior (gemeint sind die genannten Arten der Delinquenz) is, however, comparatively rare and that most delinquent behavior is the result of insufficient social control, broadly defined... (it) embraces a broad social control framework that sees most criminal behavior as a failure of controls, but does not deny the usefulness of delinquency sub-culture and personality desorganization approaches in the explanation of the behavior of some individuals, or that such ›positive‹ factors sometimes combine with weak controls with delinquent behavior as the product« (Nye 1958, 4, 5).

Nye weist ausdrücklich darauf hin, daß die soziale Kontrolle ihm nicht als einlinig kausale Erklärung der Delinquenz dient, sondern daß er nur mittels eines multifaktoriellen Ansatzes kriminologische Probleme zu lösen hofft. Das Konzept der sozialen Kontrolle umfaßt nach Nye vier interdependente »Bündel« (»clusters«) von Elementen, die man in Haltungen und Verhaltensweisen von Menschen nachweisen könne:

a) direkte Kontrolle, wie sie durch die Disziplin vornehmlich charakterisiert wird,
b) internalisierte Kontrolle, wie sie durch das Gewissen wirkt,
c) indirekte Kontrolle, wie sie durch affektive Identifikation mit den Eltern oder anderen nicht delinquenten Personen geübt wird,
d) die Befriedigung der Bedürfnisse (»need satisfaction«).

Wie diese vier Kontrollkategorien schon deutlich machen, will Nye mit seiner Theorie nur einen Bereich des sozialen Lebens untersuchen; die Familie und innerhalb der Familie die Eltern-Kindbeziehungen. Diesen Lebensbereich hält Nye für wichtig und meint, daß er im Verhältnis zu seiner Bedeutung bisher nicht recht gewürdigt worden ist (vgl. Nye 1958, IX). Innerhalb der familiären Interaktion untersucht Nye dann nur das abweichende Verhalten der Jugendlichen und die es auslösenden Faktoren der familiären Beziehungen.

Wir wollen im einzelnen die von Nye genannten »Bündel« von Kontrollen untersuchen und beschreiben:

Zu a): Direkte Kontrollen sind ein wesentlicher Teil der Eltern-Kindbeziehung. Die Eltern lenken das kindliche Verhalten in der Familie durch Verbote und Belohnungen und außerhalb der Familie durch Einschränkung der Interaktion mit Gleichaltrigen und Einflußnahme auf die Auswahl von Freunden. Solche direkten Kontrollen sind dann wirksam, wenn das Kind erwartet, für einen Normbruch auch bestraft zu werden. Die Wirksamkeit der direkten Kontrolle kann durch den Einfluß, den andere Gruppen auf das Kind ausüben, wesentlich eingeschränkt werden.

Zu b): Durch Internalisierung werden die Normen in das Gesamtgefüge der Persönlichkeit integriert. Die dadurch ermöglichte personale Kontrolle kann die anderen Kontrollen entlasten. Da wir immer wieder Normbrüche feststellen, müssen wir annehmen, daß bei vielen Jugendlichen die Normen noch nicht genügend verinnerlicht worden sind (vgl. Nye 1958, 6). Die mangelhafte Entwicklung dieser personalen Kontrollen führt Nye auf die fehlende Übereinstimmung mit den Normen, auf Frustration durch die Normen und auf ein zu schwach ausgeprägtes Schuldgefühl zurück. Außerdem kommt hier der affektiven Beziehung zwischen den Eltern und den Kindern besondere Bedeutung zu (vgl. Nye 1958, 6).

Zu c): Die indirekte Kontrolle ist von einer emotional gefärbten menschlichen Beziehung abhängig und wirkt durch die affektive Bindung zweier Personen zueinander (vgl. Nye 1958, 6). Regelmäßig besteht in der Familie eine enge, gefühlsmäßige Verbindung zwischen Eltern und Kindern. Diese affektive Haltung der Eltern und Kinder bestimmt wesentlich den Verlauf des Sozialisationsprozesses. Es ändern sich zwar die kindlichen Haltungen gegenüber den Eltern ebenso wie die Haltungen der Eltern gegenüber ihren Kindern. Nur sind die Haltungen der Eltern schon in stärkerem Maß verfestigt und unterliegen nicht so starken Änderungen wie die ihrer Kinder.

Zu d): Wenn alle Bedürfnisse des Kindes sich auf institutionalisierte Weise befriedigen lassen, wären die bereits genannten anderen Kontrollen nur selten notwendig, um die Konformität des kindlichen Verhaltens zu garantieren. In der Familie werden organische wie soziale Bedürfnisse des Kindes befriedigt. Bei den sozialen Bedürfnissen nennt Nye vor allem das Bedürfnis nach Liebe, Anerkennung und Sicherheit. Der Jugendliche kann meistens derartige Bedürfnisse innerhalb und außerhalb der Familie befriedigen und wird deshalb nicht dazu gedrängt, sich in seinem sozialen Handeln abweichend zu verhalten. Die Wirksamkeit der Bedürfnisbefriedigung als soziale Kontrolle ist aber eingeschränkt. »Even though complete and immediate satisfaction of needs is not ordinarily possible, families can go far toward the legitimate satisfaction of needs within the family, and they can prepare and launch the adolescent in his interaction with school, peer group, and occupation, or they can fail almost totally in helping to meet needs in and outside the family through acceptable behavior« (Nye 1958, 8).

Mittels dieser »Bündel« von Kontrollen will Nye die bisher in der kriminologischen Forschung herausgehobenen Faktoren des Lebens in der Familie, die zu abweichendem Verhalten führen können, im einzelnen untersuchen. Von der Überlegung ausgehend, daß die Familienbeziehungen Delinquenter durch »Gerichtserfahrungen« sich erheblich ändern können, beschränkte sich Nye nicht nur darauf, polizei- bzw. gerichtsbekannte Jugendliche zu untersuchen. Er wählte stattdessen seine Probanden aus der Gesamtbevölkerung aus. Nye bediente sich der »self-report-Methode«, bei der Daten über delinquentes Verhalten durch Befragung von Testpersonen einer Stichprobe (»sample«) gewonnen werden. Den Probanden wird zugesichert, daß die von ihnen berichteten (»self report«) delinquenten Handlungen absolut anonym ausgewertet werden, und sie keine Sanktionen zu erwarten haben. Nye befragte Schüler in den Schulen von drei kleinen Städten in den USA mit 10 000 bis 30 000 Einwohnern (vgl. Nye 1958, 11). Die von ihm und Short entwickelten Fragebogen ließ er von den 9 bis 12jährigen ausfüllen. Dabei überprüfte er insbesondere die Familienstruktur und die affektiven Haltungen der Eltern gegenüber ihren Kindern – den Testpersonen.

Bei der Frage nach begangenen delinquenten Handlungen gingen Nye und Short davon aus, daß jedes Kind schon wenigstens einmal eine Norm verletzt habe. Deshalb bestimmen sie auch in einer Skala die beiden Gruppen von Jugendlichen, die nur geringfügig (»least delinquent«) oder in höherem Maße delinquent (»most delinquent«) waren. Danach wurden

Kinder, die auf die Frage nach Normverletzungen zwischen zwei und fünf Normbrüche angaben, zu der ersten Gruppe, und Kinder, die mehr als fünf delinquente Handlungen zugaben, zur zweiten Gruppe gezählt. Diese Daten sicherte Nye mit Hilfe der Chi-Quadrat-Methode.

Nye untersuchte zuerst die kriminologische Bedeutung der Schichtzugehörigkeit (1958, 23f.). Er konnte nur einen kleinen Unterschied zwischen Kindern aus Mittelschichten und Kindern aus Unterschichten feststellen. Der sozio-ökonomische Status erwies sich demnach im Gegensatz zu den Annahmen vieler Theorien (vgl. Cohen 1961; Cloward und Ohlin 1966; McKinley 1966) als ziemlich bedeutungslos für die Entstehung abweichenden Verhaltens. Die geringe Divergenz zwischen den Kindern aus beiden Schichten glaubte Nye auf eine wirksamere soziale Kontrolle und Sozialsation in der Mittelschicht zurückführen zu können (vgl. Nye 1958, 31).

In zahlreichen kriminologischen Untersuchungen (vgl. Haffter 1948; Feger 1969 mit weiteren Nachweisen) wurde der Struktur der Familie in ihrer Bedeutung für die Jugenddelinquenz nur unter dem Aspekt der strukturalen Unvollständigkeit, d. h. bei Ausfall eines oder beider Elternteile durch Scheidung, Trennung, Tod oder Unehelichkeit Beachtung geschenkt. Nye wies demgegenüber darauf hin, daß die Tatsache der »Unvollständigkeit« einer Familie nicht immer tatsächlich ursächlich für die Delinquenz der Kinder sei. Es bestehe nur die Wahrscheinlichkeit, daß es in derartigen familiären Beziehungen leichter zu abweichendem Verhalten komme als in formal intakten Familien. Die Rollenkonfusion und die dadurch möglicherweise entstehenden ablehnenden Haltungen sind hierbei nach Nye die Ursachen delinquenten Tuns (vgl. Nye 1958, 47, 51). Nach Nye ist es deshalb wichtig, die Haltungen der Eltern gegenüber ihren Kindern und gegenüber dem anderen Ehegatten zu untersuchen. »The actual attitudes and relationships affecting control are considered the crucial factors, but these are found more concentrated in families with certain structures than in others« (Nye 1958, 34).

Diese Ansicht von Nye, Gründe für delinquentes Verhalten in den familiären Beziehungen und Haltungen der Familienmitglieder zu suchen, deckt sich mit unserer Meinung. Nyes Auffassung, daß kein direkter Zusammenhang zwischen der strukturalen Beschaffenheit der Familie und dem abweichenden Verhalten ihrer Mitglieder besteht, wird durch die neuere Forschung bestätigt (vgl. etwa Waller-Hill 1951, 462).

Innerhalb des familiären Gefüges untersuchte Nye, welche Bedeutung für die Delinquenz Jugendlicher die Position des Kindes im Verhältnis zu seinen Geschwistern, die Familiengröße und das Verhältnis der Familie zu Subkulturen besitzen. Nyes Untersuchungen bestätigten nicht die Ansicht, daß Einzelkinder wegen ihrer besonderen Stellung in der Familie in geringerem Maße der sozialen Kontrolle unterlägen und deshalb besonders gefährdet seien (vgl. Nye 1958, 37).

Die Familiengröße ist hingegen nach Nye bedeutsam. Sie bestimmt in der Regel die Häufigkeit an Interaktionen in der Familiengruppe. Ein hohes Maß an Interaktion erhöht die Kontrollchance. Die Normen werden besser internalisiert, so daß die internen Kontrollen größeres Gewicht haben und besser entwickelt werden.

Weiter wird von Nye der Homogenität der Familie Bedeutung für das abweichende Verhalten der Kinder zugemessen (vgl. Nye 1958, 38f.). Stammen die Eltern aus verschiedenen Gruppen der Schichten, gelten für sie wahrscheinlich auch unterschiedliche Normen. Es kann zu Normkonflikten kommen, die die Wirksamkeit sozialer Kontrolle verringern oder ausschließen. Auch der Kirchenbesuch wird von Nye als signifikant für die Jugendkriminalität angesehen. Seine Ergebnisse über die Bedeutung dieser Faktoren für die Delinquenz faßte Nye folgendermaßen zusammen: »Less delinquency was found in families in which parents and children attend church regularly, in which children are oldest or only children, in small families, in non-mobile and in rural families. These findings are compatible with social control theory« (Nye 1958, 40).

Nye überprüfte auch die Hypothese, daß die Kinder berufstätiger Mütter häufiger delinquent werden als die Kinder, deren Mütter keinen Beruf ausüben. Nye kam zu dem Ergebnis: Die direkten Kontrollen der Mütter durch Überwachung und Bestrafung ihrer Kinder haben keine Bedeutung dafür, ob Kinder sich abweichend verhalten oder nicht.

Einen besonderen Rang maß Nye dagegen der Mobilität der Familie für die Delinquenz zu. Er kommt insoweit zu dem Schluß: Mit der Zunahme der Mobilität geht der Einfluß der indirekten Kontrolle wegen der sich lockernden affektiven Bindungen zwischen der Familie und den anderen Gruppen (etwa der Nachbarschaft) zurück. Ein Anstieg der Delinquenz kann die Folge sein.

Weiter untersuchte Nye die Eltern-Kindbeziehungen auf ihre kriminologische Relevanz. Diese Beziehungen werden nach Nye durch die Haltungen der Eltern gegenüber ihren Kindern und umgekehrt bestimmt; diese beeinflussen sich häufig wechselseitig (vgl. Nye 1958, 75). Nye unterschied danach, ob die Eltern ihren Kindern gegenüber sich ablehnend verhielten, ob sie allgemeine Zustimmung oder auch vollkommene Zustimmung zeigten. Das enge emotionale Verhältnis in der frühen Kindheit ist seiner Ansicht nach die Ursache dafür, daß sowohl die indirekte Kontrolle wie auch die direkte Kontrolle so große Wirkung entfalten können; denn das günstige affektive Klima verhindert ungünstige Auswirkungen von Lohn und Strafe. »The effectiveness of direct controls, those of restriction, supervision, and punishment, are least affected by affectional identification with parents. Evasion of and actual rebellion against direct controls might be expected to be less frequent, however, in cases in which there is an accepting relationship toward parents« (Nye 1958, 71).

Die Untersuchung von Nye (1958, 75) ergab, daß die ablehnende Haltung von Eltern gegenüber ihren Kindern, insbesondere aber eine wechselseitige Ablehnung, eine Delinquenz der Kinder auslösen kann. Dieses Ergebnis führte Nye auf einen Mangel an sozialer Kontrolle in den Familien zurück, in denen ein schlechtes affektives Klima herrscht. Die Ablehnung des Kindes durch seine Eltern führe oft dazu, daß diese Eltern ihre Kinder weniger beaufsichtigen und überwachen, und daß sie ihm nicht über Schwierigkeiten hinweghelfen sowie die disziplinären Mittel nicht adäquat einsetzen würden. Zu gleichen Ergebnissen wie Nye gelangten auch Glueck und Glueck (1950, 125) bei ihren Untersuchungen. Sie stellten ebenfalls fest, daß Delinquenz der Kinder oft auf eine gegenüber diesen Kindern ablehnende Haltung der Eltern zurückzuführen ist.

Im Gegensatz zu anderen kriminologischen Arbeiten, die die Bedeutung der elterlichen Disziplinartechniken für die Delinquenz der Kinder untersucht haben (vgl. Burt 1945; Glueck und Glueck 1950, 113 ff.), überprüfte Nye nur die folgenden Teilbereiche der Disziplin, die nach seiner Meinung die Normübernahme wesentlich beeinflussen und für späteres abweichendes Verhalten ursächlich sein können.

a) die »Fairness«: Gefährdet ist eine Erziehung, in der Lohn und Strafe funktional den Prozeß der Normverinnerlichung unterstützen sollen, durch »unfaires« Verhalten der Eltern gegenüber ihren Kindern. Nye nannte als Beispiel den Fall, daß Eltern ein Kind einem anderen »vorziehen«.

b) die Strenge: Werden Kinder in einer Familie streng erzogen, besteht die Wahrscheinlichkeit, daß die Kinder alle vermittelten Normen lernen.

c) die »zur Strafe gegebene Erklärung«: Nye wies anhand seiner Untersuchungsergebnisse darauf hin, wie wichtig es ist, daß Eltern ihren Kindern erklären, warum sie bestraft werden (1958, 84).

d) die »allgemeinen« Haltungen: Aus seiner Untersuchung glaubte Nye (1958, 85) auch entnehmen zu können, daß die Haltungen, die Kinder zur Disziplin in ihrer Familie einnehmen, Einfluß darauf haben, ob diese Kinder später delinquent werden oder nicht. Die von den Kindern nicht anerkannte Strafe kann sich nicht nur auf das Ausmaß der direkten, sondern auch der indirekten und internen Kontrolle auswirken. Empfinden Kinder eine Strafe als ungerecht, so geraten sie durch eine solche negative Sanktion leicht in eine ablehnende Haltung gegenüber ihren Eltern. »The role of punishment in delinquent behavior has been explored primarily as direct control over the individual; however if it involves partiality, unfairness or child rejection, it may not only be ineffective as direct control, but also reduce indirect and internal controls« (Nye 1958, 89).

e) die Sanktionstechniken: Nye kam aufgrund seiner Untersuchungsergebnisse zu dem Schluß: Die Ergebnisse sprechen weder für noch gegen die körperliche Strafe, soweit sie als kriminogen angesehen wird.

f) die Disziplin und ihre Auswirkung auf andere Bereiche der Eltern-Kind-Beziehungen: Nye stellte dazu fest, daß eine »feindliche« Haltung der Kinder gegenüber elterlichen Disziplintechniken nicht notwendig auch eine negative Haltung der Kinder in anderen Bereichen der Beziehungen zwischen Eltern und Kindern zur Folge habe.

Weiter untersuchte Nye (1958, 100) die Frage, inwieweit Freiheit und Verantwortung in der Familie für abweichendes Verhalten von Kindern aus dieser Familie ursächlich sind. Er stellte dabei fest, daß in einer Familie, in der den Kindern nur geringe Freiheit gewährt und wenig Verantwortung auferlegt wird, durch die Einschränkung der Freiheit die direkte Kontrolle verschärft und ihre Wirksamkeit erhöht wird. Dadurch kann aber das günstige emotionale Klima in der Familie leiden. Das Maß an indirekter Kontrolle nimmt ab. Eine Erziehung, die den Kindern Raum für Verantwortung läßt, ohne auf Führung und Überwachung zu verzichten, ist anzustreben: »generally speaking, a middle way giving major responsibility but not discontinuing supervision and guidance entirely appears to be associated with least delinquent behavior« (Nye 1958, 100).

Im Rahmen seiner Untersuchung wies Nye weiter auf die Bedeutung der mit den Eltern verbrachten Freizeit und der äußeren Erscheinung der Eltern als eines Statussymbols hin. Das Maß an Freizeit, die die Eltern mit ihren Kindern verbringen und die Art der äußeren Erscheinung der Eltern kann die indirekte Kontrolle der Eltern über die Kinder erhöhen und damit gegen delinquente Einflüsse wirken. Durch gemeinsam verbrachte Freizeit werden die gefühlsmäßigen Beziehungen verbessert. Die gute äußere Erscheinung der Eltern macht den Umgang mit den Eltern für die Kinder besonders attraktiv.

Als einen weiteren wichtigen Faktor untersuchte Nye die Bedeutung der elterlichen Haltungen für die Jugenddelinquenz. Das Maß an indirekten und internen Kontrollen wird seiner Meinung nach durch die Haltungen der Eltern gegenüber ihren Kindern und auch gegenüber den Normen an sich wesentlich mitbestimmt. Sind Eltern zu keiner Liebe gegenüber ihren Kindern fähig, so wird der Sozialisationsprozeß verzögert. Jetzt bietet die familiäre Interaktion wenig Möglichkeit für die Befriedigung emotionaler Bedürfnisse (vgl. Nye 1958, 118). Die Kinder können dann keine emotionale Stabilität erwerben, die sich als Schutz und Barriere gegen kriminogene Faktoren erweist. Daneben ist aber auch die Haltung der Eltern zur Norm, ihr Normverhältnis, von Wichtigkeit. Wenn die Eltern ihre Kinder nur mit gewissen Lebensbereichen und den für diese geltenden Normen vertraut machen und nach einer »doppelten Moral« leben, kann das dysfunktionale Folgen für die kindliche Entwicklung haben und zur Delinquenz führen. Vornehmlich Unehrlichkeit (»dishonesty«), Unwahrhaftigkeit (»untruthfulness«), die Suche nach einem Sündenbock (»scapegoating«), und die fehlende Rücksicht auf die nähere Umgebung (»lack of consideration for neighbours«) sind die Syndrome möglichen Elternverhaltens, die Delinquenz der Kinder auslösen können (vgl. Nye 1958, 122).

Neben dem genannten besonders gearteten Normverständnis der Eltern hielt Nye auch die Übereinstimmung oder die Divergenz der kulturell geprägten Wertvorstellungen der Eltern für die Entwicklung delinquenter Verhaltensweisen ihrer Kinder für bedeutsam. Neben den möglichen Spannungen, die sich aus der Zugehörigkeit zu verschiedenen Religionen, Kulturen und Rassen ergeben können, ist es nach Nye vor allem der rasche Kulturwandel, der für die unterschiedlichen Wertauffassungen und die mangelhafte Übereinstimmung der familiären Ziele verantwortlich ist. Im Gegensatz zu dieser Auffassung konnte Nye keine signifikante Beziehung zwischen bestimmten Wertdivergenzen im religiösen, kulturellen oder rassischen Bereich bei den Eltern und delinquenten Verhaltensmustern bei Jugendlichen feststellen (vgl. Nye 1958, 131). Diese Ergebnisse von Nye stehen im krassen Gegensatz zu den kriminologischen Theorien, die dem Wertkonflikt eine große Bedeutung für die Delinquenz beimessen (vgl. Sellin 1938; Kobrin 1951; Merton 1959; Cohen 1961; Cloward und Ohlin 1966).

Zuletzt untersuchte Nye noch die kriminologische Bedeutung der Höhe des Taschengeldes und die Art, wie die Eltern ihre Kinder mit neuen Lebensbereichen vertraut machen. Beide Faktoren bestimmen das Maß an Bedürfnisbefriedigung, das nach Nye ebenfalls eine Form sozialer Kontrolle ist. Dabei hebt Nye die interessante Tatsache hervor, daß bestimmte Faktoren sowohl positive wie auch negative Einflüsse auf den Jugendlichen ausüben. Das Taschengeld etwa hat nach Nye (1958, 140) die Aufgabe, gewisse Bedürfnisse des Kindes zu befriedigen und seine Stellung in der Umwelt, etwa in Spielgruppen Gleichaltriger, zu festigen. Es hat daneben auch die Wirkung, daß das Kind außerhalb der Familie, unbeaufsichtigt von den Eltern, mit anderen Menschen zusammenkommen kann, wodurch das Maß an direkter, indirekter und interner Kontrolle vermindert wird. »Here two forces of social control appear to be in conflict. Satisfaction of several needs would appear to be facilitated by large allowances or substantial earnings. Conversely, substantial sums of money permit the adolescent to own or operate a car which removes him from the direct controls of parents and some portions of indirect controls of parents, peer group and community« (Nye 1958, 140).

Von gewisser, wenn auch nur geringer Bedeutung für die Jugenddelinquenz ist auch die Art, wie die Eltern ihre Kinder mit wachsendem Alter mit bestimmten Lebensbereichen vertraut machen. Nye untersuchte diesen Faktor anhand der fünf Bereiche:

a) Freundschaft mit Personen des anderen Geschlechts (»dating«),
b) zukünftiger Beruf (»future occupation«),
c) Schularbeiten (»school work«),
d) Geschlecht (»sex«),
e) Religion (»religion«).

Nye fand, daß diejenigen Kinder am seltensten delinquent wurden, deren Eltern sich bemühten, ihren Kindern alles zu erklären (vgl. Nye 1958, 151 f.).

Aus den hier wiedergegebenen Ergebnissen seiner empirischen Untersuchung zog Nye den Schluß, daß seine Theorie bestätigt worden sei (vgl. Nye 1958, 155). Die von ihm genannten »Bündel« von Kontrollen bewirken nach seiner Meinung, daß die Kinder nicht delinquent werden. Die Kontrollen entlasten sich gegenseitig, so daß etwa bei starken internen Kontrollen die direkten Kontrollen nicht so wirksam zu sein brauchen. »... the more efficient the provision that is made for meeting adolescent needs in institutionalized behavior patterns, the less need there is for control of any other type; the more effective are the mechanisms of indirect control the less need for direct control. The more effective are internalized controls, the less need there is of any other type« (Nye 1958, 156 f.).

Die von ihm gefundenen Ergebnisse sind nach Nye nicht nur für die ätiologische Fragestellung, sondern auch für die Prognose und Prophylaxe von Bedeutung. So könne man aus einer bestimmten Konstellation von Faktoren auf die potentielle Delinquenz der Kinder dieser Familie schließen und sei weiter in der Lage, indirekte und interne Kontrollen in ihrer Wirksamkeit zu erhöhen. Zusammen mit anderen Theorien könne diese Theorie dazu dienen, unser Wissen über die Faktoren, die zum Normbruch führen können, zu vervollkommnen (vgl. Nye 1958, 158).

Wir haben die Untersuchung von Nye (1958) hier ausführlich dargestellt, weil sie unserer Meinung nach zukunftsweisend für die kriminologische Forschung sein kann.

Nyes Arbeit und die für die Untersuchung von Nye und Short (1957, 326 ff.) entwickelte Methode haben in der kriminologischen Forschung starken Widerhall gefunden. Seit 1958 sind zahlreiche »self-report«-Untersuchungen veröffentlicht worden. Eine dieser Arbeiten von Dentler und Monroe (1961, 733 ff.) soll hier noch ergänzend zur Untersuchung von

Nye dargestellt werden. Diese Forscher überprüften einen Teil der von Nye gewonnenen Ergebnisse. Sie wollten feststellen, ob sich mit Hilfe der »self-report«-Methode auch die Delinquenz von Jugendlichen, die jünger waren als die Probanden der Arbeit von Nye, untersuchen lasse (vgl. Dentler und Monroe 1961, 733). Sie überprüften deshalb zehn- bis zwölfjährige Schüler und Schülerinnen der junior high schools. Mit ihrer Arbeit wollten sie eine Prognoseskala für Delinquenz gewinnen, die nicht nur für männliche, sondern auch für weibliche Jugendliche anwendbar sein sollte. Anders als Nye und Short waren Dentler und Monroe der Ansicht, daß eine Korrelation zwischen undifferenzierter Delinquenz und als kriminogen angesehenen Faktoren keine allgemein gültige Aussage zulasse. Vielmehr müßten die Zusammenhänge zwischen einzelnen delinquenten Verhaltensweisen wie Diebstahl und Raub und bestimmten Konstellationen soziologischer oder psychologischer Variablen überprüft werden. Beide Forscher wollten anhand einer empirischen Untersuchung feststellen, ob Diebstahl und die Stellung des Jugendlichen in der Spielgruppe (»peer group«), seine außerschulischen Tätigkeiten (»activities«), sein Selbstbild und die Art der Gemeinde, in der der Jugendliche, wohnt miteinander korrelieren (vgl. Dentler und Monroe 1961, 734).

Dentler und Monroe befragten alle Schüler der 7. und 8. Klasse in den junior high schools von drei Gemeinden in dem nordamerikanischen Bundesstaat Kansas – einer Vorstadt mit Einwohnern der Mittelschicht, einer ländlichen Gemeinde mit Farmen und einer Siedlung von Nichtfarmern auf dem Land. Sie bedienten sich der »self-report«-Methode, weil sich ihrer Ansicht nach damit genauere Ergebnisse als mit der Verwendung von Delinquenzstatistiken gewinnen lassen. Mögliche Fehlerquellen wie schichtspezifische Auffassungen über die Schwere eines delinquenten Verhaltens, die zu unterschiedlich scharfer Sanktion entsprechend der Schichtzugehörigkeit des Täters führen können, seien bei der »self-report«-Methode ausgeschlossen. Es ließe sich auch mit diesem Untersuchungsverfahren die Anzahl begangener Normbrüche genauer erfassen als mit kriminalstatistischen Daten.

Aus vierzehn in einem Fragebogen genannten Formen delinquenten Verhaltens wählten sie fünf Begehungsarten des Diebstahls für ihre Skala aus. Diesen Fragebogen ließen sie von den Probanden unter Zusicherung absoluter Anonymität beantworten. Bei einem im Abstand von zwei Wochen vorgenommenen Nachtest der Schüler aus der ländlichen Farmersiedlung wurden von den Jugendlichen fast dieselben Antworten gegeben – für Dentler und Monroe ein Beweis, daß sich mit dieser Methode genaue Daten ermitteln lassen. Die 912 Personen wurden zuerst entsprechend ihrer Zugehörigkeit zu den untersuchten Gemeinden in drei Stichproben (»samples«) auf Unterschiede überprüft. Im Anschluß daran faßten Dentler und Monroe die Schüler in einer Stichprobe zusammen. Danach stellten sie jeweils 50 delinquente mit 50 konformen Probanden, bei denen Alter, Geschlecht und familiäre Verhältnisse gleich waren, zu Paaren zusammen und überprüften sie auf die oben S. 71 genannten Zusammenhänge.

Dentler und Monroe (1961, 735f.) stellten bei ihrer Untersuchung fest: Jungen berichteten mit größerer Wahrscheinlichkeit von Diebstählen als Mädchen. Mit dem Alter der Probanden steigt die Anzahl begangener Diebstähle. In Familien mit mehreren Kindern neigen die jüngeren eher zum Diebstahl als die älteren. Keinen Zusammenhang konnten die beiden Forscher zwischen der Anzahl der von den Kindern begangenen Diebstähle und dem Beruf ihrer Väter feststellen (vgl. Dentler und Monroe 1961, 737). Diese Ergebnisse stimmen mit denen in Nyes Untersuchung überein.

Dentler und Monroe überprüften auch, inwieweit die Familie darauf Einfluß hat, ob die Kinder stehlen oder nicht. Sie isolierten einzelne Faktoren und stellten fest: Jugendliche, die sich in vielen Fällen delinquent verhalten hatten, besaßen weniger Vertrauen zu ihren Vätern und Müttern, hatten eine weniger starke Bindung an ihre Familie und fühlten sich häufig ungerechter in ihrer Familie behandelt als konforme Probanden (vgl. Dentler und Monroe 1961, 736). Ohne Bedeutung für die untersuchte Delinquenz ist nach Dentler und Monroe (1961, 737) die Berufstätigkeit der Mütter von Probanden.

Diese Ergebnisse der Untersuchung bestätigen unsere Ansicht über den Einfluß enger familiärer Beziehungen auf die Entwicklung delinquenter Verhaltensweisen bei Jugendlichen. Sie stimmen auch zum großen Teil mit den Ergebnissen von Nye überein.

Die Untersuchung von Nye scheint einen Weg zu weisen, wie man Zusammenhänge zwischen familiärer Sozialisation und Jugenddelinquenz besser überprüfen kann. Nye geht von einem ähnlichen theoretischen Ansatz aus wie er hier für die Erklärung abweichenden Verhaltens vorgeschlagen wurde. Allerdings sind etwa die von Nye als Teile der sozialen Kontrolle bezeichnete Bedürfnisbefriedigung des Jugendlichen und das affektive Klima der Familie nach unserer Ansicht nur Faktoren sozialer Kontrolle und nicht die soziale Kontrolle selbst, die wir als Normaktualisierung sehen. Es ist aber Nye darin zuzustimmen, daß diese Faktoren die Entwicklung abweichender Verhaltensweisen beeinflussen können. Nye geht es darum, Ursachen der Delinquenz aufzudecken. In seiner Untersuchung beschränkt er sich zu Recht auf die Sozialisation in der Familie und die ihren Verlauf bestimmenden Faktoren. Er übernimmt die Erkenntnisse anderer »anthropologisch orientierter« Wissenschaften, die gerade dem Formungsprozeß in der Familie so große Bedeutung für die

Entwicklung des Verhaltens zumessen. Nicht genügend berücksichtigt Nye aber, daß der Jugendliche während seiner Entwicklung auch dem Einfluß anderer Gruppen als der Familie unterliegt, die den Prozeß der familiären Sozialisation hemmen oder fördern können. Gerade solche Einflüsse anderer Gruppen auf die Familie sollten in weiteren Untersuchungen mit berücksichtigt werden. Wichtig wäre es daher zu wissen, inwieweit die Erziehung in einer Familie der Unterschicht durch den Schulbesuch und den dort möglichen Kontakt von Kindern mit Mitgliedern anderer Schichten beeinflußt wird. Außerfamiliäre soziale Kontrolle kann funktional oder dysfunktional für die Normübernahme in der Familie sein.

Die von Nye in seiner Arbeit verwendete »self-report«-Methode ist ein wirksamer Versuch, genaue Daten über begangene Normbrüche zu erhalten. Seine Methode hat – wie bereits oben S. 70 erwähnt – großen Widerhall gefunden. Bedenken bestehen jedoch, wie Dentler und Monroe zu Recht hervorheben, gegenüber dem Versuch, Korrelationen zwischen einer nicht nach einzelnen Delikten aufgegliederten Delinquenz und Faktoren der familiären Sozialisation herzustellen. Nyes Ergebnisse müssen auch aus einem weiteren Grund kritisch betrachtet werden: Er unterscheidet die delinquenten Probanden nach der Anzahl der von ihnen im Fragebogen angegebenen begangenen Delikte in die Gruppe der »most delinquents« und der »least delinquents«. Dabei sah er auch solche Verhaltensweisen als delinquent an, die nicht unbedingt schon staatliche Sanktionen auslösen, sondern als Vorstufen späterer Delinquenz – wie etwa Diebstahl und Raub – von Jugendlichen angesehen werden können. Es ist einsichtig, daß die Auffassung darüber, welches Verhalten als »Vorstufe« künftiger Jugenddelinquenz und Kriminalität Erwachsener betrachtet wird, unterschiedlich ist. Allerdings sollten solche im »Vorfeld« der Delinquenz liegende Verhaltensweisen nicht aus der Untersuchung ausgeschlossen werden.

In weiteren Arbeiten sollte – worauf Dentler und Monroe schon hinwiesen (1961, 733) – untersucht werden, ob die Zusammenhänge zwischen den von Nye benannten Faktoren und der Jugenddelinquenz auch bei Jugendlichen anderer Altersgruppen nachzuweisen sind. Es sollte dabei auch die Jugenddelinquenz in Großstädten überprüft werden (vgl. Reckless 1961, 345 f.).

7. Abschnitt: Die Theorie der »Attraktion« (»attraction«) der Familie als Delinquenzkontrolle des Jugendlichen von Gold

Ein anderes Erklärungsmodell delinquenten Verhaltens, das teilweise auf dem Konzept der sozialen und personalen Kontrolle aufbaut, stammt von Gold (1963). Er überprüfte seinen theoretischen Ansatz in einer empirischen Untersuchung. Gold ging es in seiner Arbeit um eine sozialpsychologische Erklärung des überdurchschnittlich hohen Anteils Jugendlicher aus der unteren Schicht an der Gesamtdelinquenz (1963, 4 ff.).

Ausgangspunkt seiner Untersuchung ist die für die Persönlichkeitsformung und die Entwicklung sozialer Verhaltensmuster bedeutsame soziale Stellung des Menschen in der Gesellschaft. Diese ist durch die Zugehörigkeit zu einer Schicht festgelegt. Gold wollte in seiner Untersuchung überprüfen, inwieweit die Zugehörigkeit zu einer bestimmten Schicht für kriminogene Haltungen, die mit großer Wahrscheinlichkeit zu Delinquenz führen, verantwortlich ist.

Nach dem feldtheoretischen Ansatz von Gold sind provokative Kräfte (»provocations«) und Kontrollen (»controls«) ursächlich für die Jugenddelinquenz. Entsprechend diesem kriminologischen Erklärungsmodell kommt es zu delinquenten Handlungen, wenn schwache Kontrollen den Jugendlichen nicht vor provokativen Kräften ausreichend schützen können. Diese Vorstellung über die Ursache der Delinquenz will Gold (1963, 19) als Teil eines multi-faktoriellen Ansatzes verstanden wissen. Gold geht von der Hypothese aus, daß eine wichtige Determinante der Kontrolle des einzelnen über einen anderen oder der Gruppenkontrolle über den einzelnen die »Attraktion« ist, mit der Kontrollierender oder die Kontrolle ausübende Gruppe Einfluß auf das Objekt der Kontrolle nehmen können. »Attraction, a positive attitude of boy toward a source of influence, is assumed to be the foundation of effective control« (Gold 1963, 13).

Die Ursachen solcher »Attraktion« von Gruppen überprüfte Gold bei den Gemeinden (»community«), in denen die untersuchten Personen lebten und bei der Familie, aus der die Probanden stammten.

Für die vorliegende Arbeit erscheint es uns richtig, nur auf den Teil der Untersuchung von Gold einzugehen, der die »Attraktion« der Familie und ihre Bedeutung für die Delinquenz der Kinder aus dieser Familie überprüft, zumal Gold selbst feststellt, daß den Ergebnissen über den Einfluß der »Attraktion« der Gemeinde auf die Delinquenz keine signifikante Bedeutung zukommt. Nach Ansicht von Gold ist die Familie für den Jugendlichen dann attraktiv, wenn sie seine physischen, psychischen und sozialen Bedürfnisse zu befriedigen vermag. »The attractiveness of a family group, ..., depends upon the extent to which it meets a son's needs« (Gold 1963, 39).

Zu den sozialen Bedürfnissen der Kinder gehört der Wunsch nach Prestige, das von dem Beruf des Vaters und damit dessen Zugehörigkeit zu einer Schicht abhängt (vgl. Gold 1963, 22). Damit will Gold einen Weg zeigen, wie man Beziehungen zwischen Schichtzugehörigkeit und Delinquenz überprüfen kann.

Für seine Untersuchung wählte Gold die 200 000 Einwohner zählende Stadt Flint in Michigan aus. Diese Gemeinde hatte keine Elendsviertel und eine für den Staat Michigan mittlere Delinquenzrate. Vom November 1957 bis zum Mai 1958 untersuchte Gold die weißen (»caucasian«) Schüler von staatlichen Schulen im Alter von 12 bis 16 Jahren. Gold überprüfte die Schüler danach, ob sie bei der für Jugenddelinquenz in Flint zuständigen Behörde, dem Jugendbüro, bekannt waren. In der Stichprobe unterschied Gold zwei Gruppen von Delinquenten: Die »Wiederholungstäter« (»repeated delinquents«) hatten in den letzten drei Jahren vor der Untersuchung mindestens zwei Delikte schwerer Art wie Raub, Überfall und Brandstiftung begangen. Die »Zufallstäter« waren im gleichen Zeitraum vom Jugendbüro nur einmal bestraft worden. Diesen delinquenten Schülern stellte Gold als Kontrollgruppe Schüler gegenüber, die bisher nicht auffällig geworden waren. Weiter unterschied Gold die Jugendlichen danach, welchen Beruf ihr Vater oder der jeweilige Ernährer in der Familie der Probanden ausübte. Er differenzierte hierfür nach »White collar«-Berufen, gelernten und angelernten oder ungelernten Arbeitern.

Zuerst wurden die 229 Probanden einzeln interviewt. Danach mußten sie in der Schule gemeinsam Fragebögen ausfüllen. Im Anschluß daran wurden die Eltern einzeln wie die Jugendlichen von Interviewern, die jeweils dem gleichen Geschlecht angehörten, befragt.

Gold erhielt in seiner Untersuchung über die »Attraktion« der Familie folgende Ergebnisse: Die Familie ist eine primäre Quelle sozialer Kontrolle im Leben eines Jungen (vgl. Gold 1963, 123). Die Familie der Unterschicht ist für den Jugendlichen aus diesen Familien weniger anziehend als die Familie der Oberschicht für die aus ihr stammenden Kinder, denn sie kann in der Regel nicht alle Bedürfnisse der Jugendlichen voll befriedigen. Die geringere Kontrolle kann die größere Zahl von Delinquenten aus der Unterschicht erklären.

Gestützt auf Erkenntnisse der Psychoanalyse maß Gold der Vater-Sohn-Beziehung große Bedeutung für das Maß an »Attraktion« der Familie für den Jugendlichen zu (1963, 125). Männliche Jugendliche identifizieren sich häufiger mit ihren Vätern als mit ihren Müttern. Ein Vater übt auf seinen Sohn dann viel Einfluß aus, wenn er durch seinen Beruf einer höheren Schicht angehört, in seinem Beruf erfolgreich ist und in der Familie viel Macht besitzt (vgl. Gold 1963, 128). Die Art der Disziplintechnik, der sich der Vater gegenüber seinem Sohn bedient, bestimmt nach Gold (1963, 128) ebenfalls das Maß an »Attraktion« bzw. an kontrollierendem Einfluß. Als Maßstab zur Bestimmung der »Attraktion« einer Familie für die aus ihr stammenden Jungen wählte Gold das Ausmaß an gemeinsamen Unternehmungen (»activities«) von Eltern und Kindern. Er stellte entsprechend den obigen Ergebnissen fest, daß die Delinquenten weniger oft mit ihren Eltern etwas gemeinsam unternahmen als die konformen Probanden der Kontrollgruppe. Das gilt nach Gold (1963, 130 ff.) sowohl für die Gemeinsamkeit von Tätigkeiten zwischen Vater und Sohn als auch zwischen der Mutter und ihrem Sohn. Delinquente – so stellte Gold fest – vertrauen sich dementsprechend auch leichter gleichaltrigen Freunden als ihren Eltern an. Bei den nicht delinquenten Schülern kam er zu einem entgegengesetzten Ergebnis (vgl. Gold 1963, 131). Die Väter von Delinquenten erklären demgemäß auch, sie hätten nur wenig Einfluß auf ihre Söhne. Die nicht so engen Beziehungen zwischen Vätern und delinquenten Söhnen führen nach den Feststellungen Golds auch dazu, daß die Delinquenten wenig Neigung zeigten, ihrem Vater nachzueifern und etwa dessen Beruf zu ergreifen. Gold stellte weiter fest, daß das Maß an Prestige, das die Väter durch ihren Beruf besitzen, das Ausmaß an Einfluß bestimmt, den sie in der Familie über ihre Söhne haben.

Umgekehrt gelingt Gold (1963, 141) jedoch der Nachweis nicht, daß Eltern als delinquente Vorbilder soviel Einfluß gewinnen, daß ihre Söhne ebenfalls sich delinquent verhalten.

Bei der Untersuchung elterlicher Disziplintechniken delinquenter und nicht delinquenter Probanden stellte Gold (1963, 144) fest, daß Eltern von Wiederholungstätern häufig physische Strafen und Privilegienentzug verwendeten, die Eltern anderer Probanden erklärten statt dessen ihren Kindern die Gründe für die verhängten Sanktionen. Schichtspezifische Unterschiede bei den Diziplintechniken findet Gold nicht (1963, 146 f.).

Golds Untersuchung weist ebenso wie die Arbeit von Nye (1958) auf die Bedeutung guter affektiver Beziehungen zwischen Eltern und Kindern für die Entwicklung konformer Verhaltensweisen bei diesen Jugendlichen hin. Auch Gold ist der Ansicht, daß das Maß an sozialer Kontrolle, dem der Jugendliche in der Familie ausgesetzt ist, wesentlichen Einfluß darauf hat, ob dieser delinquent wird oder nicht. Allerdings sieht auch Gold die soziale Kontrolle nicht als Prozeß der Normaktualisierung, sondern als das Verhalten kontrollierenden Einfluß. Zu Recht erkennt Gold, daß das Maß dieses Einflusses davon abhängt, wieweit die Kontrollperson die Bedürfnisse des Kontrollierten befriedigen kann. Gold geht es darum, Zusammenhänge zwischen Schichtzugehörigkeit und Delinquenz herzustellen. Gold bewertet in seiner Arbeit die Befriedigung materieller Bedürfnisse höher als die Befriedigung psychischer und sozialer Bedürfnisse. Dieser unterschiedlichen Bewertung können wir uns nicht anschließen. Unserer Ansicht nach hat die Befriedigung psychischer und sozialer Bedürfnisse zumindest gleich große Bedeutung für die Verhaltensentwicklung wie die materielle Bedürfnisbefriedigung. Die von Gold überprüften Faktoren, die die sozialen Beziehungen in der Familie beeinflussen können, müßten in einer weiteren Arbeit durch die Untersuchung weiterer Faktoren ergänzt werden. So ist die Unterscheidung der Disziplintechniken bei Gold auch zu wenig differenziert, um eindeutige Zusammenhänge zwischen den Erziehungstechniken in der Familie und Jugenddelinquenz nachweisen zu können.

8. Abschnitt: Soziale Kontrolle und abweichendes Verhalten: Zusammengefaßte Kritik an den dargestellten kriminologischen Untersuchungen

Soziale Kontrolle ist nach unserer Auffassung ein Prozeß der Normaktualisierung im Interaktionsgeschehen. Durch positive und negative Sanktionen werden Normen in das Bewußtsein des einzelnen gehoben. Dadurch wird das Verhalten korrigiert und die Verinnerlichung von Normen unterstützt. Die Internalisierung von Verhaltensregeln fördert auch den Aufbau eines internen Sanktionssystems, das die personale Kontrolle wirksam macht. Die soziale Kontrolle ist somit funktional für die Entwicklung und Steuerung des Verhaltens. Die sozio-kulturelle Persönlichkeit wird geprägt durch eine Reihe von individuellen Verarbeitungsprozessen, wobei der sozialen Kontrolle eine wichtige Funktion zukommt.

Da die Sozialisation nicht nur das Erlernen von institutionellen Normen wie die Inhalte der Strafgesetze einschließt, sondern auch die Verinnerlichung zahlreicher sozialer Verhaltensregeln umfaßt, sind wir in dieser Arbeit von dem engen, am Strafrecht ausgerichteten Normbegriff abgegangen und haben das abweichende Verhalten in den Mittelpunkt unserer Arbeit gerückt. Abweichendes Verhalten im strafrechtlichen Sinn liegt vor, wenn institutionelle Normen derartig verletzt werden, daß staatliche Sanktionen die Folge sind. »... they acquire their specifically delinquent character by being typically treated as violations of official norms by representatives of the official system« (Cloward und Ohlin 1966, 3). Diese Auffassung über das Wesen delinquenten Verhaltens erscheint uns zu eng und wird auch etwa von Nye (1958) nicht geteilt. Wir verwenden in der vorliegenden Arbeit Delinquenz im Sinne von Jugenddelinquenz. Jugenddelinquenz ist der Bruch strafrechtlicher Normen durch Personen, die wegen ihres Alters noch nicht unter das Strafgesetz fallen und jede Verhaltensweise, die nach Auffassung der zuständigen Behörde des jeweiligen Staates und/oder nach den Erkenntnissen des jeweils untersuchenden Kriminologen die Entwicklung krimineller Verhaltensmuster begünstigt. Abweichendes Verhalten haben wir in dieser Arbeit im gleichen Sinne gebraucht.

Wenn wir versuchten, die Delinquenz Jugendlicher mit Hilfe des Konzepts der sozialen Kontrolle zu erklären, so gingen wir davon aus, daß abweichendes Verhalten Teil des gesamten Sozialverhaltens ist. Es ist somit nicht etwas qualitativ anderes. Auch die heutige kriminologische

Wissenschaft sieht delinquentes Tun in zunehmendem Maße als ein Problem der Nonkonformität (Bianchi 1956) an. Der Normbruch als konflikthaftes Geschehen wird nur vor dem Hintergrund einer allgemeinen Konformität der Gruppe sichtbar und verständlich. Das Phänomen der Delinquenz ist somit nicht zuletzt ein Problem des nonkonformen Verhaltens: »The biggest scientific handicap heretofore in the study of criminal and delinquent behavior, or of criminals and delinquents has been the lack of knowledge about conforming and non-conforming behavior and of conformists and non-conformists to the various rules of conduct. What are the situational and personality differentials of conforming behavior and conformists, non-conforming behavior and non-conformists, and violation of criminal codes and criminals? In a behavior continuum, if such exists, or in behavior gradient, where do behavioral offenders or criminals fail?« (Reckless 1963, 638; vgl. auch Würtenberger 1963, 89, 90.)

Dieser Ansatz hat unserer Ansicht nach den Vorteil, die Ursachen der Delinquenz besser und sachgerechter zu erfassen, als es bisher geschehen ist. Delinquentes Tun ist nicht völlig vom Normalverhalten zu trennen, beide Verhaltensformen haben ihren Ursprung im Sozialisationsprozeß. »... deviance and conformity generally result from the same kinds of social condition« (Cloward und Ohlin 1966, 37; vgl. auch Cohen 1962, 463).

Wenn wir von diesem Standort aus die dargestellten kriminologischen Untersuchungen kritisch überprüfen, kommen wir zu dem Schluß: Die Forscher, die die soziale Kontrolle zur Erklärung der Delinquenz herangezogen haben, weisen den richtigen Weg für eine fruchtbare Weiterentwicklung der Wissenschaft vom Verbrechen. Bei der Verwendung des Konzepts der Anomie müßte jedoch in Zukunft berücksichtigt werden, daß die Delinquenz nicht nur ein gesellschaftliches, sondern auch ein individuelles Problem ist. Solange unter Anomie fast ausschließlich ein Zusammenbruch von Gruppennormen verstanden wird, kann der Normbruch des einzelnen nicht in zureichendem Maß erklärt werden. Gesellschaftliche Strukturen werden von den Menschen individuell verarbeitet. Nicht allein die ungünstigen Verhältnisse der sozialen Umwelt, sondern auch die Auseinandersetzungen mit ihr lösen häufig delinquentes Handeln aus. Es sollten daher nicht mehr allein die »klassischen« kriminogenen Ursachen, wie etwa die Armut, sondern alle jene Faktoren, die im Sozialisationsprozeß die Verhaltensentwicklung beeinflussen, untersucht werden.

Die Sozialisation hat in den verschiedenen Gruppen, denen der Mensch im Lauf seines Lebens angehört, einen unterschiedlichen Einfluß auf die Entwicklung der soziokulturellen Persönlichkeit des einzelnen. Der anomische Zustand der »Gesamtgesellschaft« scheint nach unserer Auffassung nicht die Bedeutung für das Verhalten des Menschen zu besitzen, die ihm von Durkheim (1960), Merton (1959) und den anderen Vertretern der Anomie-Theorie beigemessen wird. Es sind vielmehr die Primärgruppen wie die Familie und die darin wirksamen Normübernahme- und Normaktualisierungsprozesse, die das Verhalten weitgehend festlegen. Für eine Ätiologie des Verbrechens ist wahrscheinlich in vielen Fällen die Analyse der Sozialisation und sozialen Kontrolle in der Familie des Delinquenten bedeutsamer als eine Untersuchung der Einflüsse der »Gesamtgesellschaft«, auch wenn die Familie und ihre Struktur von dieser »Gesamtgesellschaft« geprägt werden. Denn – wie wir bereits dargestellt haben – haben die gefühlsmäßigen Beziehungen zwischen Normabsender und Normadressaten wesentlichen Einfluß auf die Art der Normverinnerlichung und Verhaltensentwicklung. Diese haben aber in einer Kleingruppe größeres Gewicht als in den sozialen Beziehungen innerhalb der »Gesamtgesellschaft«.

Wie die vorgegebene soziale Umwelt vom einzelnen verarbeitet wird, hängt zum großen Teil davon ab, welche Haltung der Mensch gegenüber seiner Umwelt einnimmt und welche Haltung ihm gegenüber im sozialen Bereich eingenommen wird. Die funktionale Wirkung sozialer Kontrolle ist weitgehend die Folge eines der sozialen Entwicklung adäquaten affektiven Klimas. Nur Jaffe (1963) bezieht die menschlichen Haltungen in das Konzept seiner Anomietheorie ein. Nach seiner Auffassung setzt die Identifikation der Kinder mit den Eltern gute emotionale Beziehungen voraus, ihr Mangel weist hingegen auf eine familiale Anomie hin.

Auch die von Reckless als »Kontrolltheorien« bezeichneten kriminologischen Erklärungsmodelle sind nur zum Teil geeignet, den behaupteten Zusammenhang zwischen dem Mangel an sozialer und/oder personaler Kontrolle und der Delinquenz Jugendlicher nachzuweisen. Weder Redl und Wineman (1960) noch Reiss (1951/52) und Reckless (1956; 1961) haben unserer Auffassung nach genügend erkannt, worin das Wesen der sozialen Kontrolle besteht und welche Funktion ihr bei der Entwicklung und Steuerung sozialen Verhaltens zukommt. Nur Nye (1958) und Gold (1963) verwendeten ein dem hier vertretenen Ansatz verwandtes Konzept der sozialen Kontrolle. In den bisherigen Untersuchungen sind ferner die Faktoren, die nach unserer Ansicht die Wirkung der sozialen Kontrolle beeinflussen, oft nicht ausreichend überprüft worden. Nur Nye und zum Teil Gold haben unseres Wissens die wichtigsten Faktoren auf ihre jeweilige kriminologische Relevanz untersucht. In künftigen Untersuchungen müßte auch der von uns behauptete Zusammenhang zwischen dem dysfunktionalen Verlauf von Kontrollvorgängen bei der Normübernahme und späterer Delinquenz genau überprüft werden. Auch die funktionale Bedeutung von Lohn und Strafe als Mittel der sozialen Kontrolle wurde in der bisherigen kriminologischen Forschung nicht genügend beachtet. In diesem Zusammenhang müßten u. a. die Erkenntnisse der Lerntheorie bei neueren Forschungen stärker berücksichtigt werden. Es ist bekannt, daß die Delinquenz auch auf dysfunktional wirkende Strafen zurückgeführt werden kann. Nicht erforscht hat man aber bis jetzt, ob nicht auch Belohnungen delinquentes Tun auslösen können.

In den dargestellten Arbeiten wurden von Redl und Wineman (1960), Reis (1951/52), Reckless (1961), Reckless und Shoham (1963) sowie Nye (1958) Zusammenhänge zwischen der Existenz sozialer und dem Wirken personaler Kontrolle bejaht. Nicht genügend geklärt wurde aber die Frage, welche Elemente des Persönlichkeitsbildes zur personalen Kontrolle gehören. Die Ansicht von Redl und Wineman (1960), wonach die Über-Ich-Kontrolle dem Gewissen gleichzusetzen ist, und die Meinung von Reckless über das Selbstkonzept werden von der Wissenschaft nicht voll geteilt. In den genannten Untersuchungen wurde mit Ausnahme derjenigen von Nye (1958) und Gold (1963) auch nicht genügend die Tatsache berücksichtigt, daß der Mensch entscheidend in der Familie geprägt wird, und daß Wirkung und Verlauf der sozialen Kontrolle in der Familie im Hinblick auf späteres delinquentes Verhalten bisher noch nicht hinlänglich von Kriminologen erforscht worden sind. Erst Nye (1958) und zum Teil auch Gold (1963) haben besonders die Kontrollstrukturen in der Familie auf ihre Bedeutung für die Delinquenz der aus dieser Familie stammenden Jugendlichen überprüft.

Mehr als bisher müssen neben den von den Eltern verwendeten Disziplin-Techniken die elterlichen Haltungen gegenüber ihren Kindern in die kriminologischen Untersuchungen einbezogen worden. Es wurde schon oben S. 32 darauf hingewiesen, daß die gefühlsmäßigen Beziehungen entscheidend die Wirkung der positiven und negativen Sanktionen auf die Normübernahme beeinflussen. Nicht nur die Art der Strafe, sondern auch das affektive Klima in der Familie entscheidet mit über den Verlauf des Sozialisationsprozesses.

Die empirischen Forschungen sind häufig mit unzureichenden Methoden an einer oft zu kleinen Zahl von Probanden vorgenommen worden. Die Testpersonen sind zum Teil nur Jugendliche, die schon einmal straffällig geworden waren oder durch ihre Verhaltensweisen in der Gesellschaft aufgefallen waren (vgl. Reiss 1951, 1952; Redl und Wineman 1960; Gold 1963). Durch das Einbeziehen einer Kontrollgruppe aus der Gesamtpopulation in die Untersuchung gewänne man sicher allgemeingültigere Aussagen über die Faktoren der Delinquenz. Bei einem Vergleich der Sozialisationsprozesse, denen die Delinquenten und die Nicht-Delinquenten bisher ausgesetzt waren, könnten sich vielleicht bestimmte Faktorkombinationen ergeben, die abweichendes Verhalten begünstigen.

4. Kapitel: Anwendungsmöglichkeiten des Konzepts der sozialen Kontrolle in der Kriminologie

Die soziale Kontrolle kann in verschiedener Weise die Faktoren abweichenden Verhaltens zu erklären helfen. Die folgende Darstellung der verschiedenen Anwendungsmöglichkeiten des Konzepts der Normaktualisierung für die Kriminologie berücksichtigt auch diejenigen Erklärungsmodelle, die bisher entweder nur selten oder überhaupt nicht untersucht worden sind.

1. Abweichendes Verhalten kann darauf zurückgeführt werden, daß in einer Gruppe der Sozialisationsprozeß nicht durch soziale Kontrolle überwacht und gesteuert wird. Es besteht nur ein loser Kontakt zwischen den Gruppenmitgliedern, Belohnungen und Strafen für ein Verhalten gibt es nicht. Der Mangel an sozialer Kontrolle bewirkt eine nur mangelhafte oder ganz fehlende Normverinnerlichung und kann dadurch Ursache abweichenden Verhaltens sein (vgl. Nye 1958, 3; Gold 1963, 123, 124; Hellmer 1963, 204; Hellmer 1966, 13, 114). So wies Reiss (1951, 200) nach, daß die Jugendlichen aus Familien mit intensiver sozialer Kontrolle seltener rückfällig wurden als die Jugendlichen aus Familien mit schwacher sozialer Kontrolle.

2. Abweichendes Verhalten kann auch die Folge davon sein, daß der Normbruch zwar die soziale Kontrolle der Umwelt auslöst, die Normaktualisierung aber wirkungslos bleibt, weil die Norm vom Normadressaten nicht mehr als verbindliche Verhaltensregel anerkannt wird (vgl. Nye 1958, 3). So kann es geschehen, daß einem Kind die Familiennormen zwar durch Aktualisierung noch bewußt werden, es sich aber nicht mehr nach ihnen richtet, weil familienfremde Personen Bezugspersonen des Kindes geworden sind, nach denen allein es sein Verhalten bestimmt. Lohn und Strafe wirken in diesen Fällen im sozialen Lernprozeß der Familie nicht mehr funktional.

3. Das abweichende Verhalten kann auch darauf zurückzuführen sein, daß trotz der Existenz sozialer Kontrollen kein internes Sanktionssystem aufgebaut wird, weil die Normen nicht verinnerlicht worden sind. Auf das Problem der »Entmachtung des Gewissens« wollen wir hier nicht näher eingehen (vgl. Hupperschwiller 1969, 101 ff.). Es fehlt an der personalen Kontrolle, um den Normbruch zu verhindern, wenn die soziale Kontrolle versagt (vgl. Nye 1958, 6; Johnson 1958, 225 ff.; Reckless 1961, 355). Es sind keine internen Sanktionen wie Schuldgefühle vorhanden, die die verletzte Norm in das Bewußtsein heben können. Redl und Wineman (1960, 209) stellten fest, daß abweichendes Verhalten von übermäßig aggressiven Kindern auf den Mangel von Ich-Kontrollen zurückzuführen ist. Diese

können – ebenso wie das Selbstbild von Reckless – als Teil der personalen Kontrolle angesehen werden.

4. Delinquentes Verhalten läßt sich auch dadurch erklären, daß zwar personale Kontrollen vorhanden sind, die aber durch Neutralisationstechniken nicht wirksam werden können. Interne Sanktionssysteme vermögen in diesem Fall das menschliche Verhalten nicht zu steuern. Der einzelne rationalisiert oder neutralisiert bei einem Normbruch die aufkommenden Schuldgefühle. Ein Kind stellt seine Bedenken gegen einen Diebstahl zurück und denkt stattdessen an den Genuß der zu stehlenden Sache.

5. Abweichendes Verhalten kann auch die Folge dysfunktionaler Wirkungen des Sozialisationsprozesses und der damit verbundenen sozialen Kontrolle sein. Die Strafe ist eine pädagogische Maßnahme und besitzt eine verhaltensändernde Funktion (vgl. Frankl 1935, 41). Sie löst beim Bestraften aggressive Gefühle aus. Wird die Aggression zu stark, führt die Normaktualisierung zu keiner Änderung des Verhaltens. Die Normen, die in das Bewußtsein gehoben werden, werden nicht mehr als verpflichtende Verhaltensregeln anerkannt. Ein Kind, das wegen eines von ihm als unwichtig angesehenen Deliktes bestraft wird, nimmt die Strafe vielleicht nicht an, weil es sie als ungerecht empfindet. Es wird dann sein Verhalten trotz der Bestrafung nicht ändern.

Dysfunktional wirken auch Lohn und Strafe, wenn durch die Sanktionen nicht die richtige Norm aktualisiert wird. Das Kind erfährt gar nicht, daß sein Verhalten von der Umwelt mißbilligt oder besonders gelobt wird. Nye (1958, 84) stellt fest, daß Kinder aus den Familien weniger häufig delinquent werden, in denen die Eltern den Sinn einer Strafe oder Belohnung erklärten, so daß deshalb die Sanktionen keine dysfunktionalen Wirkungen haben konnten.

6. Abweichendes Verhalten kann seine Ursache auch darin haben, daß die soziale Kontrolle einer delinquenten Gruppe sehr wirksam das Verhalten ihrer Mitglieder beeinflußt (vgl. Cohen 1961, 7; Thrasher 1927; Whyte 1943 nach Homans 1960, 171; Gold 1963, 141). Ein Jugendlicher kann etwa durch eine Normverletzung die Anerkennung der Mitglieder einer Straßenbande zu gewinnen versuchen. Die Aktualisierung der in der Bande geltenden Norm löst demnach Delinquenz aus (vgl. Staub 1965, 31).

Alle diese Erklärungsmodelle bedürfen jedoch der empirischen Überprüfung. Sie könnten vielleicht Aufschluß über einige Phänomene der Jugenddelinquenz geben. Wenn wir an die vielfachen Anwendungsmöglichkeiten des Konzepts der sozialen Kontrolle für die kriminologische Forschung denken, so dürfte feststehen, daß jenes Konzept einen bedeutsamen Weg eröffnet, um eine Reihe von bisher ungelösten Fragen der Jugendkriminalität mehr und mehr aufzuhellen.

Literaturverzeichnis

Abkürzungen:

AJS American Journal of Sociology
ASR American Sociological Review
KZFSS Kölner Zeitschrift für Soziologie und Sozialpsychologie

Ackermann, Nathan W.: The psychodynamics of family life. Diagnosis and treatment of family relationships; Publishers, New York, 4. Aufl., 1959 (1. A. 1958). – *Adorno, Theodor W. (Ed):* The authoritarian personality; Harper & Row, New York/Evanston/London, 1950. – *Allport, Gordon W.:* Persönlichkeit. Struktur, Entwicklung und Erfassung der menschlichen Eigenart; Hain, Meisenheim, 2. Aufl., 1959 (1. A. 1949). – *Andry, Robert G.:* Delinquency and parental pathology. A study in forensic and clinical psychology; Methuen, London, 1960.
Baldwin, Alfred L.; James Kalhorn; F. H. Breese: Patterns of parental behavior; in: Psychological Monographs, No. 58, 1945. – *Bakke, E. Wight:* The cycle of adjustment to unemployment; in: Bell, Norman W.; Ezra F. Vogel (Eds.): A modern introduction to the family; The Free Press of Glencoe, Glencoe/Ill., 2. Aufl., 1960 (1. A. 1960); 112–125. – *Bell, Norman W.; Ezra F. Vogel (Eds.):* A modern introduction to the family; The Free Press of Glencoe, Glencoe/Ill., 1960. – *Bell, Robert R. (Ed.):* The sociology of education. A source book; Dorsey Press, Homewood/Ill., 1962. – *Bennett, John W.; Melvin M. Tumin:* Social life. Structure and function. An introductory general sociology; Knopf, New York, 1949. – *Bernard, Luther L.:* Social control in its sociological aspects; New York, 1939. – *Bernsdorf, Wilhelm; Friedrich Bülow (Hrsg.):* Wörterbuch der Soziologie; Enke, Stuttgart, 1955. – *Bianchi, H.:* Position and subject-matter of criminology. Inquiry concerning theoretical criminology; North Holland Publishing, Amsterdam, 1956. – *Bishop, Barbara M.:* Mother-child interaction and the social behavior of children; in: Psychological Monographs, No. 328, 1951. – *Boas, Franz:* The aims of anthropological research; in: Science, vol. 76, 1932; 605–613. – *Bohl, Franz:* Das Problem der körperlichen Strafe in der Erziehung; Linck, Haag an der Amper, 1949. – *Bordua, David J.:* Hauptrichtungen in Theorie und Erforschung der Jugendkriminalität in den USA seit 1930; in: Sonderheft 2 der KZFSS: Soziologie der Jugendkriminalität; 1957; 156–188. – *Bordua, David J.:* Juvenile delinquency and anomie: An attempt at replication; in: Social Problems, vol. 6, 1958; 230–238. – *Borgatta, Edgar F.; Henry J. Meyer (Eds.):* Social control and the foundations of sociology. Pioneers contributions of Edward Alsworth Ross to the study of society; Beacon Press, Boston, 1959. – *Bossard, James H. S.:* The sociology of child development; Hapers, New York/London, 2. Aufl., 1960 (1. A. 1948). – *Bossard, James H. S.; Eleanor S. Boll:* Family situations. An introduction to the study of child behavior; University of Pennsylvania Press, Philadelphia, 1943. – *Bowlby, John:* Maternal care and mental health. A report prepared on behalf of the World Health Organization as a contribution to the United Nations programme for the welfare of homeless children; World Health Organization Monograph Series, No. 2, Genf, 8. Aufl., 1957 (1. A. 1951). – *Bowlby, John:* Über das Wesen der Mutter-Kind-Beziehung; in: Psyche, Jg. 13, 1959/1960; 415–456. – *Brearley, Henry C.:* The nature of social control; in: Sociology and Social Research, vol. 28, 1943; 95–102. – *Bronfenbrenner, Urie:* Socialization and social class through time and space; in: Maccoby, Eleanor E.; Theodore M. Newcomb; Eugene L. Hartley

(Eds.): Readings in social psychology; Holt/Rinehart/Winston, New York, 1958; 400 to 425. – *Brückner, Günther:* Die Jugendkriminalität. Erscheinungsformen, Ursachen, Behandlung; Kriminalistik, Hamburg, 2. Aufl., 1963 (1. A. 1956). – *Burt, Cyril:* The young delinquent; University of London Press, Bickley/Kent, 4. Aufl., 1945 (1. A. 1925).

Carr, Lowell J.: Delinquency control; Harpers, New York, 3. Aufl., 1950 (1. A. 1940). – *Child, Irvin L.:* Socialization; in: Lindzey, Gardner (Ed.): Handbook of social psychology, vol. 2: Special fields and applications; Addison Wesley Publishing, Cambridge/Mass., 1956 (1. A. 1954); 655–692. – *Claessens, Dieter:* Familie und Wertsystem. Eine Studie zur »zweiten sozio-kulturellen Geburt« des Menschen; Duncker & Humblot, Berlin, 2. Aufl., 1967 (1. A. 1962), Soziologische Abhandlungen. Sozialwissenschaftliche Schriftenreihe der Wirtschafts- und Sozialwissenschaftlichen Fakultät der Freien Universität Berlin, hrsg. von Claessens, Dieter; Renate Mayntz-Trier; Otto Sammer; H. 4. – *Clinard Marshall B.:* Sociology of deviant behavior; Rinehart, New York, 1957. – *Clinard, Marshall B.:* Criminological research; in: Merton, Robert K.; Leonard Broom; Leonard S. Cottrell jr. (Eds.): Sociology today. Problems and prospects; Publishers, New York, 5. Aufl., 1962 (1. A. 1959). – *Clinard, Marshall B.:* The theoretical implications of anomie and deviant behavior; in: Clinard, Marshall B. (Ed.): Anomie and deviant behavior. A discussion and critique; The Free Press of Glencoe, Glencoe/Ill., 1964; 1–56. – *Clinard, Marshall B. (Ed.):* Anomie and deviant behavior. A discussion and critique; The Free Press of Glencoe, Glencoe/Ill., 1964. – *Cloward, Richard A.; Lloyd E. Ohlin:* Delinquency and opportunity. A theory of delinquent gangs; The Free Press, New York, 2. Aufl., 1966 (1. A. 1961). – *Cohen, Albert K.:* Sociological research in juvenile delinquency; in: American Journal of Orthopsychiatry, vol. 27, 1957; 781–788. – *Cohen, Albert K.:* Kriminelle Jugend. Zur Soziologie jugendlichen Bandenwesens; Rowohlt, Hamburg, 1961. – *Cohen, Albert K.:* The study of social disorganization and deviant behavior; in: Clinard, Marshall B. (Ed.): Anomie and deviant behavior. A discussion and critique; The Free Press of Glencoe, Glencoe/Ill., 1964; 461–484. – *Cole, Stephan; Harriet Zuckerman:* Inventory of empirical and theoretical studies of anomie; in: Clinard, Marshall B. (Ed.): Anomie and deviant behavior. A discussion and critique; The Free Press of Glencoe, Glencoe/Ill. 1964; 243–311. – *Comte, Auguste:* Cours de Philosophie Positive; Presses Universitaires de France, Paris, 1960. – *Cooley, Charles H.:* Social organization. A study of the larger mind; New York, 1929.

Dahrendorf, Ralf: Homo Soziologicus. Ein Versuch zur Geschichte, Bedeutung und Kritik der Kategorie der sozialen Rolle; Westdeutscher Verlag, Köln/Opladen, 4. Aufl., 1965 (1. A. 1960). – *Daurav, E.; S. Withey:* A study of adolescent boys; Institute for Social Research, Ann Arbor/Mich., 1955 (zitiert nach: McKinley, Donald C.: Social class and family life; The Free Press, New York, 2. Aufl., 1966). – *Davis, Allison; Robert Havighurst:* The father of the man; Houghton Mifflin, Boston, 1947. – *Davis, Allison; Robert Havighurst:* A comparison of the Chicago and Harvard studies of social class differences in child rearing; in: ASR, vol. 20, 1955; 438–443. – *Davis, Kingsley:* Human society; MacMillan, New York, 13. Aufl., 1960 (1. A. 1948). – *Dennis, Wayne:* The socialization of the Hopi child; in: Splier, Leslie (Ed.): Language, culture and personality. Essays in memory of Edward Sapir; Menasha/Wisc., 1941; 259–272 (zitiert nach: Rudolph, Wolfgang: Die amerikanische »Cultural Anthropology« und das Wertproblem; Duncker & Humblot, Berlin, 1959. Forschungen zur Ethnologie und Sozialpsychologie, hrsg. von Thurnwald, Hilde, Bd. 3). – *Dentler, Robert A.; Lawrence J. Monroe:* Social correlates of early adolescent theft; in: ASR, vol. 26, 1961; 733–743. – *Dinitz, Simon; Frank R. Scarpitti; Walter C. Reckless:* Delinquency vulnerability: A cross group and longitudinal analysis; in: ASR, vol. 27, 1962; 515–517. – *Dinitz, Simon; Barbara A. Kay; Walter C. Reckless:* Group gradients in delinquency potential and achievement scores of sixth graders; in: American Journal of Orthopsychiatry, vol. 28, 1958; 588–605. – *Dollard, John (Ed.):* Frustration-Aggression; Yale University Press, New Haven, 12. Aufl., 1957 (1. A. 1939). – *Drever, James; W. D. Fröhlich:* dtv Wörterbuch zur Psychologie; Deutscher Taschenbuchverlag, München, 1968. – *Durkheim, Emile:* De la division du travail social; Presses Universitaires de France, Paris, 7. Aufl., 1960. – *Durkheim, Emile:* Le suicide. Etude de Sociologie; Presses Universitaires de

France, Paris, 1960. – *Durkheim, Emile:* Über die Anomie; in: Mills, C. Wright: Klassik der Soziologie. Eine polemische Auslese; Fischer, Frankfurt a. M., 1966.
Eissler, K. R. (Ed.): Festschrift für F. Aichhorn: Searchlights on delinquency. New psychoanalytic studies; International Universities Press, New York, 4. Aufl., 1958 (1. A. 1956). – *Eubank, E. E.:* The concepts of sociology; Boston, 1932 (zitiert nach: Proessler, Hans, Kurt Beer: Die Gruppe – The group – Le groupe. Ein Beitrag zur Systematik soziologischer Grundbegriffe; Duncker & Humblot, Berlin, 1955. Nürnberger Abhandlungen zu den Wirtschafts- und Sozialwissenschaften, hrsg. von Proessler, Hans). – *Eyfferth, Klaus:* Lernen als Anpassung des Organismus durch bedingte Reaktionen; in: Handbuch der Psychologie in 12 Bde., Bd. 1: Allgemeine Psychologie, Hogrefe, Göttingen, 1964; 76–117. – *Eyfferth, Klaus:* Das Lernen von Haltungen, Bedürfnissen und sozialen Verhaltensweisen; in: Handbuch der Psychologie in 12 Bde., Bd. 1: Allgemeine Psychologie; Hogrefe, Göttingen, 1964; 347–372.
Feger, Gottfried: Die unvollständige Familie und ihr Einfluß auf die Jugendkriminalität; Enke, Stuttgart, 1969; 105–221. Kriminologie. Abhandlungen über abwegiges Sozialverhalten, Nr. 2: Familie und Jugendkriminalität, Bd. 1, hrsg. von Thomas Würtenberger. – *Fitz-Simons, Eliot:* Some parent-child relationships as shown in clinical case studies; Teachers Collection Contribution Education, No. 643, 1935. – *Frank, Lawrence K.:* Cultural control and physiological autonomy; in: Kluckhohn, Clyde; Henry Murray (Eds.): Personality in nature, society and culture; Cape, London, 2. Aufl., 1953 (1. A. 1948); 119–122. – *Frankl, Lieselotte:* Lohn und Strafe. Ihre Anwendung in der Familienerziehung; Fischer, Jena, 1935.
Geiger, Theodor: Vorstudien zu einer Soziologie des Rechts; Universitätsforlaget Aarhus Eynar Mucksgaard, Kopenhagen, 1947. – *Gillin, John L.; John P. Gillin:* Cultural sociology. A revision of an introduction to sociology; MacMillan, New York, 2. Aufl., 1948 (1. A. 1942). – *Gillin, John L.; John P. Gillin:* An introduction to sociology; MacMillan, New York, 2. Aufl., 1958 (1. A. 1942). – *Glaser, Daniel:* Criminality theories and behavioral images; in: AJS, vol. 62, 1956; 433–443. – *Glueck, Sheldon; Eleanor Glueck:* Unraveling juvenile delinquency; Harvard University Press, Cambridge/Mass., 1950. – *Glueck, Sheldon; Eleanor Glueck:* Delinquents in the making. Paths to prevention; Harpers, New York, 1952. – *Glueck, Sheldon; Eleanor Glueck:* Family environment and delinquency; Routledge & Kegan Paul, London, 1962. – *Glueck, Sheldon; Eleanor Glueck:* Jugendliche Rechtsbrecher. Wege zur Vorbeugung; Enke, Stuttgart, 1963. – *Gold, Martin:* Status forces in delinquent boys; Institute for Social Research, Ann Arbor/Mich., 1963. – *Goldman-Eisler, Frieda:* Breastfeeding and character formation: in: Kluckhohn, Clyde; Henry Murray (Eds.): Personality in nature, society and culture; Cape, London, 2. Aufl., 1953 (1. A. 1948); 146–184. – *Goode, William J.:* The sociology of the family. Horizons in family theory; in: Merton, Robert K.; Leonard Broom; Leonard S. Cottrell jr. (Eds.): Sociology today. Problems and prospects; Publishers, New York, 5. Aufl., 1962 (1. A. 1959); 178–196. *Goode, William J.:* Die Struktur der Familie; Westdeutscher Verlag, Köln/Opladen, 2. Aufl., 1966 (1. A. 1960). – *Goode, William J.:* Soziologie der Familie; Juventa, München, 1968. Grundfragen der Soziologie, hrsg. von Claessens, Dieter, Bd. 8. – *Gruhle, Hans W.:* Die Ursachen der jugendlichen Verwahrlosung und Kriminalität. Studien zur Frage: Milieu oder Anlage; Springer, Berlin, 1912. Abhandlungen aus dem Gesamtgebiete der Kriminalpsychologie, H. 1. – *Gurvitch, Georges:* Social control; in: Gurvitch, Georges; Ernest W. Moore (Eds): Twentieth century sociology; New York, 1955. – *Gurvitch, Georges; Ernest W. Moore (Eds.):* Twentieth century sociology; New York, 1955.
Haffter, C.: Kinder aus geschiedenen Ehen. Eine Untersuchung über den Einfluß der Ehescheidung auf Schicksal und Entwicklung der Kinder nach ärztlichen und fürsorgerischen Fragestellungen; Huber, Bern, 1948. – *Hare, Paul A.; Edgar F. Borgatta; Robert F. Bales (Eds.):* Small groups. Studies in social interaction; Knopf, New York, 1955. – *Hartley, Eugene L.; Ruth E. Hartley:* Die Grundlagen der Sozialpsychologie; Rembrandt, Berlin, 1955. – *Heathers, G.:* Emotional dependence and independence in nursery school play; in: Journal of Genetic Psychology, vol. 67, 1955; 37–57. – *Hellmer, Joachim:* Sozialisation, Personalisation und Kriminalität; in: Wurzbacher, Gerhard

(Hrsg.): Der Mensch als personales und soziales Wesen. Beiträge zu Begriff und Theorie der Sozialisation aus der Sicht von Soziologie, Psychologie, Arbeitswissenschaft, Medizin, Pädagogik, Sozialarbeit, Kriminologie, Politologie; Enke, Stuttgart, 1963; 202 bis 224. – *Hellmer, Joachim:* Jugendkriminalität in unserer Zeit; Fischer, Frankfurt a. M./Hamburg, 1966. – *Hetzer, Hildegard:* Kind und Jugendlicher in der Entwicklung; Schroede, Hannover, 4. Aufl., 1958 (1. A. 1948). –*Hilgard, Ernest R.:* Human motives and the concept of self; in: American Psychologist, vol. 4, 1949; 374–382. – *Hilgard, Ernest R.:* Theories of learning; New York, 2. Aufl., 1956. – *Hirsch, Enrst E.:* Stichwort: »Norm«; in: Bernsdorf, Wilhelm; Friedrich Bülow (Hrsg.): Wörterbuch der Soziologie; Enke, Stuttgart, 1955; 355. – *Hirsch, Ernst E.:* Das Recht im sozialen Ordnungsgefüge. Beiträge zur Rechtssoziologie; Duncker & Humblot, Berlin, 1966. Schriftenreihe des Instituts für Rechtssoziologie und Rechtstatsachenforschung an der Freien Universität Berlin, hrsg. von Hirsch, Ernst E., Bd. 1. – *Homans, George C.:* Theorie der sozialen Gruppe; Westdeutscher Verlag, Köln/Opladen, 1960. – *Hollenberg, Eleanor; Margret Sperry:* Some antecedents of aggression and effects of frustration in doll play; in: Personality, vol. 1, 1951; 32–43. – *Horrocks, John E.:* The psychology of adolescents. Behavior and development; Houghton Mifflin, Boston, 3. Aufl., 1962 (1. A. 1950). – *Hupperschwiller, Lutz:* Gewissen und Gewissensbildung in jugendkriminologischer Sicht; Enke, Stuttgart, 1969. Kriminologie. Abhandlungen über abweigiges Sozialverhalten, Nr. 5: Familie und Jugendkriminalität, Bd. 3, hrsg. von Thomas Würtenberger.
Jaffe, Lester D.: Delinquency proneness and family anomie; in: Journal of Criminal Law, Criminology and Police Science, vol. 54, 1963; 146–164. – *Johnson, Adelaide M.:* Sanctions for superego lacunae of adolescents; in: Eissler, K. R. (Ed.): Festschrift für F. Aichhorn: Searchlights on delinquency. New psychoanalytic studies; International Universities Press, New York, 4. Aufl., 1958 (1. A. 1956); 225–245. – *Johnson, Harry M.:* Socialization; in: Bell, Robert R. (Ed.): The sociology of education. A sourcebook; Dorsey Press, Homewood/Ill., 1962. – *Josselyn, Irene M.:* Die psychische und soziale Entwicklung des Kindes und ihre Probleme; Triltsch, Düsseldorf, 1959.

Kardiner, Abraham (Ed.): The psychological frontiers of society; Columbia University Press, New York, 1945. – *Kluckhohn, Clyde; Henry Murray (Eds.):* Personality in nature, society and culture; Cape, London, 2. Aufl., 1953 (1. A. 1948). – *Kobrin, Solomon:* The conflict of values in delinquency areas; in: ASR, vol. 16, 1951; 653–661. – *König, René:* Materialien zur Soziologie der Familie; Huber, Bern/Zürich, 1946. Beiträge zur Soziologie und Sozialpsychologie, hrsg. von König, René, Bd. 1. – *König, René:* Stichworte: Anomie, Soziale Kontrolle; in: Fischer-Lexikon »Soziologie«, umgearbeitete Neuausgabe, Fischer, Frankfurt a. M., 1968 (1. A. 1958). – *Komarowsky, Mirra:* The unemployed man and his family; New York, 1956. – *Kvaraceus, William C. (Ed.):* Delinquent behavior: Culture and the individual; United States, Washington, 1959.

Lander, Bernard: Toward an understanding of juvenile delinquency. A study of 8.464 cases of juvenile delinquency in Baltimore; Columbia University Press, New York, 1954. – *Landis, Paul H.:* Social control. Social organization and disorganization; Philadelphia, 1956. – *LaPierre, Robert T.:* A theory of social control; New York/London, 1954. – *Levy, D. M.:* Maternal overprotection; Columbia University Press, New York, 5. Aufl., 1957 (1. A. 1943) (zitiert nach: Richter, Horst-Eberhardt: Eltern, Kind und Neurose. Psychoanalyse der kindlichen Rolle; Klett, Stuttgart, 1963). – *Lewin, Kurt:* Die psychologische Situation bei Lohn und Strafe; Wissenschaftliche Buchgemeinschaft, Darmstadt, 1964. – *Lindzey, Gardner (Ed.):* Handbook of social psychology, vol. 2: Special fields and applications; Addison Wesley Publishing, Cambridge/Mass., 2. Aufl., 1956 (1. A. 1954). – *Lumley, F. E.:* Means of social control; New York, 1927.

Maccoby, Eleanor E.; Theodore M. Newcomb; Eugene L. Hartley (Eds.): Readings in social psychology; Holt/Rinehart/Winston, New York, 1958. – *Malinowski, Bronislaw:* Sex and repression in savage society; New York/London, 1927. – *Malinowski, Bronislaw:* Sitte und Verbrechen bei den Naturvölkern; Francke, Bern, 1940. – *McKinley, Donald G.:* Social class and family life; The Free Press, New York, 2. Aufl., 1966 (1. A. 1964). – *Meng, Heinrich:* Zwang und Freiheit in der Erziehung. Erziehen – Strafen – Reifenlassen; Huber, Bern, 2. Aufl., 1953 (1. A. 1953). – *Merton, Robert K.:*

Social theory and social structure; The Free Press of Glencoe, Glencoe/Ill., 3. Aufl., 1959 (1. A. 1949). – *Merton, Robert K.:* Anomie, anomia and social interaction. Contexts of deviant behavior; in: Clinard, Marshall B. (Ed.): Anomie and deviant behavior. A discussion and critique; The Free Press of Glencoe, Glencoe/Ill., 1964; 213–243. – *Merton, Robert K.: Leonard Broom; Leonard S. Cottrell jr. (Eds.):* Sociology today. Problems and prospects; Publishers, New York, 5. Aufl., 1962 (1. A. 1959). – *Metcalf, H. C.; L. Urwick (Eds.):* Dynamic administration. The collected papers of Mary Parker Follett; New York, 1942. – *Mills, C. Wright (Hrsg.):* Klassik der Soziologie. Eine polemische Auslese; Fischer, Frankfurt a. M., 1966.

Nadel, S. F.: Social control and self regulation; in: Social Forces, vol. 31, 1953; 265–271. – *Neidhardt, Friedhelm:* Die Familie in Deutschland. Gesellschaftliche Stellung, Struktur und Funktionen; Leske, Opladen, 1966, Reihe B der Beiträge zur Sozialkunde: Struktur und Wandel der Gesellschaft, Bd. 5. – *Newcomb, Theodore M.:* Sozialpsychologie, Hain, Meisenheim, 1959. – *Nye, F. Ivan:* Family relationships and delinquent behavior; Wiley, New York, 1958. – *Nye, F. Nvan:* Employment status of mothers and adjustment of adolescent children; in: Marriage and Family Living, vol. 21, 1959; 240–244. – *Nye, F. Ivan; James F. Short:* Scaling delinquent behavior; in: ASR, vol. 22, 1957; 326–331. – *Nye, F. Ivan; James F. Short; V. J. Olson:* Socioeconomic status and delinquent behavior; in: AJS, vol. 64, 1958; 381–389.

Oeter, Ferdinand: Sozialisation, Enkulturation und Personalisation sowie ihre Störungen in medizinischer Sicht; in: Wurzbacher, Gerhard (Hrsg.): Der Mensch als personales und soziales Wesen. Beiträge zu Begriff und Theorie der Sozialisation aus der Sicht von Soziologie, Psychologie, Arbeitswissenschaft, Medizin, Pädagogik, Kriminologie, Sozialarbeit, Politologie; Enke, Stuttgart, 1963; 98–119. – *Orlansky, Harold:* Infant care and personality; in: Psychological Bulletin, No. 46, 1949; 1–48 (zitiert nach: Rudolph, Wolfgang: Die amerikanische »Cultural Anthropology« und das Wertproblem; Duncker & Humblot, Berlin, 1959. Forschungen zur Ethnologie und Sozialpsychologie, hrsg. von Thurnwald, Hilde, Bd. 3).

Parsons, Talcott: The social system; The Free Press of Glencoe, Glencoe/Ill., 3. Aufl., 1959 (1. A. 1951). – *Parsons, Talcott:* Die jüngsten Entwicklungen in der strukturell-funktionalen Theorie; in: KZFSS, Jg. 15, 1964; 30–48. – *Parsons, Talcott; Robert F. Bales:* Family socialization and interaction process; Routledge & Kegan Paul, London, 1956. – *Parsons, Talcott; Edward Shils (Eds.):* Towards a general theory of action; Harvard University Press, Cambridge/Mass., 4. Aufl., 1959 (1. A. 1951). – *Pflaum, Renate:* Stichwort: Social control; in: Bernsdorf, Wilhelm; Friedrich Bülow (Hrsg.): Wörterbuch der Soziologie; Enke, Stuttgart, 1955; 461. – *Piaget, Jean:* Das moralische Urteil beim Kinde; Rascher, Zürich, 1954. – *Popitz, Heinrich:* Soziale Normen; Sonderdruck aus: Europäisches Archiv für Soziologie, 1961; 185–198. – *Portmann, Adolf:* Zoologie und das neue Bild vom Menschen. Biologische Fragmente zu einer Lehre vom Menschen; Rowohlt, Hamburg, 1956. – *Pound, Roscoe:* Social control through law; Yale University Press, New Haven, 1942. – *Proessler, Hans; Kurt Beer:* Die Gruppe – The group – Le groupe. Ein Beitrag zur Systematik soziologischer Grundbegriffe; Duncker & Humblot, Berlin, 1955. Nürnberger Abhandlungen zu den Wirtschafts- und Sozialwissenschaften, hrsg. von Proessler, Hans, Nr. 7.

Quensel, Stephan: Sozialpsychologische Aspekte der Kriminologie. Handlung, Situation und Persönlichkeit; Enke, Stuttgart, 1964. Kriminologie. Abhandlungen über abwegiges Sozialverhalten, Nr. 1, hrsg. von Thomas Würtenberger.

Radke, Marian J.: The relation of parental authority to children's behavior and attitudes; in: Minnesota Institute Child Welfare Monograph, No. 22, 1946 (zitiert nach: Watson, Robert I.: Psychology of the child. Personal, social and disturbed child development; Wiley, New York/London, 4. Aufl., 1962 (1. A. 1959). – *Reckless, Walter C.:* The crime problem; Appleton/Century/Croft, New York, 3. Aufl., 1961 (1. A. 1950). – *Reckless, Walter C.:* Halttheorie; in: Monatszeitschrift für Kriminologie und Strafrechtsreform, Jg. 44, 1961; 1–14. – *Reckless, Walter C.:* Die Kriminalität in den USA und ihre Behandlung; de Gruyter, Berlin, 1964. Münsterische Beiträge zur Rechts- und Sozialwissenschaft, hrsg. von der Rechts- und Staatswissenschaftlichen Fakultät der Westfälischen

Wilhelms-Universität in Münster, H. 8. – *Reckless, Walter C., u. a.:* Delinquency potential of pre-adolescents in high delinquency areas; in: British Journal of Delinquency, vol. 10, 1960; 211–215. – *Reckless, Walter C.; Simon Dinitz; Barbara Kay:* The self component in potential delinquency and potential nondelinquency; in: ASR, vol. 72, 1957; 566–570. – *Reckless, Walter C.; Simon Dinitz; Ellen Murray:* Self concept as an insulator against delinquency; in: ASR, vol. 21, 1956; 744–746. – *Reckless, Walter C.; Salomon Shoham:* Norm containment theory as applied to delinquency and crime; in: Excerpta Criminologica, Bd. 3, 1963; 637–645. – *Redl, Fritz; David Wineman:* The aggressive child; The Free Press of Glencoe, Glencoe/Ill., 2. Aufl., 1960 (1. A. 1960). – *Reiss, Albert J. jr.:* Delinquency as the failure of personal and social controls; in: ASR, vol. 16, 1951; 196–207. – *Reiss, Albert J. jr.:* Social correlates of psychological types of delinquent; in: ASR, vol. 17, 1952; 710–718. – *Richter, Horst-Eberhardt:* Eltern, Kind und Neurose. Psychoanalyse der kindlichen Rolle; Klett, Stuttgart, 1963. – *Ross, Edward A.:* Social control. A survey of the foundations of order; New York, 1901. – *Rottenecker, Heribert:* Strukturwandel der Familie im industriellen Zeitalter und Jugenddelinquenz; Enke, Stuttgart, 1969; 1–104. Kriminologie, Abhandlungen über abwegiges Sozialverhalten, Nr. 2: Familie und Jugendkriminalität, Bd. 1, hrsg. von Thomas Würtenberger. – *Roucek, Joseph S. (Ed.):* Social control; New York, 1956. – *Roucek, Joseph S.:* Entwicklung und Stand der Lehre von der sozialen Kontrolle in der amerikanischen Soziologie; in: KZFSS, Jg. 9, 1957; 461–475. – *Roucek, Joseph S. (Ed.):* Contemporary sociology; London, 1959. – *Rudolph, Wolfgang:* Die amerikanische »Cultural Anthropology« und das Wertproblem; Duncker & Humblot, Berlin, 1959. Forschungen zur Ethnologie und Sozialpsychologie, hrsg. von Thurnwald, Hilde, Bd. 3. – *Ruppert, J. P.:* Sozialpsychologie im Raum der Erziehung; Beltz, Weinheim, 3. Aufl., 1957 (1. A. 1953).
Salisbury, Harrison E.: Die zerrüttete Generation; Rowohlt, Hamburg, 1962. – *Scarpitti, Frank R., u. a.:* The »good« boy in a high delinquency area: Four years later; in: ASR, vol. 25, 1960; 555–558. – *Scharmann, Theodor:* Psychologische Beiträge zu einer Theorie der sozial-individualen Integration; in: Wurzbacher, Gerhard (Hrsg.): Der Mensch als personales und soziales Wesen. Beiträge zu Begriff und Theorie der Sozialisation aus der Sicht von Soziologie, Psychologie, Arbeitswissenschaft, Medizin, Pädagogik, Sozialarbeit, Kriminologie, Politologie; Enke, Stuttgart, 1963; 35–56. – *Schultz-Hencke, Harald:* Der gehemmte Mensch. Entwurf eines Lehrbuchs der Neopsychoanalyse; Thieme, Stuttgart, 2. Aufl., 1947 (1. A. 1940). – *Schwartz, Michael; Sandra S. Tangri:* A note on self concept as an insulator against delinquency; in: ASR, vol. 30, 1965; 922–926. – *Sears, Robert R.; Eleanor E. Maccoby; Harry Levin:* Patterns of child rearing; White Plains, New York, 1957. – *Segerstedt, Thorsten S.:* Social control as sociological concept; Uppsala/Leipzig, 1948. – *Sellin, Thorsten:* Culture, conflict and crime; Social Science Research Council, New York, 1938. – *Simpson, John E.; Simon Dinitz:* Delinquency potential of pre-adolescents in high delinquency areas; in: British Journal of Delinquency, vol. 10, 1960; 211–215. – *Spittler,* Gerd: Norm und Sanktion. Untersuchungen zum Sanktionsmechanismus; Walter, Olten/Freiburg, 1967. Texte und Dokumente zur Soziologie, hrsg. von Popitz, Heinrich. – *Spitz, René A.:* Die Entstehung der ersten Objektbeziehungen. Direkte Beobachtungen an Säuglingen des ersten Lebensjahres; Klett, Stuttgart, 2. Aufl., 1960 (1. A. 1957). – *Staub, Sylvia:* Ursachen und Erscheinungsformen bei der Bildung jugendlicher Banden; Schulthess, Zürich, 1965. Züricher Beiträge zur Rechtswissenschaft, Neue Folge, H. 252. – *Stendenbach, Franz-Joseph:* Soziale Interaktion und Lernprozesse; Kiepenheuer & Witsch, Köln/Berlin, 1963; Beiträge zur Soziologie und Sozialpsychologie, hrsg. von König, René, Bd. 12. – *Sumner, William G.:* Folkways. A study of the sociological importance of usages, manners, customs and the morals; Ginn, Boston, 1906. – *Sutherland, Edwin H.; Donald R. Cressey:* Principles of criminology; Lippincott, Chicago/Philadelphia/New York, 5. Aufl., 1955 (1. A. 1947). – *Sykes, Crasham M.; David Matza:* Techniques of neutralization: A theory of delinquency; in: ASR, vol. 22, 1957; 664–670.
Tenbruck, Friedrich H.: Zur deutschen Rezeption der Rollentheorie; in: KZFSS, Jg. 10, 1961; 1–40. – *Tenbruck, Friedrich H.:* Stichwort: Soziale Kontrolle; in: Staats-

lexikon, hrsg. von Görres-Gesellschaft, Bd. 7, Freiburg, 1962; 226–231. – *Thomae, Hans:* Persönlichkeit. Eine dynamische Interpretation; Bouvier, Bonn, 2. Aufl., 1955 (1. A. 1951). – *Thomae, Hans:* Entwicklung und Prägung; in: Handbuch der Psychologie in 12 Bde., Bd. 3: Entwicklungspsychologie; Hogrefe, Göttingen, 1959; 240–311. – *Thrasher, Frederic M.:* The gang; University of Chicago Press, Chicago, 1927.

Waller, Willard; Reuben Hill: The family. A dynamic interpretation; Holt/Rinehart/ Winston, New York/Chicago/San Francisco, 2. Aufl., 1951 (1. A. 1938). – *Ward, Lester:* Dynamic sociology; New York, 1863 (zitiert nach: René König: Stichwort: Soziale Kontrolle; in: Fischer-Lexikon »Soziologie«, Fischer, Frankfurt a. M., umgearbeitete Neuausgabe, 1968; 277–284). – *Watson, Bruce A.:* Kunst, Künstler und soziale Kontrolle; in: Westdeutscher Verlag, Köln/Opladen, 1961. Kunst und Kommunikation, Bd. 3. – *Watson, Robert I.:* Psychology of the child. Personal, social and disturbed child development; Wiley, New York/London, 4. Aufl., 1962 (1. A. 1959). – *Whyte, Walter F.:* Street corner society; University of Chicago Press, Chicago, 1943 (zitiert nach: Homans, George C.: Theorie der sozialen Gruppe; Westdeutscher Verlag, Köln/Opladen, 1960. – *Wolf, K. H.:* Social control; in: Roucek, Joseph S. (Ed.): Contemporary sociology; London, 1959. – *Wolfgang, Marvin E.; Leonard Savitz; Norman Johnston (Eds.):* The sociology of crime and delinquency; Wiley, New York/London, 1962. – *Würtenberger, Thomas:* Die geistige Situation der deutschen Strafrechtswissenschaft; Müller, Karlsruhe, 2. Aufl., 1959 (1. A. 1957). Freiburger Rechts- und Staatswissenschaftliche Abhandlungen, Bd. 7. – *Würtenberger, Thomas:* Individuelle und soziale Aspekte bei der Beurteilung und Behandlung des Rechtsbrechers; Freiburg, 1963. Freiburger Dies Universitatis, Bd. 10. – *Würtenberger, Thomas:* Das Menschenbild unserer Zeit und die Kriminalität als sozialkulturelles Phänomen; Wiesbaden, 1964, Vorbeugende Verbrechensbekämpfung, hrsg. vom Bundeskriminalamt. – *Würtenberger, Thomas:* Entwicklung und Lage der Kriminologie in Deutschland; Sonderdruck aus: Juristenjahrbuch, Bd. 5, Köln/Marienburg, 1964/1965. – *Würtenberger, Thomas:* Familie und Jugendkriminalität; in: Wurzbacher, Gerhard (Hrsg.): Die Familie als Sozialisationsfaktor; Enke, Stuttgart, 1968; 353–381. Der Mensch als soziales und personales Wesen, Bd. 3. – *Würtenberger, Thomas; Christian Scholz:* Le role de la famille dans l'étiologie criminelle; in: Bulletin Societé Internationale de Criminologie, 1960; 52–57. – *Wurzbacher, Gerhard (Hrsg.):* Der Mensch als personales und soziales Wesen. Beiträge zu Begriff und Theorie der Sozialisation aus der Sicht von Soziologie, Psychologie, Arbeitswissenschaft, Medizin, Pädagogik, Sozialarbeit, Kriminologie, Politologie; Enke, Stuttgart, 1963. – *Wurzbacher, Gerhard:* Sozialisation – Enkulturation – Personalisation; in: Wurzbacher, Gerhard (Hrsg.): Der Mensch als personales und soziales Wesen. Beiträge zu Begriff und Theorie der Sozialisation aus der Sicht von Soziologie, Psychologie, Arbeitswissenschaft, Medizin, Pädagogik, Sozialarbeit, Kriminologie, Politologie; Enke, Stuttgart, 1963; 1–34. – *Wurzbacher, Gerhard (Hrsg.):* Die Familie als Sozialisationsfaktor; Enke, Stuttgart, 1968. Der Mensch als soziales und personales Wesen, Bd. 3.

Die statusabhängige soziale Kontrolle in der Familie und die Jugend-Delinquenz

Eine empirische Untersuchung

Von

HARALD HASLER

Einleitung

In der Diskussion um den Erklärungswert amerikanischer Theorien zu delinquentem Verhalten Jugendlicher in Deutschland wurde und wird immer wieder auf Vorbehalte hinsichtlich einer einfachen Übertragung dieser Theorien hingewiesen, wobei diese Vorbehalte im wesentlichen damit begründet werden, daß der Mangel an entsprechenden Feld-Untersuchungen zur Jugend-Delinquenz in Deutschland keine empirisch gehaltvollen Aussagen über die möglicherweise interkulturell bedingten Modifikationen solcher Theorien sowie deren Erklärungswert zulasse.

Dies gelte insbesondere dann, wenn die entsprechenden Erklärungsansätze auf der Basis schicht- oder klassenspezifischer Prämissen aufbauen, damit delinquentes Verhalten Jugendlicher vorwiegend in unteren sozialen Schichten oder Klassen lokalisieren und im wesentlichen durch Status-Deprivation begründet sehen, wobei Status-Deprivation, etwa im Sinne der Theorie A. K. Cohens (1955), das Versagen bedeutet, Reichtum und Macht als den Haupt-Kriterien sozialer Stratifikation zu erlangen.

Die vorliegende Arbeit stellt nun den Versuch dar, aus einer in den USA durchgeführten Feld-Untersuchung zum Zusammenhang zwischen sozialem Status und der Delinquenz Jugendlicher einige spezifische Hypothesen zur Funktion der Familie, insbesondere des Vaters, als einer primären Quelle sozialer Kontrolle in diesem Zusammenhang, zu replizieren und damit möglicherweise auch Aufschlüsse über die Problematik interkultureller Übertragung zu gewinnen.

Die Beschränkung auf die Funktion der Familie als einer primären Quelle sozialer Kontrolle im Zusammenhang zwischen sozialem Status und delinquentem Verhalten Jugendlicher erschien insofern sinnvoll, als hier eine interkulturelle Übertragung aufgrund dieser relativ universalistischen Funktion der Familie noch am ehesten ad hoc möglich schien.

1 Grundlagen der Untersuchung

11 M. Golds »Status Forces in Delinquent Boys« als Ausgangs-Untersuchung

Ziel unserer Untersuchung sollte die teilweise und modifizierte Überprüfung eines theoretischen Ansatzes zur Jugend-Delinquenz sein, der in den USA bereits im Rahmen einer Feld-Studie geprüft worden war. Dieser Ansatz sollte in etwa den gegenwärtigen Stand der Forschung in den USA repräsentieren und in seinen theoretischen Implikationen in etwa auf ein deutsches »Feld« übertragbar sein.

Hier bot sich die im Rahmen der »Flint Youth Study« von Martin Gold (1963) durchgeführte Untersuchung »Status Forces in Delinquent Boys« an. Diese Untersuchung war Teil eines Forschungsprogrammes des Institute for Social Research der University of Michigan in Ann Arbor und lief von 1957 bis 1960.

Ausgehend von einem feld-theoretischen (K. Lewin), multikausalen Ansatz sollte in der Goldschen Untersuchung der Einfluß des sozialen Status eines Jugendlichen, ausgedrückt durch die berufliche Tätigkeit seines Vaters, auf delinquentes Verhalten des Jugendlichen untersucht werden. Dieser Ansatz schien für unsere Untersuchung insofern sinnvoll, als er Delinquenz nicht auf der Grundlage von »gang-activities« untersuchte, die in den entsprechend relevanten amerikanischen Theorien einen breiten Raum einnehmen, deren Implikationen aber für deutsche Verhältnisse nicht in gleichem Maße gegeben sind. Banden-Delikte haben nach allen bisherigen Erfahrungen, besonders aber auf dem Sektor der Jugend-Delinquenz, in Deutschland mehr oder weniger peripheren Charakter.

Wir wollen keineswegs die Problematik der Banden-Delikte, spezifischer der »Mit-Täterschaft« im Bereich der Jugend-Delinquenz, in Deutschland herabspielen, aber wir sind der Ansicht, daß die Erklärungs-Ansätze der »gang-theories« hinsichtlich ihrer Transformations-Problematik auf deutsche Verhältnisse wesentlich schwieriger zu beurteilen sind, als dies möglicherweise bei Erklärungs-Ansätzen individuellen Verhaltens der Fall ist. Unter diesem Gesichtspunkt wurde der Goldsche Ansatz zur Untersuchung individuellen delinquenten Verhaltens als Gegenstand der Analyse gewählt.

12 Kurze Darstellung des theoretischen Ansatzes von Martin Gold

Gold legte seiner Untersuchung einen auf der Feld-Theorie Kurt Lewins (1935) basierenden, multi-kausalen Ansatz unter sozial-psychologischer Orientierung zugrunde.

Im feld-theoretischen Modell wird das Individuum dargestellt, wie es sich in einem dynamischen Feld von Kräften verhält. Das Verhalten wird dabei als Bewegung zu oder von den Zielen des Individuums verstanden. Die im Feld wirksamen Kräfte, die entweder Motivationen des Individuums und/oder Umweltkräfte repräsentieren, treiben die Bewegung zu oder von den Zielen voran oder hemmen sie. In seiner allgemeinsten Form ist der feld-theoretische Ansatz eine Ausdrucksweise von Problemen der Gerichtetheit jeglichen Verhaltens.

Zu einer Darstellung abweichenden Verhaltens führt der feld-theoretische Ansatz, wenn in einer gegebenen Situation die auftretenden hemmenden Kräfte spezifiziert werden. »Wenn ein Individuum gegen hemmende Kräfte, die aus der Ablehnung gewisser Dinge durch eine Gruppe von anderen entspringen, angeht, ist dieses Verhalten des Individuums abweichendes Verhalten gegenüber dieser Gruppe« (Gold 1963, 17). Abweichendes Verhalten kann dabei auf zweifache Art dargestellt werden, abhängig davon, ob die Ziele des Individuums oder die Mittel, deren es sich zur Erreichung dieser Ziele bedient, mißbilligt werden.

Werden diese Mißbilligung und das handelnde Individuum weiter spezifiziert, etwa dadurch, daß die Mißbilligung in Form kodifizierter Regeln und/oder Gesetzes-Normen ausgedrückt wird, so wird das entsprechende abweichende Verhalten zu delinquentem Verhalten. Wird weiter etwa das Individuum als »Nicht-Erwachsener« im Sinne kodifizierter Rechtsnormen definiert, wird entsprechend delinquentes Verhalten zu delinquentem Verhalten Jugendlicher.

Dieses Modell kann, wie Gold feststellt, auf jedes mögliche abweichende Verhalten angewandt werden. Eine oder mehrere Kräfte, die »provocations«, drängen das Individuum zur Verletzung eines oder mehrerer »standards« richtigen Verhaltens, eine oder mehrere Kräfte, die »controls« halten es davon zurück.

»Provocations« und »controls«, die in einer bestimmten sozialen Situation verhaltensrelevant werden, hängen dabei ab vom Individuum und dem oder den beteiligten »standards«. Dabei ist es denkbar, daß in einer bestimmten sozialen Situation die gleichen Kräfte, die einen Jugendlichen zu einem bestimmten, hier delinquenten Verhalten führen, einen Erwachsenen nicht oder nicht in gleichem Maße bewegen.

Theoretisch sind die Stärke der »provocations« und der »controls« voneinander unabhängig und brauchen nicht notwendigerweise miteinander zu korrelieren. Es ist anzunehmen, daß bei starken »provocations« und starken »controls« in einer gegebenen Situation sich die Kräfte neutralisieren, d. h. nicht zu delinquentem Verhalten führen. Wo aber in einer gegebenen Situation starke »provocations« und schwächere oder schwache »controls« koinzidieren, wird das Verhalten höchstwahrscheinlich zu delinquentem Verhalten.

Nach Gold enthält dieser feld-theoretische Ansatz zwei wichtige Implikationen für eine Untersuchung der Delinquenz. Er läßt zu, daß sowohl eine als auch mehrere Kräfte zur Delinquenz führen können, wie auch eine oder mehrere Kräfte dieses delinquente Verhalten verhindern können. Dem multi-kausalen Ansatz gibt Gold den Vorzug vor einem uni-kausalen, da der erste impliziert, daß delinquentem Verhalten verschiedene Muster von »provocations« und »controls« zugrunde liegen können. Diese Muster haben nach Gold, der in diesem Zusammenhang auf einen ähnlichen Ansatz bei L. J. Carr (1950) hinweist, notwendigerweise gemeinsam, daß die Stärke der »provocations« die Stärke der »controls« übersteigt.

Als zweite Implikation fordert der feld-theoretische Ansatz die Wirksamkeit von »provocations« und »controls« im psychologischen Feld der aktuellen Situation. Das schließt z. B. mütterliche Ablehnung während der Kindheit als »provocation« im psychologischen Feld eines Jugendlichen aus. Um wirksam werden zu können, müssen solche Residuen spezifiziert und in der aktuellen Situation repräsentiert sein. Im Falle der mütterlichen Ablehnung in der Kindheit etwa in Form chronischer Feindsamkeit.

Gold sagt zu dieser zweiten Implikation weiter: »Diese zweite Implikation der Feld-Theorie hat sich für die Bestimmung der Untersuchungs-Strategie als wichtiger erwiesen. Die feld-theoretische Bedingung der psychologischen Aktualität erfordert, daß die Variablen in psychologische Begriffe transformiert werden, bevor sie als Kräfte im psychologischen Feld dargestellt werden können. In direktem Zusammenhang mit dieser Implikation steht das Problem der geeigneten Repräsentation der Variablen ›sozialer Status‹ eines Jugendlichen, soweit diese sein Verhalten beeinflußt. Dies ist das zentrale Problem dieser Untersuchung. Zu fragen, weshalb relativ mehr Jugendliche mit niederem Status delinquent werden als solche mit höherem, heißt fragen, welche Muster von ›provocations‹ und ›controls‹ im psychologischen Feld durch niederen oder höheren Status entstehen, wobei Status eine kollektive, keine psychologische Variable ist. Diese Frage verlangt eine erklärende Antwort über die Prozesse, durch die eine soziale Struktur-Variable – sozialer Status – aufhört nur eine potentielle Kraft oder Grenzbedingung zu sein und ein set psychologischer Kräfte wird. Solche Übersetzung vorzunehmen ist die Aufgabe der Sozial-Psychologie« (Gold 1963, 19).

Soziales Verhalten wird heute allgemein als Funktion der Person und deren Umwelt verstanden. Zentrales Objekt, auch in sozial-psychologischer Betrachtung, ist das Individuum mit intra-individuellen Bedürfnissen, Motivationen, Perceptionen, Fähigkeiten usw., das damit psychologisch dargestellt wird. Von besonderer Bedeutung für eine sozial-psychologische Betrachtung sind dabei aber die Fertigkeiten (skills), d. h. die Fähigkeit des Individuums, seine Umgebung zu manipulieren, und die Attitüden über die Objekte seiner Umgebung. »Es ist möglich«, schreibt Gold, »die Wirkung der Umgebung als Änderungen von Einstellungen oder von Fertigkeiten eines Individuums zu betrachten. Gleichermaßen ist es möglich, die Wirkung intra-individueller Variablen, wie etwa Motivationen und Perceptionen in ihrer Auswirkung auf Attitüden und Fertigkeiten zu prüfen.

Die soziale Umgebung, die der andere Teil der Beziehung ist, die den Sozial-Psychologen interessiert, ist auf zweifache Art bevölkert; sie ist eine Umgebung von Menschen und eine Umgebung von Objekten mit menschlichen, sozialen Meinungsinhalten (people-meaning). Der Aspekt des sozialen Meinungsinhaltes eines Objektes kann folgendermaßen demonstriert werden: Wenn ein Jugendlicher das Zündschloß eines fremden Wagens kurzschließen kann, klaut er nicht einen Komplex aus Metall, Chemikalien, Stoff und Glas, vielmehr klaut er etwas, mit dem er seinen Freunden und sich selbst imponieren kann, und es ist ihm lediglich des sozialen Meinungsinhaltes (social meaning) wegen wertvoll« (Gold 1963, 21).

Nach Gold nimmt das Individuum auf drei verschiedenen Ebenen Anteil an seiner sozialen Umgebung. Die erste umfaßt soziale Teilnahme an kleinen »face-to-face-groups«, wie etwa der Familie; die zweite umfaßt die soziale Teilnahme in größeren sozialen Organisationen, wie etwa der Gemeinde; die dritte umfaßt die soziale Teilnahme an einer spezifischen Kultur, etwa der westlichen und einer Subkultur, etwa der amerikanischen. Da die soziale Teilnahme auf diesen drei Ebenen unterschiedlich stark ist, und diese wiederum in unterschiedlicher Art auf das Individuum einwirken, empfiehlt es sich, diese Ebenen sozialer Umgebung zu trennen.

Über die Teilnahme an Primär-Gruppen wird das größte Maß an sozialer Anpassung vermittelt. Soziale Strukturen und Kulturen werden vor allem in der Art wirksam, in der sie die Erfahrungen in den Primär-Gruppen gestalten, denen das Individuum angehört.

Gold betrachtet in seinem Ansatz zur Jugend-Delinquenz die Verhaltensmuster der Jugendlichen als Ergebnisse ihrer Teilnahme an kleinen Gruppen und der sozialen Struktur und Kultur, denen diese Gruppen angehören. Besondere Beachtung wurde dem sozialen Status dieser Primär-Gruppen, d. h. ihrer Position in der Sozial-Struktur sowie der Auswirkung der Kultur-Ideologie auf die Gruppen geschenkt. Die Position innerhalb der Sozial-Struktur sowie die Auswirkung der Kultur-Ideologie wurden als Grenzbedingungen für das Verhalten der Jugendlichen betrachtet. Ziel der Goldschen Untersuchung war es, »einige Aspekte dieser Grenzbedingungen zu isolieren, die besonders für delinquentes Verhalten relevant sind und die Prozesse aufzuzeigen, in denen diese Aspekte in den Attitüden der Jugendlichen relevant werden und dort delinquentes Verhalten provozieren oder kontrollieren, bzw. verhindern. Die Darstellung der besonderen sozial-psychologischen Prozesse hängt vor allem von der Definition zweier Schlüssel-Elemente dieser Prozesse ab, nämlich von sozialem Status und Jugend-Delinquenz ...« (Gold 1963, 22).

Zum »sozialen Status« sagt Gold: »Die zentrale Dimension des Status, wie er hier benutzt wird, ist Prestige. In diesem Bezug werden die Adjektive ›höher‹ und ›niederer‹ zur Kennzeichnung von Status-Positionen verwandt. Der Begriff ›Status‹ wie er hier benutzt wird, umfaßt die Prestige-Position eines Jugendlichen in der Sozialstruktur der amerikanischen Gesellschaft und der Gemeinde Flint, wie sie durch die berufliche Tätigkeit seines Vaters determiniert wird. Dies hat Implikationen für seine aktuellen Lebensmuster und seine zukünftigen Lebens-Chancen. Sein Status bildet möglicherweise seine Gefühle (feelings) über seine Selbst-Achtung (self-respect)« (Gold 1963, 22).

Zum Begriff der »Jugend-Delinquenz« zitiert Gold die Definition W. B. Millers (1959). Jugend-Delinquenz wird danach definiert als »ein Verhalten von Nicht-Erwachsenen, das spezifische legale Normen oder Normen einer besonderen sozialen Institution mit genügender Häufigkeit und/ oder Schwere verletzt und eine feste Basis für legale Aktionen gegen das handelnde Individuum oder die handelnde Gruppe schafft« (Gold 1963, 23).

Daß dieser Definition gegenüber einer Definition einzelner delinquenter Akte der Vorzug gegeben wurde, resultiert aus dem einen Ziel der Untersuchung, Verhaltensmuster als Schlüssel zu Persönlichkeitsmustern zu untersuchen. »Nach dieser Definition«, so Gold, »macht es keinen Unterschied, ob der Jugendliche erwischt wurde oder nicht; er ist ein jugendlicher Delinquent, wenn er sich so verhalten hat, daß auf seine Festnahme hin Behörden (authorities) gesetzliche Maßnahmen gegen ihn ergreifen würden. Dies impliziert, daß Polizei-Kontakte nicht alle Delinquenten umfassen und gewiß umfassen Verhaftungen, Gerichtsfälle und Maßnahmen in Institutionen progressiv noch weniger Delinquente in der Gesamtpopulation« (Gold 1963, 23).

121 Golds spezifizierter theoretischer Ansatz

Unter dem Aspekt der unterschiedlichen Muster von »provocations« und »controls«, die möglicherweise delinquentem Verhalten zugrunde

liegen, war, wie Gold schreibt, die erste Aufgabe seiner Untersuchung
»... die Bildung einiger hypothetischer Prozesse, die sozialen Status mit
delinquentem Verhalten verbinden könnten; Prozesse, die dann empirisch zurückverfolgt werden können. Spezifischer, es werden solche Faktoren gesucht, die für die soziale Umgebung von ›lower-status-boys‹
charakteristisch sind und in Attitüden, die zur Delinquenz führen, transformiert werden können« (Gold 1963, 37).

Zur Spezifizierung des bisher dargestellten theoretischen Ansatzes untersucht Gold zuerst die »controls«, bzw. die Faktoren ihrer Schwächung
und stellt fest, daß die »controls«, soweit sie zur Erklärung der Delinquenz
herangezogen werden, in der Literatur, hier vorwiegend der amerikanischen, auf unterschiedlichen Ebenen erscheinen.

Auf kultureller Ebene werden häufig Kultur-Konflikte zur Erklärung
herangezogen. Auf der Ebene sozialer Organisationen ist es die mangelnde
Integration in sozialisierende Institutionen sowie ständiger Mangel an
Konsens zu normgerechtem Verhalten. Auf der Ebene der Klein-Gruppen
ist es schließlich der Kontakt mit delinquenten Gruppen sowie das Versagen der Familie hinsichtlich der Etablierung sozialer Kontrolle. Alle
diese Faktoren wurden in Beziehung zu sozialem Status gesetzt.

Er zieht zwei Prozesse zur Erklärung heran. Der eine verbindet Gemeinde-Faktoren mit delinquentem Verhalten. Der zweite beginnt auf
kultureller Ebene, versucht Verbindungen zwischen Gemeinde und Familie aufzufinden und soll letztlich die soziale Kontrolle, bzw. deren Intensität, über delinquente Jugendliche darstellen. Gold postuliert diese
beiden Prozesse als in ihren Auswirkungen voneinander unabhängig.
Beide Prozesse sind jedoch über die »Attraktion« als Quelle sozialer Kontrolle miteinander verbunden. Aus diesem Grund bezieht Gold seine Hypothesen, soweit sie soziale Kontrolle betreffen, auf die Variable »Attraktion«. Er schreibt hierzu: »Es wurde vermutet, daß eine bedeutende Determinante der Kontrolle eines Individuums über ein anderes, oder die Kontrolle einer Gruppe oder sozialen Organisation über ein Individuum von
dem Maß an Attraktion des kontrollierenden Individuums oder der sozialen Organisation abhängt. In dem Maß, in dem ein Individuum eine
positive Beziehung zu einem anderen Individuum, einer Gruppe oder einer
sozialen Organisation wünscht, muß es sich deren Einfluß unterwerfen,
ihren ›standards‹ zustimmen und sich so verhalten, wie diese es wünschen.
Wenn nicht Attraktion zwischen einer Person und einer anderen besteht, wird der Einfluß oder die Kontrolle des anderen schwach sein«
(Gold 1963, 37).

Er stützt seine Annahme der Abhängigkeit von Kontrolle und Attraktion auf die Untersuchungen zur Individual- und Gruppen-Kontrolle von
Newcomb und seinen Mitarbeitern (Newcomb 1953, McGrath 1955),

sowie auf die entsprechenden Untersuchungen von Back (1951), Cartwright (1951), Festinger, Schachter, Back (1950).

Der nächste theoretische Schritt unter der obigen Annahme war die Annahme einiger klassen-verbindender (class-linked) Quellen der Attraktion, die soziale Kontrolle über Jugendliche mit sich bringen konnten. Gold sah diese Quellen einmal in der »Gemeinde«, zum anderen in der »Familie«.

Hinsichtlich der Gemeinde als Quelle sozialer Kontrolle in Abhängigkeit von deren Attraktion vermutet er, daß »je höher die Güte der Freizeit- und Ausbildungsmöglichkeiten ist, desto attraktiver wird die Gemeinde auf ihre Jugendlichen wirken und desto weniger werden diese delinquent werden«. Die Beziehung zwischen der Güte der Möglichkeiten und der Attitüden der Jugendlichen zur Gemeinde nennt Gold die »Attraktion«. Die Beziehung zwischen Attraktion und der Möglichkeit der Delinquenz nennt Gold die »Kontrolle«. Die Verbindung dieser beiden Variablen mit der Variablen »sozialer Status« stellt er durch die Annahme her, »daß die Güte von Freizeit- und Ausbildungsmöglichkeiten in Unterschicht-Nachbarschaften geringer ist. Wenn diese Annahme richtig ist, heißt das, daß die Bedingungen für die soziale Kontrolle bei Unterschicht-Jugendlichen nachteiliger sind als bei Oberschicht-Jugendlichen« (Gold 1963, 39).

Soweit zum ersten Erklärungs-Prozeß von Gold, der von uns, nicht zuletzt aufgrund der im Rahmen einer Dissertation beschränkten Möglichkeiten, nicht in die eigene Untersuchung übernommen wurde.

Das Schlüssel-Glied in der Prozeß-Kette des zweiten Erklärungs-Ansatzes ist die Familie als primäre Quelle sozialer Kontrolle unter der Annahme, »daß sie und ihre einzelnen Mitglieder der gleichen Attraktion-Kontrolle-Dynamik unterliegt, wie andere Gruppen oder Individuen« (Gold 1963, 39). Die Attraktion der Familie hängt dabei von dem Ausmaß ab, in dem sie die Bedürfnisse ihrer Mitglieder befriedigt. Die Intensität der familiären Kontrolle wiederum hängt ab von der Attraktion der Familie auf die Mitglieder und zwar um so mehr dann, wenn diese zur Befriedigung ihrer Bedürfnisse nicht vollständig von der Familie abhängig sind.

Da Gold nun aber nicht das Ausmaß messen wollte, in welchem eine Familie effektiv die Bedürfnisse der Jugendlichen, d. h. der Söhne, befriedigt, untersuchte er die Beziehung zwischen Vater, als potentiell attraktiver und damit kontrollierender Person, und dem Sohn. Er stützte sich dabei auf die psycho-analytische Theorie der Identifikation mit dem gleichgeschlechtlichen Eltern-Teil in den ersten Lebensjahren sowie der Wiederholung des Identifikations-Prozesses in der Adoleszens. Da er die Jugendlichen altersmäßig aus dieser Zeitspanne wählte, nahm er an, daß ein Identifikations-Bruch für die Delinquenz bedeutsam sein könnte.

Er schreibt: »Wahrscheinlich berühren viele Faktoren die Gefühle eines Jungen zu seinem Vater als Identifikations-Person, d. h. als jemandem, mit dem er fühlt Attitüden und Interessen zu teilen, als einer Person, der er ähnlich ist oder der er gleichen will. Es mußten bei der Betrachtung dieser Faktoren Grenzen gezogen werden, und aus dem zentralen Bezug dieser Studie ergab sich, daß statusbezogene Faktoren Vorrang haben. Zwei Möglichkeiten wurden betrachtet: der Vater als Bild des ›erfolgreichen Mannes‹ und der Vater als ›Haupt der Familie‹« (Gold 1963, 39 f.).

Soweit das Bild des »erfolgreichen Mannes« für die Attraktion und damit die Kontrolle des Vaters relevant wird, nimmt Gold an, daß kulturelle Definitionen des »Erfolgs« Unterschicht-Väter als »Nacheiferungs-Objekt« (object of emulation) benachteiligen, da sie, um die Achtung ihres Sohnes zu erringen, die soziale Bewertung des »sauberen« und des »schmutzigen« Berufes und des darin Tätigen überwinden müssen. Einen weiteren Faktor der Schwächung der Kontrolle vermutet er in dem niederen Status, den Unterschicht-Väter in der Gemeinde haben, zumal die in der amerikanischen Gesellschaft gängigen Vater-Bilder meist Väter der höchsten Status-Positionen zeigen.

Soweit es das Bild des Vaters als »Haupt der Familie« betrifft, wird angenommen, daß vor allem der väterliche Einfluß auf die Familien-Entscheidungen als Basis der Attraktion und der Kontrolle relevant wird, wobei vor allem der Einfluß des Vaters gegenüber dem der Mutter einen Faktor für die Attraktion und Kontrolle gegenüber dem Sohn darstellt.

Hinsichtlich dieses väterlichen Einflusses kehrt Gold die gängige Hypothese um, daß der Mann der Arbeiter-Schicht im Haushalt dominiert und der Mann der Mittelschicht die Entscheidungen mit seiner Frau trifft oder sie ihr ganz überläßt. Er vermutet statt dessen, daß Männer mit höherem Status auch hinsichtlich der Entscheidungen in der Familie mehr Einfluß haben.

Unter Hinweis auf die von den McCords (1958) gesammelten Daten, daß Söhne delinquenter Eltern häufiger delinquent werden als solche von nicht-delinquenten, vermutet Gold, daß die Etablierung sozialer Kontrolle bei delinquenten Eltern nur dort stattfindet, wo ein Teil die sozialen »standards« aufrechterhält. Aber auch andere als Familien-Mitglieder können, sofern sie die sozialen »standards« nicht aufrechterhalten, zur Schwächung der sozialen Kontrolle über Jugendliche beitragen, wie er im Hinblick auf Sutherlands (1939) Theorie der »differentiellen Assoziation« vermutet.

Nach der Betrachtung der »controls« und der Faktoren ihrer Schwächung kommt Gold zur Betrachtung der »provocations«. In der Literatur sind es vor allem zwei Formen von »provocations«, die mit der Delinquenz in Beziehung gebracht werden. Einmal der aus der psychoanalytischen Theorie kommende »angeborene Aggressions-Destruktions-Impuls«, zum anderen sozialer Status, bzw. Status-Deprivation.

Da der Aggressions-Destruktions-Impuls als der menschlichen Natur immanent betrachtet wird, kann er nicht direkt mit der Sozial-Struktur in Beziehung gebracht werden und wird daher von Gold nicht als wichtig erachtet. Er weist jedoch darauf hin, daß im Falle einer zentralen Bedeutung dieses Impulses für häufigeres delinquentes Verhalten von Jugendlichen mit niederem Status die Gründe dafür von Unterschieden in der sozialen Kontrolle abhängen müssen.

Man könnte nach Gold zwar vermuten, daß Armut eine starke ›provocation‹ darstellt, d. h. daß Jugendliche mit niederem Status stehlen, um Dinge zu bekommen, die ihre Eltern ihnen nicht beschaffen können. Dann müßten aber die Delinquenzraten in Zeiten der Arbeitslosigkeit und der Depression steigen und in Zeiten der Prosperität sinken. Tatsächlich zeigen jedoch verschiedene Untersuchungen (Glaser, Rice 1959, Reineman 1947, Laird 1933, Sterner 1936 das Gegenteil. »Das Ansteigen der Raten während der Perioden der Prosperität läßt vermuten, daß Status ein wichtiger Anreiz ist, denn in den prosperierenden Zeiten wird vor allem nach den Prestige-Symbolen von Geld und Macht gesucht« (Gold 1963, 41).

Die zentrale, von Gold untersuchte Dimension, ist die Wirkung der Status-Deprivation auf delinquentes Verhalten. Er bezieht sich dabei auf A. K. Cohen (1955), in dessen Theorie Status-Deprivation das Versagen bedeutet, Reichtum und Macht als den Haupt-Kriterien sozialer Stratifikation zu erlangen. »Cohen nahm an«, so Gold, »daß Delinquenz eine doppelte Lösung des Problems der Status-Deprivation ist: die Werte, deren Erreichung blockiert ist, werden gestürzt und gleichzeitig gewinnt der Jugendliche dadurch an Status bei seinen delinquenten Gleichaltrigen« (Gold 1963, 42).

Eine Beziehung zwischen sozialem Status und Status-Deprivation sieht Gold z. B. im Schicht-Bewußtsein, das möglicherweise bei Jugendlichen mit niederem Status das Maß der Deprivation höher ansteigen läßt als bei Jugendlichen mit hohem Status.

Zwei Faktoren wurden dazu untersucht. Es wurde nach Indikatoren für ein Klassen- bzw. Schichtbewußtsein gesucht, um zu prüfen, ob die Jugendlichen fühlen, daß die bei ihnen beginnenden sozialen Schichten die Lebens-Chancen festlegen. Als zweiter Faktor wurde die Stärke persönlicher Attribute auf ihren Anteil an der Bestimmung percipierter Chancen hin getestet.

Dieser zweite Faktor wurde vor allem unter dem Aspekt der Schulleistungen geprüft, wobei Gold auf Cohen verweist, der zeigt, daß percipierte persönliche Unzulänglichkeit die Schätzung der weiteren Zukunft eines Jugendlichen determinieren kann. Dabei kann die Schulleistung dem Jugendlichen in besonderem Maße die Chance zeigen, die er hat, um erfolgreich zu werden. Gold verweist dabei weiter auf Untersuchungen von Sexton (1960) und D. C. Shaw (1943), die zeigen, daß Jugendliche mit niederem Status geringere Leistungen in der Schule zeigen.

Soweit zur Spezifikation des theoretischen Ansatzes über »provocations« und »controls« bei Gold.

13 Darstellung der Hypothesen

Im folgenden sollen die Goldschen Hypothesen vollständig dargestellt werden, obwohl wir in unserer Untersuchung nur die Hypothesen überprüfen wollen, die sich auf die Familie als primäre Quelle sozialer Kontrolle beziehen.

Gold untersucht entsprechend seinem theoretischen Ansatz zwei Prozeßketten. Einmal die Kette – social status–attraction–control–delinquency – in Beziehung zu Gemeinde- und Familien-Variablen. Zum anderen die Kette – social status–provocation–delinquency – in Beziehung zu Variablen des Klassen-Bewußtseins (class-consciousness) und zu Variablen des persönlichen Versagens (personal failure).

Um mögliche Übersetzungsfehler zu vermeiden, sollen die Hypothesen im Original dargestellt werden.

Zusammenfassung der Hypothesen (Gold 1963, 43 f.):

»I. Social status, attraction, control, and delinquency
  A. Community variables
    Hypothesis 1: Recreational and educational facilities will be differentially distributed in a community so that lower status boys have poorer facilities available to them.
    Hypothesis 2: The quality of recreational and educational facilities in different neighborhoods of the community will be related to the attitudes toward the community of boys living in different neighborhoods, so that boys with poorer facilities available to them will be less attracted to the community.
    Hypothesis 3: Since attraction is the primary basis of social control, boys who are less attracted to their community will more likely to be delinquent.

  It follows from these three hypotheses that lower status boys will more likely be delinquent. However, the implication of Hypothesis 3 is that the less a n y boy is attracted to his community, the more likely he will be delinquent, wether he is higher or lower status. That is, relatively low attraction to the community is expected to characterize higher and lower status delinquents alike.

  B. Family variables
    Hypothesis 4: The status of a man's job in his society will be related to the amount of influence he wields in his family, so that lower status men are less influential.

> Hypothesis 5: A son's attraction to his father is related to the influence the father wields in his family, so that the less influential boys perceive their fathers to be, the less they will be attracted to them.
>
> Hypothesis 5a: A son's attraction to his father is related directly to the status of his father's job in his society, so that the lower the status of fathers' jobs, the less attractive fathers will be to their sons.
>
> Hypothesis 6: Since attraction is the primary basis of social control, and since fathers are primary sources of social control for adolescent boys: the less boys are attracted to their fathers, the more likely they will be delinquent.
>
> It follows from Hypotheses 4 through 6 that lower status boys will more likely be delinquent. However, the implication of Hypothesis 6 is that relatively low attraction to father characterizes higher and lower status delinquents alike.
>
> II. Social status, provocation, and delinquency
>   A. Class consciousness variables
>   Hypothesis 7: Belief in The American Dream of equality of opportunity is differentially distributed among boys in different social statuses, so that fewer lower status boys believe in The American Dream.
>   Hypothesis 8: Since anticipation of occupational failure creates problems of status deprivation which delinquency is especially suited to solve, lower status boys who do not believe in The American Dream are more likely to become delinquent.
>   B. Personal failure variables
>   Hypothesis 9: School achievement is related to social status, so that lower status boys do less well in school.
>   Hypothesis 10: Since the level of school achievement is a cue to future occupational success, boys who do less well in school will more likely anticipate occupational failure.
>   Hypothesis 11: Since anticipation of occupational failure creates problems of status deprivation which delinquency is especially suited to solve, boys who do less well in school are more likely to become delinquent.
>
> It follows from Hypotheses 7 through 11 that lower status boys will more likely be delinquent. However, the implications of Hypotheses 10 and 11 are that anticipation of occupational failure, prompted for example by poor performance in school, provokes delinquency among higher and lower status boys alike.«

In der Diskussion amerikanischer Theorien zur Jugend-Delinquenz und ihrer Erklärungs-Möglichkeiten für die Jugend-Delinquenz in Deutschland wurde und wird immer wieder auf Vorbehalte hinsichtlich der Transformation der theoretischen Implikationen hingewiesen, ohne daß diese Transformations-Problematik bisher im Rahmen empirischer Studien, etwa in Form von »cross-cultural-studies«, in Deutschland näher geprüft worden wäre.

Dies ist mit ein Grund dafür, daß wir uns auf die Überprüfung der Hypothesen vier bis sechs beschränken, da wir annehmen, daß hier eine Transformation der theoretischen Implikationen noch am ehesten ad hoc möglich ist. Unsere Annahme schließt jedoch die mögliche Wirkung unterschiedlicher Kultur- und sozialer Struktur-Variablen auf die Ergebnisse unserer Untersuchung keineswegs aus. Inwieweit durch solche unterschiedlichen Variablen bedingte Verzerrungen effektiv auftreten, wird später zu prüfen sein. Ebenso wird zu prüfen sein, inwieweit unsere obige Annahme geeignet ist, nähere Erkenntnisse hinsichtlich der Transformations-Problematik, zumindest soweit diese unter sozial-psychologischer Orientierung möglich ist, zu liefern.

Darstellung der Zusatz-Hypothesen:

Bevor wir zur Darstellung der in unsere Untersuchung eingehenden Zusatz-Hypothesen kommen, sollen die den Goldschen Hypothesen vier bis sechs zugrunde liegenden theoretischen Implikationen erweitert werden, um die Zusatz-Hypothesen aus diesem erweiterten Kontext heraus verständlich zu machen.

Wie wir bereits gezeigt haben, betrachtet Gold die Familie als primäre Quelle sozialer Kontrolle, wobei die Intensität dieser Kontrolle von der Attraktion der Familie auf ihre Mitglieder abhängt. Er vermutet, daß Unterschicht-Familien gewisse Charakteristika zeigen, die sie für ihre Mitglieder weniger attraktiv machen und sie damit hinsichtlich der Etablierung sozialer Kontrolle benachteiligen. Dies mag zur häufigeren Delinquenz bei Unterschicht-Jugendlichen führen.

Gold nimmt an, »daß die relevanten Aspekte der Attraktion eines Jungen an seine Familien-Gruppe in seiner Attraktion zu den Mitgliedern dieser Gruppe liegen, besonders zu den Eltern, ganz besonders aber zum Vater« (Gold 1963, 124). Bestimmend für die Zentrierung auf die Vater-Sohn-Beziehung in seiner Untersuchung war die heute im psychologischen Denken dominierende Theorie der sozialen Kontrolle, gestützt durch empirische Ergebnisse in der Literatur zur Delinquenz.

Hinsichtlich der sozialen Kontrolle betrachtet Gold einmal die psychoanalytische Theorie, zum anderen die allgemeine Theorie der Attraktion und Konformität, die im Rahmen der Gruppen-Theorie und -Forschung entwickelt wurde.

»Die psycho-analytische Theorie der sozialen Kontrolle«, so Gold, »betrachtet das Gewissen oder Super-Ego als die psychische Repräsentation sozialer Normen über das Verhalten. Die Theorie geht davon aus, daß das Super-Ego im Individuum über die Identifikation mit autoritativen Figuren etabliert wird, am häufigsten über die Identifikation mit den Eltern« (Gold 1963, 124). Über Imitation werden im Verlauf der Identifikation auch die elterlichen Verhaltensmuster übernommen. Mit zunehmendem Alter werden äußere Bekundungen einer Identifikation verschwinden, aber »die elterlichen Bilder bleiben als Stimmen des Gewissens« (Gold 1963, 125).

Er schreibt weiter: »Entsprechend der Theorie sind Väter für die Entwicklung des Super-Ego bei Jungens wichtiger als Mütter. Vermutlich entdecken die Kinder die Geschlechtsunterschiede schon in einem frühen Alter und lernen, welcher Eltern-Teil sie widerspiegelt. Die Etablierung (establishment) der psychischen Gleichheit mit den Vätern, zusammen mit den Bemühungen der Eltern um die geschlechtsspezifische Verhaltensweise der Kinder führt dazu, daß die meisten Jungen eher ihren Vätern als ihren Müttern nacheifern. Weiter impliziert die psycho-analytische Theorie, daß jeder Junge ein Stadium durchläuft, in dem er seinen Vater in der Zuneigung der Mutter zu ersetzen wünscht; da er aber nicht in der Lage ist, dies zu erreichen, identifiziert er sich mit dem Vater und genießt so die Beziehung zur Mutter stellvertretend. Dieser Prozeß, die Lösung des Oedipus-Konfliktes, wird als wichtigster Grund für die Identifikation mit den Vätern und für die Übernahme väterlicher Verhaltensmuster betrachtet« (Gold 1963, 125).

Gold betrachtet die Identifikation, wie sie von psycho-analytischen Theoretikern definiert wird, als ein in weitem Maße unbewußtes Charakteristikum der Persönlichkeit, das höchstens über äußere Manifestationen unbewußter Identifikations-Prozesse gemessen werden kann. Dazu ist jedoch die in der Untersuchung benutzte Interview-Methode nicht in der Lage. Aus diesem Grunde konzipiert er die Analyse der Vater-Sohn-Beziehung als spezielles Moment der allgemeinen Theorie der Attraktion und Konformität. Die Vater-Sohn-Dyade wird als »small-group« betrachtet, wobei die Attraktion des Vaters auf den Sohn sich darin zeigt, daß der Sohn den väterlichen Wünschen zu entsprechen sucht und durch diese kontrolliert wird.

Damit werden die Quellen väterlicher Attraktion sowie die Faktoren ihrer Schwächung zum zentralen Problem, d. h. die Untersuchung fordert die Isolierung solcher Variablen der väterlichen Attraktion, die mit deren sozialem Status in Beziehung stehen.

Mögliche Verbindungs-Glieder zwischen sozialem Status und väterlicher oder familiärer Attraktion können die Ziele der Familie als Gruppe sein. Gold bezieht sich auf Burgess/Locke (1945) und Parsons/Bales (1955), die zwei Ziele der Familie definieren, nämlich einmal die Befriedigung grundlegender physischer und sozialer Bedürfnisse, zum anderen die Sozialisation der Kinder. Es wurde jedoch nicht untersucht, welches das primäre Ziel ist, d. h. welches Ziel die »standards« setzt, durch die die anderen Ziele vervollständigt werden. Nicht untersucht wurde auch der Einfluß des Erfolges in der Aufstiegs-Mobilität. Status wird gewöhnlich allen Familieneinheiten zugestanden, und es scheint, wie Gold schreibt, ein Charakteristikum der Gesellschaften durch alle Kulturen der Welt zu sein, daß Familien-Mitglieder einen gemeinsamen Status besitzen. »Da höherer Status gewöhnlich als ein Ziel betrachtet wird, das zu erreichen wertvoll ist, und da die Familien-Mitglieder es gemeinsam erreichen müssen, scheint die Annahme plausibel, daß sich die Familie als Gruppe organisiert, um höheren Status zu erreichen« (Gold 1963, 127).

Nimmt man an, daß Gruppen-Mitglieder in dem Maß Einfluß und Prestige in ihrer Gruppe erlangen, in dem sie zur Erreichung der Gruppen-Ziele beitragen, kann man, wie Gold meint, weiter annehmen, daß Väter in Unterschicht-Familien weniger Einfluß haben, »denn der niedere Status impliziert, daß der Vater, der vor allem die Rolle des Verdieners innehat, nichts zur Erreichung der Familien-Ziele beigetragen hat« (Gold 1963, 127).

Gold schreibt aber weiter: »In dem Maß, in dem der niedere Status seiner Familie als zeitlich begrenzter Raum auf dem Weg nach oben betrachtet wird, wird die Position des Vaters gestärkt. Aber vermutlich sehen die meisten Unterschicht-Familien sich gar nicht auf dem Weg nach oben, und vermutlich muß der Vater die Haupt-Last für das Versagen seiner Familie, dieses Ziel zu erreichen, tragen. Es mag tatsächlich so sein, daß das Erreichen einer Aufstiegs-Mobilität nie als reales Ziel eines Mannes und seiner Frau anerkannt wird, aber dies schwächt gleichzeitig die mögliche Autorität des Mannes als Ernährer« (Gold 1963, 127).

Andere Faktoren, die mit diesem Familien-Ziel in Beziehung stehen und den väterlichen Einfluß in der Familie schwächen, sieht Gold in der Berufstätigkeit der Mutter, die damit möglicherweise einen gleichen Beitrag leistet und ebensoviel Einfluß beansprucht. Einen weiteren Faktor sieht er in der Tatsache, daß z. B. in gewerkschaftlich stark organisierten Industrien die Aufstiegs-Mobilität, ausgedrückt durch höheres Einkommen, in vielen Fällen nicht in der Hand des Vaters, sondern der Gewerkschaften liegt. All dies, so meint Gold, wären Gründe, die erwarten ließen, daß Unterschicht-Väter weniger einflußreiche Mitglieder ihrer Familien-Gruppen sind, entgegen dem gängigen Image des »blue-collar-man« als dem »starken Mann« und dem »white-collar-man«, der Entscheidungen mit seiner Frau zusammen trifft, oder ihr diese Aufgabe ganz überläßt.

Er weist dabei auf einige Untersuchungen hin, deren Ergebnisse seine Annahme stützen. So einmal auf eine Untersuchung von Gold/Slater (1958), die zeigte, daß Männer mit »white-collar-jobs« mehr Einfluß auf Familien-Entscheidungen hatten als solche mit »blue-collar-jobs«, und die weiter zeigte, daß Frauen in solchen Situationen mehr Einfluß hatten, in denen sie durch ihre Berufstätigkeit zum sozialen Aufstieg beitrugen. U. Bronfenbrenner stellte fest, daß in seinem sample die Mütter in Unterschicht-Familien mehr Einfluß hatten. In ihrer Studie »The Unemployed Man and His Family«, die während der Depression der 30er Jahre durchgeführt wurde, fand M. Komarovsky (1940), daß die Arbeitslosigkeit die Autorität des Mannes in der Familie schwächt, besonders aber die Autorität der Väter gegenüber ihren heranwachsenden Söhnen und dies insbesondere wegen ihres Versagens als Ernährer.

Gold nimmt nach alldem an, daß ein Junge mehr von seinem Vater angezogen wird, wenn dieser erfolgreich und ein einflußreiches Mitglied seiner Familie ist. »Beide Faktoren, die miteinander verbunden sind, machen aus dem Vater eine Person, die es wert ist, ihr nachzueifern. So mag die daraus erwachsende Attraktion eine Basis für die väterliche Kontrolle über den Sohn liefern« (Gold 1963, 128).

Aus diesem bisher dargestellten Kontext wurden für unsere eigene Untersuchung einige Zusatz-Hypothesen entwickelt, die sich im wesentlichen auf den Einfluß des Vaters über den Beitrag zur Erreichung der Familien-Ziele beziehen.

Akzeptiert man die Goldsche Annahme, daß die Attraktion des Vaters auf den Sohn im wesentlichen von seiner Stellung als erfolgreichem und einflußreichem Mitglied seiner Familien-Gruppe abhängt und Erfolg und Einfluß dabei hauptsächlich an dem materiellen Beitrag des Vaters, ausgedrückt durch sein Einkommen, zur Erreichung der Familien-Ziele gemessen werden, scheint es plausibel anzunehmen, daß die Antizipation des Sohnes bezüglich des künftigen materiellen Beitrages des Vaters in Beziehung steht mit dessen Einfluß in der Familie, d. h. bei Antizipation eines steigenden materiellen Beitrages erhöht sich das Maß des väterlichen Einflusses in der Familie und auf den Sohn.

Auf der anderen Seite scheint es plausibel zu vermuten, daß Vorbehalte hinsichtlich der Überführung des materiellen Beitrages des Vaters zur Erreichung der Familien-Ziele, etwa in Form unverhältnismäßig teurer Hobbies, den väterlichen Einfluß in der Familie und auf den Sohn vermindern.

Weiter scheint es plausibel anzunehmen, daß sich der väterliche Einfluß in der Familie nicht zuletzt an dem Maß an Entscheidung über die Verteilung des materiellen Beitrages zeigt, wobei die Perzeption dieses Maßes an Entscheidungen beim Sohn für diesen ein Maß des väterlichen Einflusses in der Familie darstellen kann. Diese Hypothese hat hier nur die Funktion einer Meß-Hypothese.

Zusammenfassung der Zusatz-Hypothesen:

Hypothese I: Die Antizipation des künftigen materiellen Beitrages des Vaters zur Erreichung der Familien-Ziele steht in Zusammenhang mit dem Maß an Einfluß, das der Vater in der Familie hat, so daß bei Antizipation eines steigenden materiellen Beitrages das Maß an Einfluß des Vaters steigt.

Hypothese II: Vorbehalte hinsichtlich der Überführung des materiellen Beitrages zur Verfügung der Familie, etwa in Form unverhältnismäßig teurer Hobbies des Vaters, verringern das Maß an Einfluß des Vaters in der Familie.

Hypothese III (Meß-Hypothese): Das Maß an Entscheidungen des Vaters hinsichtlich der Verteilung des materiellen Beitrages steht in Zusammenhang mit dem Maß an Einfluß, das der Vater in der Familie hat.

2 Anlage der Untersuchung

21 Allgemeine Bemerkungen zur Methode

Ziel unserer Untersuchung war, wie bereits erwähnt, der Versuch der Übertragung eines theoretischen Ansatzes zur Erklärung des Einflusses von Status-Faktoren auf delinquentes Verhalten männlicher Jugendlicher, sowie die Überprüfung einiger spezifischer aus diesem Ansatz resultierender Hypothesen.

Diese Zielsetzung impliziert die Forderung nach weitgehender Übereinstimmung der für die Anlage der Untersuchung relevanten Bestimmungs-Kriterien, besonders hinsichtlich der Bestimmung und Auswahl der zu untersuchenden Jugendlichen sowie die Methode der Daten-Erhebung. Dadurch wurde die Anlage unserer eigenen Untersuchung bereits weitgehend determiniert.

Bevor wir nun aber näher auf die Kriterien eingehen, scheint es zunächst sinnvoll zu sein, die in den zu überprüfenden Erklärungs-Ansatz eingehenden Variablen auf ihre Übertragbarkeit hin zu prüfen, d. h. zumindest auf ihre semantische Entsprechung zu überprüfen.

Wie wir bereits dargelegt haben, soll der möglicherweise bestehende Einfluß des sozialen Status des Vaters über die Attraktion-Kontrolle-Dynamik in der Familie auf delinquentes Verhalten des Sohnes geprüft werden. In den Erklärungs-Prozeß, mit der Familie als Schlüssel-Glied, gehen folgende Variablen ein: Sozialer Status–Attraktion/Kontrolle–Delinquenz.

Im folgenden sollen nun den Definitionen dieser Variablen bei Gold die entsprechenden Definitionen dieser Variablen in unserer Untersuchung gegenübergestellt werden.

Wie wir gesehen haben, wird bei Gold der soziale Status eines Mannes, hier des Vaters, durch das Prestige seines Berufes in der Gesellschaft definiert. Die von ihm benutzten Adjektive »höher« und »niederer« beziehen sich hinsichtlich der Differenzierung von Status-Positionen in der Gesellschaft auf dieses Berufs-Prestige. Er kommt zu einer Differenzierung nach drei berufsdeterminierten Status-Positionen und zwar nach »Whitecollar-«, »Skilled-« und »Unskilled-Jobs«.

Eine Übertragung der Variablen »sozialer Status« in der von Gold gewählten Definition dürfte hinsichtlich der semantischen Entsprechung akzeptiert werden. So definiert z. B. auch H. P. Bahrdt (1967) sozialen

Status als »in erster Linie durch die Art des ausgeübten Berufes und die erreichte Position in der beruflichen Laufbahn (falls es sich um Laufbahnberufe handelt) bestimmt ...« Er sagt weiter: »Die wichtigsten Statusgruppen sind Berufs- bzw. Berufsstellungsgruppen (sowohl im allgemeinen Sinn der Statistik: Arbeiter, Angestellte, Beamte, als auch im speziellen Sinn: Inhaber gleicher Laufbahnstufen). Sehr oft handelt es sich hier um echte soziale Gruppen mit Wir-Bewußtsein, die bewußt einen auf den Beruf bezogenen Status verteidigen oder zu verbessern suchen« (Bahrdt 1967, 4).

Bezüglich der von Gold vorgenommenen Differenzierung nach drei Status-Gruppen zeigten sich einige Schwierigkeiten, da sich aus der Ausgangs-Untersuchung nicht mehr klar erkennen ließ, welche Berufs-Tätigkeiten diese drei Kategorien im einzelnen umfaßten. Darüber hinaus schien hier eine einfache Übertragung dieser drei Berufs-Kategorien auf die Population unserer Untersuchung als zur Bestimmung des sozialen Status nicht ausreichend. Wir verwandten aus diesem Grunde zur Bestimmung des sozialen Status des Vaters die Kurzfassung eines von Scheuch (1965) entwickelten »Index zur Messung der sozialen Schicht«. Dieser Index basiert auf den Merkmalen: Beruf des Hauptemährers, Einkommen des Hauptemährers und der Schulbildung. Auf der Basis dieses Index kommt Scheuch zu einer sozialen Schichtung über sechs Stufen.

Die Daten über die drei in den Index eingehenden Merkmale sollten dabei nicht bei den Vätern der in unserer Untersuchung einzubeziehenden Jugendlichen erhoben werden, sondern bei den zu befragenden Jugendlichen allein. Wir waren uns dabei bewußt, daß es sich bei den so zu erhebenden Daten nicht um objektive Daten, sondern um zumeist subjektive Schätzungen handeln konnte, besonders stark vermutlich bei der Schätzung des väterlichen Einkommens, eventuell auch der Schulbildung.

Dies geschah aufgrund folgender Überlegungen. Wir wollten verhindern, daß der eigentliche Zweck dieser Untersuchung von den Eltern der Jugendlichen, vorwiegend der delinquenten Jugendlichen, im Verlauf ihrer Befragung eventuell bekannt werden könnte und sie die Teilnahme der zu befragenden Söhne verhinderten. Zum anderen glaubten wir annehmen zu können, daß die Jugendlichen, die in der überwiegenden Mehrzahl der Fälle aufgrund der von uns gewählten Altersstufe bereits selbst im Beruf standen, dadurch hinreichend genaue Kenntnisse dieser drei relevanten Merkmale hatten. Ein weiterer Grund zur Nicht-Befragung des Vaters, bzw. beider Eltern, lag in der Überlegung, daß, wenn eine Beziehung zwischen dem sozialen Status des Vaters und der Delinquenz des Sohnes besteht, sich möglicherweise bereits bei der Erhebung der zur Status-Bestimmung dienenden Daten Unterschiede zwischen Prüf- und Kontroll-Gruppe zeigen. Soweit zur Variablen »sozialer Status«.

Die von Gold benutzte Definition der Delinquenz scheint hinreichend weit gefaßt zu sein, um sie zur Bestimmung der Prüfgruppe unserer Untersuchung übernehmen zu können. Allerdings mußten einige restriktive Modifikationen eingeführt werden, die die Bestimmung und Auswahl unserer Prüfgruppe letztlich auf die delinquenten Jugendlichen beschränkten, die der Legal-Definition delinquenter Jugendlicher entsprachen, d. h., in die Prüfgruppe wurden nur solche Jugendliche aufgenommen, die die in § 1 JGG festgelegten Voraussetzungen erfüllten. Da in der Bundesrepublik Deutschland entsprechend dem JGG Strafmündigkeit erst nach Vollendung des 14. Lebensjahres eintritt, ergab sich zwangsläufig eine Verschiebung der Altersstufen gegenüber der Ausgangsuntersuchung. Während die Jugendlichen der Goldschen Untersuchung zum Zeitpunkt der Befragung zwischen 12 und 16 Jahre alt waren, waren die Jugendlichen unserer Untersuchung zwischen 16 und 19 Jahren alt, d. h. unsere Prüfgruppe setzte sich entsprechend dem § 1 JGG aus Jugendlichen (14 bis unter 18 Jahren) und Heranwachsenden (18 bis unter 21 Jahren) zusammen.

Der von Gold benutzten Kategorisierung der Prüfgruppe nach »sometimes-« und »repeated-delinquents« versuchten wir in etwa dadurch zu entsprechen, daß wir die Prüfgruppe nach zwei Kategorien, die im wesentlichen durch die entsprechenden Vorschriften des JGG determiniert wurden, einteilten. Die erste Kategorie sollte alle diejenigen Jugendlichen umfassen, die aufgrund einer »nach den allgemeinen Vorschriften mit Strafe bedrohten Verfehlung« aktenkundig wurden, gegen die aber ein Verfahren nach Maßgabe des § 45 JGG und/oder des § 153 StPO eingestellt worden war. Die zweite Kategorie sollte die Jugendlichen umfassen, die zumindest einmal ein Jugend-Strafverfahren durchlaufen hatten.

Hinsichtlich der den Verfehlungen zugrunde liegenden Tatbeständen sollten ausgesprochene Verkehrs-Delikte nicht einbezogen werden. Ebenso sollte die Art und Höhe der entsprechenden Strafzumessung nicht berücksichtigt werden.

Die so kategorisierten Jugendlichen sollten zum Zeitpunkt der Befragung nicht mehr einsitzen und nicht unter Bewährung oder Bewährungs-Aufsicht stehen. Der Zeitpunkt der Begehung des der Eintragung zugrunde liegenden Deliktes sollte keine Bedeutung haben. Die Jugendlichen mußten mit beiden Eltern in häuslicher Gemeinschaft leben.

22 *Erstellung des Fragebogens*

Die Daten sollten, entsprechend der Ausgangs-Untersuchung, per Interview anhand standardisierter Fragebogen erhoben werden. Dabei wurden zur Erstellung des Fragebogens die in der Ausgangs-Untersuchung benutzten Fragen soweit als möglich übernommen oder, sofern eine direkte Übernahme aufgrund kulturspezifischer »items« nicht möglich war, sinngemäß umformuliert. Zur Messung der in die Zusatz-Hypothesen eingehenden Variablen wurden neue Fragen formuliert, ebenso einige Füll-Fragen, die keiner spezifischen Hypothese zugeordnet waren und nur informativen Charakter hatten.

Die benutzten Fragen waren zum überwiegenden Teil geschlossene Fragen und als solche im wesentlichen als Auswahl-Fragen formuliert. Zum Teil lagen diesen Fragen Original-Skalen, zum Teil aber auch nur Kataloge von Antwort-Möglichkeiten ohne bestimmtes Kontinuum zugrunde. Bei steigender Anzahl der Antwort-Möglichkeiten oder zunehmendem Umfang der Fragen sollten die Auswahl-Fragen als Listen-Fragen dem Befragten zur Beantwortung vorgelegt werden.

Der Aufbau des Fragebogens folgte hinsichtlich der Gruppierung der Fragen im wesentlichen der Abfolge der Hypothesen, bzw. den in die jeweilige Hypothese eingehenden Variablen, wobei zum Teil einige der Variablen über mehrere Indikatoren und mit Fragebatterien gemessen werden sollten.

Da sich der in der Hauptbefragung benutzte Fragebogen in der Anlage zu dieser Arbeit befindet, soll hier auf eine eingehende Erläuterung der einzelnen Fragen verzichtet werden.

Der Hauptbefragung sollte eine Vorbefragung vorangehen, in der einmal die allgemeine Verständlichkeit des Fragebogens sowie einige Probleme der Messung, die wir im folgenden näher behandeln wollen, abgeklärt werden sollten. Die Durchführung der Vorbefragung soll in einem späteren Abschnitt ausführlich dargestellt werden.

Probleme der Messung ergaben sich im wesentlichen für die Überprüfung der Hypothese 5b sowie für die von uns, in Erweiterung der Ausgangs-Untersuchung, beabsichtigte direkte Messung der Hypothese 6.

So war z. B. zur Prüfung der Hypothese 5b, in die als unabhängige Variable der Status bzw. das Prestige des väterlichen Berufes einging, erforderlich, die damit verbundene »Erfolgs«-Perzeption als die im psychologischen Feld des Sohnes repräsentierte Entsprechung zu messen. Eine Übernahme der zu dieser Messung in der Ausgangs-Untersuchung benutzten »rating-scale« über zwölf Berufe war nicht möglich. Für unsere Untersuchung bot sich eine von K. M. Bolte (1959) aus den Ergebnissen einer Feld-Untersuchung typisierte Prestige-Skala verschiedener Berufs-Gruppen in Deutschland an. Dieser typisierten Prestige-Skala lagen Rangordnungen ausgewählter Berufe zugrunde, wobei diese Rangordnungen sowohl bei städtischen als auch bei ländlichen Befragten erhoben wurden. Die von Bolte aufgrund der im wesentlichen übereinstimmenden Ergebnisse typisierte Skala umfaßt sechs Stufen:

1. u. a. Akademiker, größere selbst. Kaufleute und Unternehmer, höhere Beamte
2. Volksschullehrer, Elektroingenieure
3. mittlere selbst. Gewerbetreibende, mittlere Beamte, hochqualifizierte technische und kaufmännische Berufe (Meister, Buchhalter)
4. gelernte (abhängige) Berufe der verschiedensten Art und angelernte technische Tätigkeiten
5. angelernte nichttechnische Tätigkeiten
6. ungelernte Tätigkeiten

In Anlehnung daran bildeten wir eine Prestige-Skala über sieben Berufe (Professor, Arzt, Ingenieur, Buchhalter, Maschinenschlosser, Kellner, Straßenkehrer). Auf dieser Skala sollte das perzipierte Prestige des väterlichen Berufes beim Sohn gemessen werden.

Voraussetzung dieser Messung war die Konsistenz der Prestige-Differenzierung der Berufe unserer Skala mit der zugrunde liegenden Skala von Bolte bei Jugendlichen der von uns gewählten Alters-Stufen.

Die Konsistenz der Prestige-Differenzierung der von uns gebildeten Skala mit der zugrunde liegenden Prestige-Skala von Bolte sollte in der Vorbefragung geprüft werden. Zu diesem Zweck wurden die für unsere Skala gewählten Berufe auf einzelne Kärtchen übertragen, die aus einer zufälligen Anordnung vom Befragten auf einer von 1 bis 7 fortlaufend numerierten Skala nach dem vom Befragten perzipierten Prestige dieser Berufe eingeordnet werden sollten. Der Beruf mit dem höchsten Prestige sollte bei 1, der mit dem niedersten Prestige sollte bei 7 eingeordnet werden. Nach der erfolgten Einordnung sollte dann vom Befragten das von ihm perzipierte Prestige des väterlichen Berufes auf der Skala angegeben werden.

Ein weiteres Problem ergab sich aus der von uns im Rahmen der Hypothese 6 beabsichtigten direkten Messung der Attraktion von Vater und Mutter auf den Sohn. In der Ausgangs-Untersuchung war die Attraktion der Eltern auf den Sohn indirekt anhand der Indikatoren »Maß gemeinsamer Aktivitäten«, »Übereinstimmung der Attitüden zu bestimmten Problemen« sowie als Indikator einer möglichen Schwächung der Attraktion der vermuteten Disziplinierungstechniken gemessen worden. In Erweiterung der Messungen der Ausgangs-Untersuchung wollten wir über die Frage: »Wie sehr schätzen Sie Ihren Vater (Mutter)?«, auf der Basis einer Skala, die von »schätze ganz besonders« über »schätze sehr«, »schätze wenig« bis »schätze sehr wenig« lief, die Attraktion direkt messen. Da keine in diesem Zusammenhang validierten Skalen zur Verfügung standen, mußte offenbleiben, inwieweit die von uns zugrunde gelegte Skala geeignet war, Attraktion direkt zu messen. Über die endgültige Verwendung dieser Skala sollte das Meß-Ergebnis der Vorbefragung entscheiden.

23 Vorbefragung

Die Vorbefragung erfolgte im Sommer 1966 an 37 männlichen Jugendlichen im Alter von 14 bis 18 Jahren. Als Interviewer hatten sich Studenten der sozialwissenschaftlichen Fachgruppe der Wirtschaftshochschule Mannheim zur Verfügung gestellt.

Da zu vermuten war, daß unter den von uns gewählten restriktiven Kriterien die Population, aus der die Prüf-Gruppe unserer Untersuchung gezogen werden sollte, in Mannheim nicht so umfangreich ist, daß wir sowohl für Vor- als auch Haupt-Befragung hinreichend große Stichproben erhalten, sollte die Vor-Befragung innerhalb der Grenzen der Stadt Ludwigshafen/Rhein durchgeführt werden, wobei wir annahmen, daß sich die Bevölkerungsstruktur der Stadt Mannheim nicht wesentlich von der der Stadt Ludwigshafen/Rhein unterscheidet.

Leider war es nicht möglich, bereits für die Vor-Befragung eine Prüf-Gruppe delinquenter Jugendlicher zu bestimmen, da es nicht gelang, Anschriften entsprechender Ziel-Personen zu erhalten. Da auch der Fragebogen keine direkte Frage nach eventuellen deliktischen Handlungen des Befragten enthielt, war auch eine Differenzierung nach der Erhebung der Daten nicht möglich. Um wenigstens in etwa eine Entsprechung mit der Population der Haupt-Befragung zu erreichen, ließen wir uns von den entsprechenden Behörden der Stadt Ludwigshafen einige Lokale nennen, in denen sich vorwiegend Jugendliche treffen und von denen bekannt war, daß sich unter diesen Jugendlichen auch delinquente befinden.

Die Anweisung an die Interviewer ging dahin, Jugendliche der von uns gewählten Altersstufen in freier Kontakt-Aufnahme in diesen uns genannten Lokalen zu befragen. Der zur Vor-Befragung benutzte Fragebogen entsprach bis auf die bereits erwähnten Fragen 7, 19 und 36 im wesentlichen dem Fragebogen der Haupt-Befragung.

Die folgende Tab. 1 soll über die Schicht- und Altersstruktur Auskunft geben.

Tabelle 1. Schicht- und Altersstruktur der befragten Jugendlichen (Vorbefragung)

S	A	14	15	16	17	18	
O		3	3	5	2	1	14
M		1	3	8	5	3	20
U		2	–	–	1	–	3
		6	6	13	8	4	37

Es zeigt sich, daß Jugendliche der Mittel- und Oberschicht hinsichtlich der von Scheuch (1965, 103) festgestellten Schicht-Struktur der Bundesrepublik stark überrepräsentiert sind. Dies mag sich zum Teil daraus erklären lassen, daß wir Studenten als Interviewer einsetzten und diese im Rahmen der freien und zufälligen Kontakt-Aufnahme vorwiegend solche Jugendlichen befragten, die ihnen hinsichtlich der sozialen Schichtzugehörigkeit in etwa entsprachen.

231 Ergebnisse der Vorbefragung

Allgemein kann gesagt werden, daß die Ergebnisse der Vorbefragung keine methodischen Einwendungen hinsichtlich des benutzten Fragebogens begründeten. Es gab keine Frage, auf die die Mehrzahl der Befragten die Antwort verweigerten, woraus wir annehmen konnten, daß keine ernsthaften Verständnisschwierigkeiten aus der Formulierung der Fragen entstanden. Weiter konnte man annehmen, daß keines der in den Fragen enthaltenen »items« so stark tabuiert war, daß daraus eine Antwortverweigerung bei den Befragten resultierte.

Im folgenden sollen die Ergebnisse dargestellt werden, die neben der allgemeinen Verständlichkeit und der methodischen Brauchbarkeit des Fragebogens speziell im Rahmen der Vorbefragung geprüft werden sollten.

Hinsichtlich der Prüfung der Konsistenz der Prestige-Skala von Bolte bzw. der von uns daraus abgeleiteten Skala, auf der die Perzeption des Sohnes bezüglich des Prestiges des väterlichen Berufes gemessen werden sollte (Frage 7), zeigten sich folgende Ergebnisse, die in der Tab. 2 dargestellt werden sollen.

Tabelle 2. Prestige-Differenzierung verschiedener Berufe (Vorbefragung)

Beruf	Rang	1	2	3	4	5	6	7
Professor		23	8	4	1	1	–	–
Arzt		8	16	11	–	–	–	–
Ingenieur		5	12	18	2	–	–	–
Buchhalter		–	–	1	22	13	1	–
Maschinenschlosser		–	1	3	10	17	8	–
Kellner		1	–	–	2	6	26	2
Straßenkehrer		–	–	–	–	–	2	35

Die Ergebnisse der Tab. 2 zeigen eine zumindest hinreichende Prestige-Differenzierung zwischen den von uns gewählten Berufen, so daß wir die daraus resultierende Rang- bzw. Prestige-Folge als vorzugebende Prestige-Skala in die Haupt-Befragung übernehmen zu können glaubten.

Hinsichtlich der direkten Messung der Attraktion von Vater und Mutter zum Sohn zeigte sich, daß die von uns benutzte Skala über vier Positionen nicht hinreichend differenzierte, zumal von den Befragten von der Möglichkeit, zwischen den Positionen anzukreuzen, kein Gebrauch gemacht wurde.

Es zeigte sich folgende Verteilung der Attraktion:

a) Skala zur Messung der Attraktion des Vaters

(8)	(22)	(6)	(1)
schätze ganz besonders	schätze sehr	schätze wenig	schätze sehr wenig

b) Skala zur Messung der Attraktion der Mutter

(13)	(23)	(1)	(–)
schätze ganz besonders	schätze sehr	schätze wenig	schätze sehr wenig

Als Grund dieser mangelnden Differenzierung vermuteten wir eine bei den Befragten möglicherweise perzipierte soziale Norm dahingehend, daß die Eltern, ungeachtet möglicher gegenteiliger Attitüden, zu »schätzen« sind, vor allem außenstehenden Dritten (Interviewer) gegenüber. Wir vermuteten weiter, daß, falls eine solche Norm perzipiert wird, der daraus resultierende Effekt durch den Aufbau, bzw. die Richtung der von uns benutzten Skala, nämlich von stark positiv nach stark negativ noch verstärkt wurde. Aus diesem Grunde sollte für die Haupt-Befragung eine Flächen-Skala über sieben arithmetisch kleiner werdende Flächen benutzt werden. In jede dieser sieben Flächen sollte das darin eingeschriebene »schätze sehr« als einziges »item« ebenfalls in der Schriftgröße arithmetisch fallen. Die entsprechende Anweisung im Fragebogen sollte lauten: »Ich lege Ihnen jetzt eine Skala vor. Wenn Sie den Vater (die Mutter) ganz besonders schätzen, wählen Sie eine der größeren Flächen.«

Mit Hilfe dieser Flächen-Skala und der Verwendung eines positiven »items« hofften wir, die vermutete Tendenz zu ausschließlich positiven Urteilen der Befragten differenzierter erfassen zu können, zumal dann, wenn überhaupt keine negativen »items« angeboten werden.

Eine weitere Änderung bezog sich auf die in Frage 5 benutzte Liste zur Einkommensbestimmung. Die in der Vorbefragung benutzte Liste wurde durch eine Liste mit breiteren Klassen ersetzt, da wir vermuteten, daß dadurch einmal die Aussage-Bereitschaft erhöht und dem Befragten die Einordnung erleichtert wird, da wir nicht annehmen konnten, daß das Einkommen des Vaters in allen Fällen so genau bekannt ist, daß es in Klassen zu jeweils DM 100,– angegeben werden kann.

Sonstige Änderungen bezogen sich auf sprachliche Verbesserungen bei der Formulierung einiger Fragen. Im wesentlichen wurde der in der Vorbefragung geprüfte Fragebogen jedoch für die Hauptbefragung beibehalten.

24 Hauptbefragung

241 Allgemeine Bemerkungen zur Hauptbefragung

Als Ort der Hauptbefragung wurde die Stadt Mannheim gewählt. Als Interviewer standen wiederum Studenten der Sozialwissenschaftlichen Abteilung der Universität Mannheim (Wirtschaftshochschule) zur Verfügung. Die Hauptbefragung lief vom 22. 5. bis 24. 6. 1967.

242 Auswahl der Prüf-Gruppe

Zur Auswahl der Prüf-Gruppe hatten wir aufgrund einer Genehmigung des Justiz-Ministeriums des Landes Baden-Württemberg die Möglichkeit, aus den Unterlagen der entsprechend zuständigen Behörden solche männlichen Jugendlichen auszuwählen, die unsere Definition der »Delinquenz« erfüllten. Die Prüf-Gruppe sollte aus diesen delinquenten Jugendlichen nach folgenden Kriterien gebildet werden:

1. Geburtsjahrgänge 1948 bis 1951
2. ehelich geboren
3. wohnhaft innerhalb der Grenzen der Stadt Mannheim

Unter diesen Kriterien zeigte sich, daß die Auswahl der Prüf-Gruppe nahezu einer Vollerhebung gleichkam. Insgesamt wurden 109 delinquente männliche Jugendliche ausgewählt und nach drei Kategorien differenziert:

Kategorie I: Eintrag, eingestelltes Jugend-Strafverfahren
Kategorie II: Eintrag, ein Jugend-Strafverfahren
Kategorie III: Eintrag, zwei oder mehr Jugend-Strafverfahren

Die so gebildete Prüf-Gruppe setzte sich nach Alter und Kategorien wie folgt zusammen:

Tabelle 3. Altersverteilung der Prüf-Gruppe über drei Delinquenzstufen

	1951	1950	1949	1948	Summe
Kategorie I	11	9	8	7	35
Kategorie II	8	10	11	9	38
Kategorie III	3	8	20	5	36
Total	22	27	39	21	109

Anhand einer Aufteilung nach Stadtbezirken zeigte sich, daß in bestimmten Bezirken Häufungen auftraten. Die folgende Tabelle zeigt die Verteilung der delinquenten männlichen Jugendlichen über die Stadtbezirke, wobei wir einige Bezirke zusammenfaßten.

Tabelle 4. Verteilung der Prüf-Gruppe über die Stadtbezirke

Innenstadt, Lindenhof, Almenhof, Neckarau, Rheinau	30
Neckarstadt West/Ost	23
Waldhof	16
Schönau	15
Sandhofen	7
Käfertal/Feudenheim	13
Sonstige	5
Summe	109

Entsprechend dieser räumlichen Verteilung sowie entsprechend der Altersstruktur der Prüf-Gruppe sollte nun die Kontroll-Gruppe im Quota-Verfahren gezogen werden.

243 Auswahl der Kontroll-Gruppe

Die Auswahl der Kontroll-Gruppe konnte aus den Unterlagen des Statistischen Amtes der Stadt Mannheim vorgenommen werden. Die Quotierung, unter der eine Stichprobe von N = 120 männlichen Jugendlichen gezogen werden sollte, war nach Geburtsjahrgang und Wohngebiet entsprechend der Prüf-Gruppe wie folgt differenziert:

a) nach Geburtsjahrgang
   1948: 25 Jugendliche (20,8 %)
   1949: 40 Jugendliche (33,4 %)
   1950: 30 Jugendliche (25,0 %)
   1951: 25 Jugendliche (20,8 %)

b) nach Stadtbezirken
   Innenstadt, Lindenhof, Almenhof,
      Neckarau, Rheinau: ca. 30 Jugendliche
   Neckarstadt: ca. 20 Jugendliche
   Waldhof: ca. 20 Jugendliche
   Schönau: ca. 20 Jugendliche
   Sandhofen: ca. 10 Jugendliche
   Käfertal/Feudenheim: ca. 20 Jugendliche

Bei der Besetzung der einzelnen Stadtbezirke wurden die gewählten Geburtsjahrgänge entsprechend ihres prozentualen Anteils in der Gesamt-Gruppe berücksichtigt.

Die Kontroll-Gruppe umfaßte nach der Ziehung insgesamt 119 männliche Jugendliche der Geburtsjahrgänge 1948 bis 1951. Diese Jugendlichen wurden anhand der Unterlagen der entsprechenden Behörden daraufhin überprüft, ob sich unter ihnen solche Jugendlichen befinden, die nach unserer Definition delinquent waren. Es zeigte sich dabei, daß von den 119 Jugendlichen vier bereits in der Prüf-Gruppe enthalten waren und neun weitere der Prüf-Gruppe zugeschlagen werden mußten. Die Kontroll-Gruppe umfaßte danach 106 männliche Jugendliche, die als nicht-delinquent betrachtet wurden.

Leider ließ sich nicht mit absoluter Sicherheit ausschließen, daß sich in der Kontroll-Gruppe möglicherweise weitere delinquente Jugendliche befinden, da wir nur die Jugendlichen überprüfen konnten, die in Mannheim selbst geboren sind.

244 Durchführung der Hauptbefragung

Um vor allem bei den Jugendlichen der Prüf-Gruppe den Eindruck eines Zusammenhanges unserer Untersuchung mit ihrem delinquenten Verhalten zu vermeiden, lief die Hauptbefragung unter dem Thema: »Situation der männlichen Jugend heute«. Ebenso wurden die Interviewer über den eigentlichen Zweck der Untersuchung nicht informiert. Die Anschriften der Jugendlichen aus Prüf- und Kontroll-Gruppe wurden, nach Wohngebieten geordnet, auf Kärtchen übertragen, die nur mit einer laufenden Nummer versehen waren. Nur der Verfasser konnte aufgrund dieser laufenden Nummer nach Prüf- und Kontroll-Gruppe trennen.

Bei der Interviewer-Einweisung wurden den Interviewern die Anschrift sowie ein adressiertes Anschreiben mit Rückantwortkarte übergeben, das vor der Befragung mit einem vom Interviewer fixierten Terminvorschlag versandt werden sollte. Die Rückantwortkarte trug dabei die entsprechende laufende Nummer und war an das Institut für Sozialwissenschaften der Universität Mannheim adressiert, um damit gleichzeitig eine Kontroll-Möglichkeit gegenüber den Interviewern zu haben. Ein Muster des Anschreibens und der Rückantwortkarte sowie die den Interviewern im Rahmen der Einweisung gegebenen Anweisungen finden sich im Anhang dieser Arbeit. Besonders wurde darauf hingewiesen, daß der Befragte zum Zeitpunkt der Befragung mit beiden Elternteilen zusammenwohnen muß. Wo dies nicht der Fall sei, sollte das Interview abgebrochen werden.

Nach Durchführung der Befragung zeigte sich, daß fast die Hälfte der Ziel-Personen beider Gruppen nicht befragt werden konnten. Die Ausfälle in beiden Gruppen resultierten im wesentlichen aus falschen Anschriften, Verweigerungen, zum Teil waren die Befragten mehrmals nicht angetroffen worden oder waren zur Zeit der Befragung nicht in Mannheim, in einigen wenigen Fällen verhinderten die Eltern die Befragung des Sohnes. Die Gründe insgesamt unterschieden sich in beiden Gruppen nicht.

Vor Beginn der Hauptbefragung umfaßte die Prüf-Gruppe 118, die Kontroll-Gruppe 106 männliche Jugendliche. In der Prüf-Gruppe fielen 59 Jugendliche (50%), in der Kontroll-Gruppe 49 Jugendliche (46,2%) aus, so daß insgesamt 59 delinquente und 57 nicht-delinquente Jugendliche befragt wurden.

3 Die Familie als Quelle sozialer Kontrolle
Darstellung der Ergebnisse

31 Vorbemerkungen

Wie wir bereits im Zusammenhang mit der Darstellung der Ausgangsuntersuchung zeigten, sieht Gold die Familie als primäre Quelle sozialer Kontrolle für die heranwachsenden Söhne an. Innerhalb der Familie ist es vor allem der Vater, der über die Attraktions-Kontrolle-Dynamik soziale Kontrolle gegenüber dem Sohn ausübt. Bestimmend für die Intensität dieser Attraktions-Kontrolle-Dynamik ist dabei nach Gold der vom Sohn perzipierte Einfluß des Vaters in der Familie sowie die Perzeption darüber, inwieweit der Vater dem Bild des »erfolgreichen Mannes« entspricht, wobei diese beiden als attraktions-begründend vermuteten Faktoren in Zusammenhang mit dem durch die berufliche Tätigkeit des Vaters bedingten sozialen Status der Familie stehen. Der soziale Status der Familie wird dabei durch das Prestige definiert, das der väterliche Beruf in der Gesellschaft genießt.

Gold sagt nun aus den in diesem Zusammenhang formulierten Einzelhypothesen zwei generelle Effekte bezüglich der Delinquenz heranwachsender Söhne veraus. Väter mit niederem sozialem Status sind aufgrund der daraus letztlich resultierenden geringeren Attraktion auf ihre heranwachsenden Söhne nicht in der Lage, ausreichende soziale Kontrolle zu etablieren, d. h. den aufgrund der Statusdeprivation für diese heranwachsenden Söhne stärkeren »provocations« stehen nur geringe »controls« gegenüber, so daß heranwachsende Söhne aus Familien mit niederem sozialem Status häufiger delinquent werden als heranwachsende Söhne aus Familien mit höherem sozialem Status. Dieser erste generelle Effekt hat u. E. nur dann Erklärungsgehalt, wenn er impliziert, daß delinquente Jugendliche in den unteren Schichten im Verhältnis zum Gesamtpopulationsanteil der Jugendlichen dieser Schichten überrepräsentiert sind, während delinquente Jugendliche in höheren Schichten im Verhältnis zum Gesamtpopulationsanteil dieser Jugendlichen unterrepräsentiert sind.

Dieser erste generelle Effekt ist dabei abhängig von Positionsdifferenzierungen bezüglich der Statuszuweisung, die im wesentlichen nach beruflichen Tätigkeiten und den diesen in der Gesellschaft zugeordneten Wertvorstellungen erfolgt. Da Familien, d. h. Eltern und heranwachsende Kinder, sozialen Status gemeinsam besitzen, definiert die Statusposition des Vaters als Hauptrnährer den sozialen Status der Familie, damit auch der heranwachsenden Söhne.

In Erweiterung der von Gold benutzten Definition des sozialen Status per Prestige der väterlichen Berufe in der Gesellschaft benutzten wir für unsere Untersuchung die Schichtzugehörigkeit zur Definition des sozialen Status, da uns diese für eine Feld-Untersuchung in der Bundesrepublik als Bestimmungsfaktor des sozialen Status besser geeignet erschien. Da hier neben dem Faktor »Prestige beruflicher Tätigkeit« auch noch die Faktoren »Einkommen« sowie »Schulbildung« eingehen, scheint uns der Index aus diesen drei Faktoren Positionsdifferenzierungen bezüglich der Statuszuweisung in unserer Gesellschaft genauer auszudrücken als Prestige-Differenzierungen beruflicher Tätigkeiten allein.

Der zweite generelle Effekt sagt voraus, daß unabhängig von der sozialen Positionsdifferenzierung der Väter, bzw. der Familien, mangelnde Attraktion der Väter delinquente heranwachsende Söhne aus Familien sowohl mit niederem als auch mit höherem sozialem Status gleichermaßen kennzeichnet.

Da wir, wie bereits im Kapitel zur Auswahl von Prüf- und Kontrollgruppe erwähnt, nicht in der Lage waren, aus den zur Verfügung stehenden Unterlagen die Schichtzugehörigkeit der zu befragenden Jugendlichen zu bestimmen, mußten die hierzu erforderlichen Daten in der Befragung erhoben werden. Das bedeutete, daß wir auf die Schichtverteilung der Prüf-Gruppe keinen und auf die der Kontroll-Gruppe nur insofern Einfluß nehmen konnten, als wir die Kontroll-Gruppe entsprechend der Wohnverteilung der Prüf-Gruppe innerhalb Mannheims auswählten, wobei wir vermuteten, daß gleiche Wohngebiete bezüglich der Schichtzugehörigkeit der darin wohnenden Familien in etwa relativ homogene Strukturen zeigen.

Unter diesen Voraussetzungen war zu erwarten, daß sich unabhängig von der Zahl der tatsächlich befragten Jugendlichen, der erste von Gold vorhergesagte generelle Effekt an den zur Schichtbestimmung erhobenen Daten zeigt. Nach diesem Effekt war zu erwarten, daß die befragten delinquenten Jugendlichen der Prüf-Gruppe in den unteren Schichten gegenüber den befragten Jugendlichen der Kontroll-Gruppe in diesen Schichten überrepräsentiert sind.

Da auf der anderen Seite die Schichtzugehörigkeit als Maß des sozialen Status in die Einzel- sowie Zusatzhypothesen eingeht, sollen die Daten zur Schichtbestimmung vorab dargestellt werden.

32 Die soziale Schichtzugehörigkeit als Determinante des sozialen Status

Entsprechend dem zugrunde gelegten Index zur Bestimmung der sozialen Schichtzugehörigkeit nach Scheuch wurden Daten zu den drei Faktoren:

a) berufliche Tätigkeit des Vaters
b) Schulbildung des Vaters
c) Einkommen des Vaters

bei den befragten Jugendlichen erhoben.

Zu a) Prüf- und Kontroll-Gruppe setzen sich nach dem Erhebungsschema dieses Faktors wie folgt zusammen (Tab. 5).

Tabelle 5. Kategorien der beruflichen Tätigkeiten der Väter

	ND		D [1]	
	N	%	N	%
Arbeiter	28	49,1	32	54,3
Angestellte	22	38,7	18	30,4
Beamte	3	5,2	2	3,4
Selbständige	4	7,0	5	8,5
freie Berufe	–	–	2	3,4
	57	100,0	59	100,0

Die Tab. 6 zeigt die Art der beruflichen Tätigkeit innerhalb der Berufsgruppen. Als Grundlage dient das Erhebungsschema nach Scheuch (1965, 102 f.).

Tabelle 6. Art der beruflichen Tätigkeiten der Väter

	ND		D		D I		D II	
	N	%	N	%	N	%	N	%
ungelernte Arbeiter	–	–	–	–	–	–	–	–
angelernte Arbeiter	7	12,3	9	15,3	3	13,6	6	16,2
normale Facharbeiter	20	35,1	20	33,9	7	31,8	13	35,1
höchstqualifizierte Facharbeiter	1	1,8	3	5,1	1	4,6	2	5,5
ausführende Angestellte	10	17,5	8	13,6	3	13,6	5	13,5
qualifizierte Angestellte	12	21,1	10	16,9	4	18,2	6	16,2
leitende Angestellte	–	–	–	–	–	–	–	–
untere Beamte	2	3,5	1	1,7	–	–	1	2,7
mittlere Beamte	1	1,8	1	1,7	1	4,6	–	–
leitende Beamte	–	–	–	–	–	–	–	–
kleine Selbständige	2	3,5	3	5,1	2	9,1	1	2,7
mittlere Selbständige	2	3,5	2	3,4	–	–	2	5,5
führende Selbständige	–	–	–	–	–	–	–	–
freie Berufe	–	–	2	3,4	1	4,6	1	2,7
	57	100,1	59	100,1	22	100,1	37	100,1

Es zeigt sich, daß zwischen Prüf- und Kontroll-Gruppe hinsichtlich der

---

[1] Erläuterung der benutzten Abkürzungen:
ND = Kontrollgruppe (nicht-delinquente Jugendliche) N = 57
D = Prüfgruppe (delinquente Jugendliche) N = 59
D I = delinquente Jugendliche ohne Jugendstrafverfahren (vgl. oben S. 109) N = 22
D II = delinquente Jugendliche mit abgeschlossenem (n) Jugendstrafverfahren (vgl. oben S. 109) N = 37

beruflichen Tätigkeit der Väter kein wesentlicher Unterschied besteht. In beiden Gruppen überwiegen Arbeiter und Angestellte. Beamte, Selbständige und freie Berufe sind nur gering vertreten.

Zu b): Prüf- und Kontroll-Gruppe setzen sich nach dem Erhebungsschema dieses Faktors wie folgt zusammen (Tab. 7).

Tabelle 7. Schulbildung der Väter

	ND N	%	D N	%	D I N	%	D II N	%
Volksschule unvollständig	1	1,8	–	–	–	–	–	–
Volksschule ohne Lehre	10	17,5	10	16,9	3	13,6	7	18,9
Volksschule mit Lehre	38	66,7	42	71,2	14	63,6	28	75,7
Handels- oder Mittelschule o. A.	1	1,8	–	–	–	–	–	–
Höhere Schule bis Obertertia	–	–	–	–	–	–	–	–
Mittlere Reife	2	3,5	4	6,8	3	13,6	1	2,7
Höhere Schule ohne Abitur	2	3,5	–	–	–	–	–	–
Höhere Fachschule mit Abitur	2	3,5	1	1,7	1	4,6	–	–
Abitur	1	1,8	–	–	–	–	–	–
Hochschule ohne Abschluß	–	–	–	–	–	–	–	–
Hochschule mit Abschluß	–	–	2	3,4	1	4,6	1	2,7
	57	100,1	59	100,0	22	100,0	37	100,0

Es zeigt sich auch hinsichtlich der Schulbildung der Väter kein wesentlicher Unterschied in der Zugehörigkeit zu den einzelnen Ausbildungsstufen. Die Väter der befragten Jugendlichen beider Gruppen haben überwiegend Volksschulbildung in Zusammenhang mit einer Lehre, nur ein geringer Teil der Väter in beiden Gruppen eine unvollständige oder vollständige höhere Schulbildung oder Hochschulbildung.

Zu c): Prüf- und Kontroll-Gruppe setzen sich nach dem Erhebungsschema dieses Faktors wie folgt zusammen (Tab. 8).

Tabelle 8. Einkommen der Väter

	ND N	%	D N	%	D I N	%	D II N	%
100.–	–	–	–	–	–	–	–	–
100.– bis 199.–	–	–	–	–	–	–	–	–
200.– bis 349.–	3	5,3	3	5,1	–	–	3	8,1
350.– bis 499.–	1	1,8	2	3,4	1	4,6	1	2,7
500.– bis 749.–	7	12,3	20	33,9	9	40,9	11	29,7
750.– bis 999.–	33	57,9	19	32,2	4	18,2	15	40,5
1000.– bis 1499.–	7	12,3	9	15,3	6	27,3	3	8,1
1500.– bis 1999.–	3	5,3	3	5,1	1	4,6	2	5,5
2000.– bis 2999.–	2	3,5	3	5,1	1	4,6	2	5,5
3000.– und mehr	1	1,8	–	–	–	–	–	–
	57	100,2	59	100,1	22	100,2	37	100,1

ND versus D: $Chi^2 = 7,16$, $df = 1$, $p = .01$

Hier zeigen sich signifikante Unterschiede zwischen Prüf- und Kontroll-Gruppe hinsichtlich der Schätzung des väterlichen Einkommens. Die Prüf-Gruppe schätzt insgesamt das väterliche Einkommen niederer als die Kontroll-Gruppe, obwohl sich bezüglich der beruflichen Tätigkeit als auch der Schulbildung der Väter keine wesentlichen Unterschiede zwischen den beiden Gruppen zeigten. Innerhalb der Prüf-Gruppe zeigt sich dieser Unterschätzungs-Effekt in der Kategorie der delinquenten Jugendlichen ohne Verfahren etwas stärker als bei den delinquenten Jugendlichen mit Verfahren.

Nach den zu den drei vorgenannten Faktoren erhobenen Daten, die jeweils mit den entsprechenden Punktwerten des Index gewichtet wurden, ergab sich für Prüf- und Kontroll-Gruppe folgende Schichtzusammensetzung (Tab. 9).

Tabelle 9. Schichtzugehörigkeit[1]

	Schicht	Punktwert	ND	D	D I	D II
untere Schichten	untere Unterschicht	0–14	2	–	–	–
	obere Unterschicht	15–22	8	14	5	9
	untere Mittelschicht	23–29	28	28	9	19
obere Schichten	mittlere Mittelschicht	30–39	11	9	3	6
	obere Mittelschicht	40–49	7	5	3	2
	Oberschicht	50 u. mehr	1	3	2	1
			57	59	22	37

Es zeigt sich, daß hinsichtlich der Schichtzugehörigkeit zwischen Prüf- und Kontroll-Gruppe kein wesentlicher Unterschied besteht, ebenso besteht kein wesentlicher Unterschied zwischen den delinquenten Jugendlichen ohne Verfahren und den delinquenten Jugendlichen mit Verfahren innerhalb der Prüf-Gruppe.

Die Tab. 10 soll die prozentuale Verteilung der Schichtpositionen für Prüf- und Kontroll-Gruppe zeigen.

---

[1] Erläuterungen der in der Spalte »Schicht/Delinquenz« benutzten Abkürzungen:
NDu = nicht-delinquente Jugendliche aus unteren sozialen Schichten, N = 38
NDo = nicht-delinquente Jugendliche aus oberen sozialen Schichten, N = 19
Du I = delinquente Jugendliche aus unteren sozialen Schichten ohne Jugendstrafverfahren, N = 14
Du II = delinquente Jugendliche aus unteren sozialen Schichten mit abgeschlossenem(n) Jugendstrafverfahren, N = 28
Do I = delinquente Jugendliche aus oberen sozialen Schichten ohne Jugendstrafverfahren, N = 8
Do II = delinquente Jugendliche aus oberen sozialen Schichten mit abgeschlossenem(n) Jugendstrafverfahren, N= 9

Tabelle 10. Prozentuale Verteilung über die Schichten

Schicht	ND N	%	D N	%	
untere Unterschicht	2	3,5	–	–	⎫
obere Unterschicht	8	14,0	14	23,7	⎬ untere Schichten
untere Mittelschicht	28	49,1	28	47,4	⎭
mittlere Mittelschicht	11	19,3	9	15,3	⎫
obere Mittelschicht	7	12,3	5	8,5	⎬ obere Schichten
Oberschicht	1	1,8	3	5,1	⎭
	57	100,0	59	100,0	

Aus der Verteilung von Prüf- und Kontroll-Gruppe läßt sich ersehen, daß zumindest für diese Untersuchung unter den gewählten Kriterien für die Auswahl von Prüf- und Kontroll-Gruppe, die generelle Hypothese, daß delinquente Jugendliche in den unteren Schichten überrepräsentiert sind, nicht aufrechterhalten werden kann. Die Anteile pro Schicht in Prüf- und Kontroll-Gruppe zeigen keine bedeutsamen Unterschiede.

Auf der Basis dieser, an sich dem ersten generellen Effekt der Hypothesen widersprechenden Verteilung von Prüf- und Kontroll-Gruppe bezüglich der Schichtzugehörigkeit sollen nun die Einzelhypothesen geprüft werden.

Um die Überprüfung der Einzel- und Zusatzhypothesen noch mit Hilfe statistischer Verfahren durchführen zu können, schien es aufgrund der geringen Besetzung, vor allem der Rand-Schichten, erforderlich, die sechs-stufige Schichteinteilung auf zwei Stufen zu reduzieren. So wurden untere und obere Unterschicht mit der unteren Mittelschicht zu einer Stufe »untere Schichten«, mittlere und obere Mittelschicht mit der Oberschicht zu einer Stufe »obere Schichten« zusammengefaßt. Wir sind uns bewußt, daß dieses Vorgehen etwas willkürlich ist und damit möglicherweise ein Informationsverlust aus den erhobenen Daten verbunden ist.

Da die Besetzung über die drei ursprünglich vorgesehenen Delinquenz-Kategorien ebenfalls nicht zur Anwendung statistischer Verfahren ausreichte, mußte leider auch auf eine Differenzierung der Prüf-Gruppe über diese Kategorien verzichtet werden.

33 Sozialer Status und Einfluß des Mannes in der Familie

Nach Hypothese 4 besteht ein Zusammenhang zwischen dem Status des Berufes eines Mannes und dem Einfluß, den er in seiner Familie ausübt. Diesem Zusammenhang liegt die Annahme zugrunde, daß die Familie gewisse Ziele hat, von denen eines auf die Erreichung eines höheren sozialen Status gerichtet ist. Nimmt man an, daß die Erreichung dieses Zieles wertvoll ist, da alle Familienmitglieder einen gemeinsamen sozialen Status besitzen, wird sich die Familie als Gruppe organisieren. Die Gruppenmitglieder gewinnen dabei in der Form an Einfluß, in der sie zur Erreichung dieses Zieles beitragen. Ist der Vater Hauptemährer der Familie, so drückt sich sein Beitrag zur Erreichung der Familienziele vorwiegend durch sein laufendes Einkommen aus. Da Väter mit geringem Status, d. h. aus unteren Schichten, meist nur ein geringeres Einkommen haben und dadurch nur wenig zur Erreichung der Gruppen -bzw. Familienziele beitragen, wird nach dieser Hypothese 4 vermutet, daß auch der Einfluß in den Familien gering ist, d. h. auch die heranwachsenden Söhne nur geringen Einfluß der Väter perzipieren.

Während die in die Hypothese 4 eingehende unabhängige Variable »sozialer Status« im Rahmen unserer Untersuchung durch die Schichtzugehörigkeit definiert ist, soll die abhängige Variable »Einfluß in der Familie« an der Entscheidung über die Verteilung des materiellen Beitrages (Einkommen) gemessen werden. Wenn sich der Einfluß eines Mannes in seiner Familie an seinem materiellen Beitrag zur Erreichung der Familienziele orientiert, scheint es plausibel anzunehmen, daß sich sein Einfluß am Maß der Entscheidung über die Verteilung dieses Beitrages zeigt. In diesem Sinne gilt die III. Zusatzhypothese.

Das so definierte Maß des väterlichen Einflusses in der Familie sollte bei den befragten Jugendlichen in Prüf- und Kontroll-Gruppe durch die folgenden Fragen geprüft werden:

Frage 9: Wer von den Eltern entscheidet darüber, welcher Teil des monatlichen Einkommens für Essen, Kleidung, Unterhaltung usw. ausgegeben wird?

Tabelle 11. Einfluß in der Familie (gemessen an der Entscheidung über die Einkommensverwendung, zu Frage 9)

	untere Schicht		obere Schicht			
	ND	D	ND	D	ND	D
Vater allein	–	2	–	2	–	4
mehr der Vater	4	1	2	2	6	3
Vater/Mutter	15	16	12	11	27	27
mehr die Mutter	13	12	3	1	16	13
Mutter allein	6	11	2	1	8	12
	38	42	19	17	57	59

NDu versus NDo : $Chi^2 = 3{,}21$ df = 2   p = .20
Du   versus   Do : $Chi^2 = 9{,}90$ df = 2   p = .01

Faßt man die Daten zu den drei Positionen »Vater«, »Gemeinsam« und »Mutter« zusammen, so zeigen sich sowohl in der Prüf- als auch in der Kontroll-Gruppe zwischen den beiden Schichten Unterschiede im Sinne der Hypothese, wobei der Unterschied in der Kontroll-Gruppe auf dem

20%-Niveau eine starke Tendenz zeigt, und der Unterschied in der Prüf-Gruppe sogar auf dem 1%-Niveau signifikant ist.

Die von uns befragten Jugendlichen sowohl der Prüf- als auch der Kontroll-Gruppe perzipieren in den unteren sozialen Schichten bezüglich der Entscheidung über die Verteilung des monatlichen Einkommens für Essen, Kleidung, Unterhaltung usw. einen geringeren Einfluß des Vaters auf diese Entscheidung als die befragten Jugendlichen in den oberen sozialen Schichten. Allgemein läßt sich feststellen, daß die befragten Jugendlichen aus den unteren Schichten einen stärkeren Einfluß der Mutter perzipieren, während die befragten Jugendlichen der oberen Schichten einen etwas stärkeren Einfluß des Vaters sowie ein höheres Maß gemeinsamer Entscheidung perzipieren.

Bei gleicher Schichtzugehörigkeit zeigen sich innerhalb der jeweiligen Prüf- und Kontroll-Gruppe keine bedeutsamen Unterschiede.

Die zu Frage 9 erhobenen Daten lassen in der Tat vermuten, daß die heranwachsenden Söhne von Vätern aus unteren Schichten für diese geringeren Einfluß in der Familie perzipieren, wobei dies gleichermaßen für delinquente als auch nicht-delinquente heranwachsende Söhne gilt.

Da wir vermuteten, daß das Maß an Einfluß des Vaters sich möglicherweise mit dem Gegenstand der Entscheidung ändert, sollte über die Frage 10 geprüft werden, wie hoch das Maß des väterlichen Einflusses bei Entscheidungen über die Verwendung eines größeren Teiles des laufenden Einkommens ist.

Frage 10: Wer von den Eltern entscheidet über die Ausgaben für relativ teure Dinge, wie z. B. Möbel, Fernseher, Urlaubsreisen usw.?

Tabelle 12. Einfluß in der Familie (gemessen an der Entscheidung über die Einkommensverteilung für relativ teure Dinge, zu Frage 10)

	untere Schicht		obere Schicht			
	ND	D	ND	D	ND	D
Vater allein	9	7	1	5	10	12
mehr der Vater	4	10	4	6	8	16
Vater/Mutter	20	19	13	6	33	25
mehr die Mutter	3	3	–	–	3	3
Mutter allein	2	3	1	–	3	3
	38	42	19	17	57	59

NDo versus Do : Chi² = 4,84   df = 1   p = .05

Die erhobenen Daten zeigen für die jeweilige Kontroll-Gruppe zwischen den beiden Schichten keine bedeutsamen Unterschiede mehr. Das Maß des von den befragten Jugendlichen perzipierten väterlichen Einflusses sowie das Maß gemeinsamer Entscheidungen wächst an, der mütterliche Einfluß wird stark vermindert.

In den jeweiligen Prüf-Gruppen zeigt sich die gleiche Tendenz, jedoch besteht zwischen den beiden Schichten eine starke Tendenz dahingehend, daß die Prüf-Gruppe in den oberen Schichten einen stärkeren Anstieg des väterlichen Einflusses auf die Entscheidung perzipiert als die Prüf-Gruppe in den unteren Schichten.

In den unteren Schichten lassen sich zwischen Prüf- und Kontroll-Gruppe keine bedeutsamen Unterschiede nachweisen. In beiden Gruppen wird ein steigender väterlicher Einfluß sowie ein steigendes Maß gemeinsamer elterlicher Entscheidungen perzipiert.

In den oberen Schichten zeigt sich zwischen Prüf- und Kontroll-Gruppe ein auf dem 5%-Niveau signifikanter Unterschied dahingehend, daß die befragten Jugendlichen der Prüf-Gruppe ein weit höheres Maß an väterlichem Einfluß perzipieren als die befragten Jugendlichen der Kontroll-Gruppe. Während in der Kontroll-Gruppe das Maß gemeinsamer elterlicher Entscheidungen bei steigendem väterlichem Einfluß dominiert, überwiegt das Maß des väterlichen Einflusses auf die Entscheidung in der Prüf-Gruppe das Maß der gemeinsamen elterlichen Entscheidungen. In beiden Gruppen schwindet der mütterliche Einfluß auf die Entscheidungen fast ganz.

Zusammenfassung

Die zu Frage 9 erhobenen Daten, d. h. die Perzeption des väterlichen Einflusses bezüglich der Entscheidung über den Teil des monatlichen Einkommens, der für die laufenden Ausgaben bestimmt ist, zeigen die in Hypothese 4 vorhergesagten Effekte. Der Einfluß der Väter aus den unteren Schichten wird von den befragten Jugendlichen sowohl in der Prüf- als auch in der Kontroll-Gruppe als geringer perzipiert als von den befragten Jugendlichen der Prüf- und Kontroll-Gruppe in den oberen Schichten. In den unteren Schichten dominiert hinsichtlich der Entscheidung über den Teil des monatlichen Einkommens, der für die laufenden Ausgaben bereitgestellt wird, die Mutter, während in den oberen Schichten die Väter zwar einen stärkeren Einfluß haben, die gemeinsamen elterlichen Entscheidungen aber dominieren. Die erwarteten Effekte, nämlich bei gleicher Schichtzugehörigkeit noch geringeren Einfluß der Väter jeweils in der Prüf-Gruppe, zeigen sich nicht.

Dies läßt vermuten, daß es sich hier um schichtbedingte Effekte handelt, die sich in der Perzeption der delinquenten und nicht-delinquenten Jugendlichen sowohl der unteren als auch der oberen Schichten gleichermaßen darstellen.

Die Daten aus Frage 10 zeigen hinsichtlich der Entscheidung über die

Ausgaben für relativ teure Dinge zwischen unteren und oberen Schichten in den jeweiligen Kontroll-Gruppen keine bedeutsamen Unterschiede. Dies deshalb, weil der Zuwachs an Einfluß der Väter aus den unteren Schichten wesentlich höher perzipiert wird, während sich in der Perzeption des Einflusses der Väter aus den oberen Schichten nur eine geringe Steigerung gegenüber den Daten aus Frage 9 zeigt. Zwischen den jeweiligen Prüf-Gruppen zeigt sich zwischen unteren und oberen Schichten eine starke Tendenz zu einem noch höher perzipierten Einflußzuwachs der Väter in den oberen Schichten gegenüber dem Einflußzuwachs der Väter aus den unteren Schichten.

Zwischen Prüf- und Kontroll-Gruppe zeigen sich in den unteren Schichten keine bedeutsamen Unterschiede. Der väterliche Einfluß sowie das Maß gemeinsamer elterlicher Entscheidung steigt an, der mütterliche Einfluß geht stark zurück. In den oberen Schichten zeigt sich zwischen Prüf- und Kontroll-Gruppe ein signifikanter Unterschied dahingehend, daß der Einflußzuwachs der Väter in der Prüf-Gruppe größer perzipiert wird als der Einflußzuwachs der Väter in der Kontroll-Guppe. Wähend in der Prüf-Gruppe eindeutig der Einfluß der Väter dominiert, dominieren in der Kontroll-Gruppe die gemeinsamen elterlichen Entscheidungen. Zwischen den delinquenten Jugendlichen ohne Jugendstraf-Verfahren und den delinquenten Jugendlichen mit Jugendstraf-Verfahren zeigen sich bei gleicher Schichtzugehörigkeit keine bedeutsamen Unterschiede.

Die Ergebnisse aus Frage 10 scheinen in der Tendenz unsere Vermutung bezüglich eines Zusammenhanges zwischen perzipiertem Maß an Einfluß und Gegenstand der Entscheidung zu bestätigen. Möglicherweise kann nicht generell von geringerem Einfluß der Väter in den Familien aus den unteren Schichten gesprochen werden, da das Maß an Einfluß nicht unabhängig von dem Gegenstand der Entscheidung ist, auf die Einfluß genommen wird. Da jedoch Entscheidungen über die Anschaffung relativ teurer Dinge nur selten getroffen werden, sind wir geneigt anzunehmen, daß die Entscheidung über den Teil des Einkommens, der für die laufenden Ausgaben bestimmt wird, das Maß an Einfluß der Väter bezüglich dieser Entscheidung besser widerspiegelt.

Zusammenfassend läßt sich feststellen, daß sich die Hypothese 4 in unserer Untersuchung insoweit bestätigt, als sie geringeren Einfluß von Vätern aus unteren Schichten vorhersagt, wobei allerdings zu beachten bleibt, daß ein Zusammenhang zwischen dem Maß und dem Gegenstand der Entscheidung, auf die sich der Einfluß bezieht, nicht ausgeschlossen werden kann, d. h. die Hypothese 4 bestätigt sich in unserer Untersuchung nur in bezug auf die Entscheidung über den Teil des monatlichen Einkommens, der für die laufenden Ausgaben der Familie verwendet werden soll.

331 Antizipation einer beruflichen Verbesserung des Vaters

In Erweiterung der Hypothese 4 sollte über die Zusatzhypothese I die Antizipation einer beruflichen Verbesserung der Väter in ihrer Wirkung auf den von den Söhnen perzipierten Einfluß der Väter in den Familien geprüft werden. Dieser Zusatzhypothese lag die Annahme zugrunde, daß eine berufliche Verbesserung im allgemeinen höheres Einkommen, damit einen höheren materiellen Beitrag der Väter impliziert. Diese Antizipation wirkt sich dabei vor allem bei Vätern aus unteren Schichten einflußsteigernd aus.

Die Antizipation einer beruflichen Verbesserung der Väter sollte über Frage 8 geprüft werden.

Frage 8: Hat der Vater sein endgültiges Berufsziel erreicht oder rechnet er noch mit einer beruflichen Verbesserung?

Tabelle 13. Antizipation der beruflichen Verbesserung der Väter (zu Frage 8)

	untere Schicht		obere Schicht			
	ND	D	ND	D	ND	D
Ziel nicht erreicht, Verbesserung wenig wahrscheinlich	4	4	2	2	6	6
Ziel nicht erreicht, Verbesserung wahrscheinlich	6	7	2	1	8	8
Ziel nicht erreicht, Verbesserung sehr wahrscheinlich	3	1	3	1	6	2
Ziel erreicht	25	27	12	12	37	39
Weiß nicht	–	3	–	1	–	4
	38	42	19	17	57	59

Die Daten zeigen, daß die befragten Jugendlichen sowohl in der Prüf- als auch in der Kontroll-Gruppe überwiegend antworten, daß der Vater sein endgültiges Berufsziel erreicht hat. Nur ein geringer Teil der Befragten meint, daß der Vater sein Berufsziel nicht erreicht hat und eine Verbesserung wenig wahrscheinlich ist. Auch hinsichtlich der Zahl der Befragten, die bei nicht erreichtem Ziel eine Verbesserung für wahrscheinlich oder sehr wahrscheinlich halten, zeigen sich zwischen Prüf- und Kontroll-Gruppe keine bedeutsamen Unterschiede.

Die Tab. 14 soll die Daten aus Frage 8 in Beziehung zu den Daten aus Frage 9 zeigen und zwar ohne Berücksichtigung der jeweiligen Schichtzugehörigkeit für die gesamte Prüf- und Kontroll-Gruppe.

Tabelle 14. Korrelation der Daten aus Tab. 11 und 13

Frage 8	Vater ND	Vater D	Frage 9 Vater ND	Frage 9 Vater D	Gemeinsam ND	Gemeinsam D	Mutter ND	Mutter D
1	6	6	1	1	1	2	4	3
2	8	8	1	–	3	2	4	6
3	6	2	1	–	3	1	2	1
4	37	39	3	4	20	21	14	14
5	–	4	–	2	–	1	–	1
	57	59	6	7	27	27	24	25

Aufgrund der geringen Besetzung der Stufen in Frage 8 läßt sich die in Zusatzhypothese I vermutete Beziehung zwischen Antizipation einer beruflichen Verbesserung und dadurch bewirkter Perzeption höheren Einflusses nicht hinreichend überprüfen. Die Verteilung der Daten bietet jedoch auch keinen Anlaß, die Zusatzhypothese I aufrechtzuerhalten.

332 Vorbehalte hinsichtlich der Überführung des väterlichen Einkommens zugunsten der Familie

Anhand der Zusatzhypothese II sollte eine mögliche Beziehung zwischen Vorbehalten hinsichtlich der Überführung des materiellen Beitrages der Väter, bedingt etwa durch kostenträchtige Hobbies, und dem Maß des väterlichen Einflusses in der Familie geprüft werden, wobei vermutet wurde, daß Hobbies, die einen hohen Anteil des väterlichen Einkommens zur ausschließlichen Verfügung des Vaters binden, sich einflußverringernd auswirken.

Diese Beziehung sollte auf der Grundlage der Frage 11 über die Frage 12 geprüft werden.

Frage 11: Welche Hobbies hat der Vater?

Hier interessiert nicht die Art der Hobbies, sondern nur, ob die Väter Hobbies haben.

Tabelle 15: Hobbies der Väter (zu Frage 11)

	untere Schicht ND	untere Schicht D	obere Schicht ND	obere Schicht D	ND	D
keine Hobbies	4	4	–	–	4	4
Hobbies	34	38	19	17	53	55
	38	42	19	17	57	59

Die Daten zeigen zwischen Prüf- und Kontroll-Gruppe keine bedeutsamen Unterschiede.

Als Kriterium der Messung diente zur Überprüfung der Zusatzhypothese II der Betrag, den der Vater im Monat ungefähr für seine Hobbies ausgibt. Wir sind uns bewußt, daß es sich bei den entsprechenden Angaben der befragten Jugendlichen meist nur um Schätzungen handelt, die jedoch u. E. zur Überprüfung der von uns vermuteten Beziehung zwischen Vorbehalten hinsichtlich der Überführung des väterlichen Einkommens und dem Maß an Einfluß des Vaters in der Familie bedeutsamer sind als die objektiven Beträge.

Frage 12: Wieviel Geld, glauben Sie, gibt der Vater im Monat ungefähr dafür aus?

Tabelle 16. Einkommensbelastung durch Hobbies (zu Frage 12)

	untere Schicht		obere Schicht			
	ND	D	ND	D	ND	D
0	9	6	2	4	11	10
1– 50	22	30	15	8	37	38
51–100	1	6	2	2	3	8
101–300	6	–	–	3	6	9
	38	42	19	17	57	59

Die Daten zeigen zwischen Prüf- und Kontroll-Gruppe keine bedeutsamen Unterschiede. In beiden Gruppen gibt der überwiegende Teil der Väter nach den Angaben der befragten Jugendlichen im Monat ungefähr bis zu DM 50,– aus. Dies scheint, bezogen auf die von den Befragten angegebenen Einkommen der Väter, kein unangemessener Betrag zu sein. Die geringe Häufigkeit, in der von den befragten Jugendlichen angegeben wird, daß die Väter mehr als DM 50,– im Monat für ihre Hobbies aufwenden, bietet keinen Grund, die von uns in Zusatzhypothese II vermutete Beziehung aufrechtzuerhalten.

34 Väterliche Attraktion und soziale Kontrolle

Auf der Basis der in Hypothese 4 geprüften Variablen »Einfluß des Vaters in der Familie« wurde in Hypothese 5 vorhergesagt, daß Väter mit niederem sozialem Status für ihre heranwachsenden Söhne weniger attraktiv sind. Zusätzlich wurde über Hypothese 5a vorhergesagt, daß ein direkter Zusammenhang zwischen der Perzeption des Prestige des väterlichen Berufes in der Gesellschaft und der Attraktion der Väter auf die heranwachsenden Söhne besteht, wobei vermutet wurde, daß diese Perzeption für die heranwachsenden Söhne einen Ausdruck dafür darstellt, inwieweit der Vater dem »Bild eines erfolgreichen Mannes« entspricht. Die Richtung dieses direkten Zusammenhanges wurde dahingehend vorhergesagt, daß sich die Perzeption geringen beruflichen Prestiges attraktionsmindernd auswirkt.

Zur Überprüfung der Hypothese 5 dienten verschiedene Indikatoren als Ausdruck der Attraktion, wobei diesen Indikatoren wiederum verschiedene Fragen zur Messung zugeordnet waren.

Der erste Indikator zur Attraktion sollte das Maß des »Schätzens« des Vaters sein, wobei dieser Indikator über Frage 19 direkt gemessen werden sollte.

Der zweite Indikator sollte das Maß gemeinsamer Aktivitäten mit dem Vater sein, wobei hier über die Fragen 15, 16, 17 und 18 gemessen werden sollte.

Als weiterer Indikator sollte das Maß, in welchem der Vater von den heranwachsenden Söhnen als Gesprächspartner für persönliche Probleme gewählt wird, sowie das Maß an Übereinstimmung mit ihm bezüglich solcher Probleme, dienen. Dieser Indikator sollte über die Fragen 20 und 21 gemessen werden.

Ein weiterer Indikator sollte das Maß der unmittelbaren Kontrolle der Väter bezüglich der Auswahl der Freunde oder der Freundin der Söhne sein. Zur Messung dieses Indikators sollten die Fragen 23 bis 27 dienen.

Der letzte Indikator betraf das Freizeitverhalten der befragten Jugendlichen und sollte über die Fragen 28 und 29 Aufschluß darüber geben, wo und mit wem die Jugendlichen am häufigsten ihre Freizeit verbringen. Die Frage 30 sollte Aufschluß darüber geben, inwieweit die Jugendlichen ihre Freizeit in institutionalisierten Jugendgruppen verbringen.

Zur Überprüfung des in Hypothese 5a postulierten Zusammenhangs zwischen der Perzeption des Prestiges des väterlichen Berufes in der Gesellschaft und der Attraktion der Väter, sollte die in der Vorerhebung geprüfte Prestige-Skala in Frage 7 dienen sowie das Maß der Bereitschaft der Jugendlichen, den väterlichen Beruf zu ergreifen. Dieses Maß an Bereitschaft sollte über Frage 39 geprüft werden. In Zusammenhang damit sollte durch Frage 42 geprüft werden, inwieweit die Jugendlichen ihre Väter als Vorbild für ihre eigene Erwachsenenrolle akzeptieren.

Zur Überprüfung dieser beiden Hypothesen wurde aus den Ergebnissen der zur Messung der Indikatoren dienenden Fragen ein »over-all«-Attraktions-Score gebildet, wobei die Position des Vaters sowie die Position »beider Eltern« jeweils am stärksten gewichtet wurden.

Entsprechend den Implikationen der beiden Hypothesen wurden die befragten Jugendlichen nur nach ihrer Zugehörigkeit zu einer der unteren oder oberen Schichten getrennt.

Dabei zeigten die Attraktions-Scores folgende Verteilung (Tab. 17):

Tabelle 17. Soziale Schicht und Attraktion

Soziale Schicht Attraktions-Score	untere Schicht	obere Schicht
unterhalb Median	44	14
oberhalb Median	35	23
	79	37

$Ch^2 = 3,20$ df = 1 p = .10

Hier zeigt sich, ohne Berücksichtigung der Zugehörigkeit zu Prüf- oder Kontroll-Gruppe, ein etwas über dem 10%-Niveau liegender signifikanter Unterschied zwischen den befragten Jugendlichen der unteren und der oberen Schicht. Die den oberen sozialen Schichten angehörenden befragten Jugendlichen zeigen signifikant höhere Attraktions-Scores über alle Indikatoren als die der unteren Schicht angehörenden befragten Jugendlichen.

Trennt man nun nach befragten delinquenten und nicht-delinquenten Jugendlichen, so zeigen sich folgende Verteilungen (Tab. 18):

Tabelle 18. Soziale Schicht und Attraktion (nur D-Gruppe)

Soziale Schicht$_D$ Attraktion	untere Schichten	obere Schichten	
unterhalb Median	22	8	30
oberhalb Median	20	9	29
	42	17	59

Hier zeigen sich in der Prüf-Gruppe zwischen den Schichten keine bedeutsamen Unterschiede.

Tabelle 19. Soziale Schicht und Attraktion (nur ND-Gruppe)

Soziale Schicht$_{ND}$ Attraktion	untere Schichten	obere Schichten	
unterhalb Median	22	6	28
oberhalb Median	15	14	29
	37	20	57

$Chi^2 = 4{,}56 \quad df = 1 \quad p = .05$

In der Kontroll-Gruppe zeigt sich auf der Basis der Schichtzugehörigkeit ein auf dem 5%-Niveau signifikanter Unterschied zwischen den Schichten im Sinne der Hypothesen. Dieses Ergebnis läßt vermuten, daß der, ohne Berücksichtigung des jeweiligen Anteils von Prüf- und Kontroll-Gruppe in den beiden Schichten, sich zwischen den unteren und oberen sozialen Schichten zeigende Unterschied allein durch den Unterschied zwischen den Schichten innerhalb der Kontroll-Gruppe determiniert wird.

Während sich in Hypothese 4 sowohl für die Prüf- als auch für die Kontroll-Gruppe ein Zusammenhang zwischen sozialem Status des Vaters und der Perzeption des väterlichen Einflusses in der Familie in der vorhergesagten Richtung zeigt, läßt sich der Zusammenhang zwischen sozialem Status – Einfluß – Attraktion nur noch für die Kontroll-Gruppe nachweisen. Betrachten wir dieses Ergebnis im Sinne der Hypothese 6, so zeigt sich, daß sich ein Zusammenhang zwischen Attraktion – sozialer Kontrolle der Väter und der Delinquenz heranwachsender Söhne im Rahmen der unserer Untersuchung zugrunde liegenden Stichprobe delinquenter Jugendlicher nicht eindeutig nachweisen läßt, während sich dieser Zusammenhang in der Ausgangsuntersuchung durchaus nachweisen ließ.

Bevor wir nun auf die Gründe eingehen, die möglicherweise für die unterschiedlichen Effekte zwischen unserer und der Ausgangsuntersuchung relevant sein könnten, wollen wir die den beiden Hypothesen 5 und 5a jeweils zugeordneten Indikatoren sowie die jeweils zur Messung dienenden Fragen und die zu diesen Fragen erhaltenen Daten darstellen.

Diesen Daten kann dabei im Einzelfall nur singuläre Bedeutung zukommen, d. h. es ist aus methodologischen Gründen kaum möglich, aus den erhaltenen Daten der Einzelfragen zu interpretieren, da aufgrund der Anzahl der erforderlichen Chi^2-Tests sowie des von uns gewählten Signifikanzniveaus (p = .10) ein relativ hohes Maß an zufälligen Signifikanzen zu erwarten wäre. Aus diesem Grunde soll die Darstellung der Indikatoren mehr dazu dienen, Tendenzen in den Ergebnissen zu den Einzelfragen aufzuweisen. Wo zur Messung der Indikatoren Fragen aus der Ausgangs-Untersuchung übernommen wurden, soll auf die entsprechenden Ergebnisse kurz hingewiesen werden.

341 Indikatoren väterlicher Attraktion

3411 Die Stellung des Vaters im Bilde der Jugendlichen

Über die Frage 19 sollte geprüft werden, welche Position dem Vater auf einer Attraktions-Skala durch die befragten Jugendlichen zugewiesen wird. Grundlage der Messung bildete eine arithmetisch fallende Flächenskala über sieben Stufen, wobei wir vermuteten, daß unter der Frage »Wie sehr schätzen Sie Ihren Vater?« die Zuweisung einer der größeren Flächen ein höheres Maß an Attraktion des Vaters impliziert.

Tabelle 20. Maß des »Schätzens« des Vaters (zu Frage 19)

	untere Schicht		obere Schicht			
	ND	D	ND	D	ND	D
Fläche 1	12	12	7	10	19	22
Fläche 2	10	17	7	6	17	23
Fläche 3	8	11	5	–	13	11
Fläche 4	5	–	–	1	5	1
Fläche 5	2	1	–	–	2	1
Fläche 6	1	1	–	–	1	1
Fläche 7	–	–	–	–	–	–
	38	42	19	17	57	59

Die erhaltenen Daten zeigen in der Tendenz immer noch eine verstärkte Häufigkeit in der Besetzung der höheren Positionen, die wir bereits unter Verwendung einer von starker Annahme bis starker Ablehnung laufenden Skala in der Vorbefragung feststellen konnten. Die in der Hauptbefragung nur positiv formulierte Skala differenziert jedoch zumindest über sechs der insgesamt sieben Flächen.

Trennt man nun über die Zahl der tatsächlich besetzten Flächen 1–6 zwischen den Flächen 1–3 und den Flächen 4–6, so zeigt sich innerhalb der Kontroll-Gruppe zwischen den Schichten ein Unterschied der Besetzung in Richtung der Hypothese 5, und zwar in Übereinstimmung mit den Ergebnissen zu Hypothese 4. Die befragten nicht-delinquenten Jugendlichen der unteren Schichten ordnen ihre Väter häufiger auf niederen Positionen der Skala ein als die nicht-delinquenten Jugendlichen der oberen Schichten.

In der Prüf-Gruppe zeigen sich zwischen den Schichten keine bedeutsamen Unterschiede. In beiden Schichten ordnen die befragten delinquenten Jugendlichen ihren Vätern fast ausschließlich höhere Positionen auf der Skala zu. Bei gleicher Schichtzugehörigkeit ordnen die delinquenten Jugendlichen ihren Vätern jeweils mehr höhere Positionen zu als die entsprechenden nicht-delinquenten Jugendlichen. Da in der Ausgangsuntersuchung eine vergleichbare direkte Messung nicht durchgeführt wurde, entfällt hier ein Vergleich beider Untersuchungen.

3412 Das Maß gemeinsamer Aktivitäten

Das Maß gemeinsamer Aktivitäten sollte als weiterer Indikator väterlicher Attraktion über die Fragen 15, 16, 17 und 18 geprüft werden, wobei vermutet wurde, daß delinquente Jugendliche ein geringeres Maß gemeinsamer Aktivitäten mit den Vätern zeigen als nicht-delinquente Jugendliche.

Die Fragen 15 und 16 bezogen sich auf die Art und die Intensität gemeinsamer Hobbies.

Frage 15: Welche Hobbies treiben Sie gemeinsam mit dem Vater?

Tabelle 21. Gemeinsame Hobbies von Vätern und Jugendlichen (zu Frage 15)

	untere Schicht		obere Schicht			
	ND	D	ND	D	ND	D
keine gemeinsamen Hobbies	20	16	5	10	25	26
gemeinsame Hobbies	18	26	14	7	32	33
	38	42	19	17	57	59

Die Daten zeigen zwischen Prüf- und Kontroll-Gruppe keine Unterschiede, in beiden Gruppen treiben etwas weniger als die Hälfte der befragten Jugendlichen keine Hobbies gemeinsam mit dem Vater.

Über die Intensität der gemeinsam betriebenen Hobbies sollte die Frage 16 Aufschluß geben.

Frage 16: Wieviel Stunden pro Woche treiben Sie ungefähr diese gemeinsamen Hobbies?

Tabelle 22. Zeitaufwand für gemeinsame Hobbies (zu Frage 16)

	untere Schicht		obere Schicht			
	ND	D	ND	D	ND	D
1–5 Stunden	13	18	13	5	26	23
6 Stunden und mehr	5	8	1	2	6	10
	18	26	14	7	32	33

Hinsichtlich der Zeit, d. h. der Intensität, die für die gemeinsamen Hobbies aufgewandt wird, zeigen sich zwischen Prüf- und Kontroll-Gruppe ebenfalls keine bedeutsamen Unterschiede.

Über Frage 17 sollte geprüft werden, welche Dinge die befragten Jugendlichen neben gemeinsamen Hobbies sonst noch freiwillig mit dem Vater zusammen tun.

Tabelle 23. Weitere gemeinsame Tätigkeiten von Vätern und Jugendlichen (zu Frage 17)

	untere Schicht		obere Schicht			
	ND	D	ND	D	ND	D
nichts	16	14	8	8	24	22
tun Dinge gemeinsam	22	28	11	9	33	37
	38	42	19	17	57	59

Auch hier zeigen sich zwischen Prüf- und Kontroll-Gruppe keine bedeutsamen Unterschiede. Etwa der gleiche Teil der befragten Jugendlichen in Prüf- und Kontroll-Gruppe ist in der Lage, gemeinsame Aktivitäten mit dem Vater zu nennen.

Ebenso wie in Frage 16 sollte über die Frage 18 die Zahl der durchschnittlichen Wochenstunden für die in Frage 17 genannten gemeinsamen Tätigkeiten erfragt werden.

Tabelle 24. Zeitaufwand für weitere gemeinsame Tätigkeiten (zu Frage 18)

	untere Schicht		obere Schicht			
	ND	D	ND	D	ND	D
1–5 Stunden	17	20	9	5	26	25
6 Stunden und mehr	5	8	2	4	7	12
	22	28	11	9	33	37

Die Daten zeigen auch hier keine bedeutsamen Unterschiede zwischen Prüf- und Kontroll-Gruppe. Der überwiegende Teil der befragten Jugendlichen in beiden Gruppen wendet für freiwillige Tätigkeiten gemeinsam mit dem Vater durchschnittlich zwischen einer und fünf Stunden pro Woche auf.

Auf die der Frage 17 in der Ausgangsuntersuchung entsprechende Frage »What sorts of things do you usually do with your father?« antworteten die von Gold befragten delinquenten Jugendlichen signifikant häufiger »nichts« als die nicht-delinquenten Jugendlichen.

Dieser Effekt ließ sich für unsere Untersuchung nicht nachweisen. Die Daten der zur Messung dieses Indikators benutzten Fragen zeigen sowohl für die gemeinsamen Hobbies und sonstige freiwillige gemeinsame Tätigkeiten als auch hinsichtlich der durchschnittlich pro Woche dafür aufgewandten Zeit eher eine Tendenz in Gegenrichtung, zumindest aber kann man feststellen, daß die von uns befragten delinquenten Jugendlichen nicht weniger häufig gemeinsame Hobbies treiben und sonstige Dinge gemeinsam mit dem Vater tun als die befragten nicht-delinquenten Jugendlichen.

3413 Der Vater als Gesprächspartner

Ein weiterer Indikator väterlicher Attraktion sollte das Maß sein, in welchem der Vater vom heranwachsenden Sohn als Gesprächspartner persönlicher Probleme gewählt wird, sowie das Maß der Übereinstimmung hinsichtlich der Attitüden zu solchen Problemen.

Dieser Indikator sollte über die Fragen 20 und 21 geprüft werden, wobei vermutet wurde, daß die delinquenten Jugendlichen den Vater weniger häufig als Gesprächspartner wählen und das Maß an Übereinstimmung ebenfalls geringer ist als bei nicht-delinquenten Jugendlichen.

Die Frage 20 sollte darüber Aufschluß geben, mit wem die befragten Jugendlichen am liebsten ihre persönlichen Probleme besprechen.

Tabelle 25. Gesprächspartner für persönliche Probleme (zu Frage 20)

| | untere Schicht | | obere Schicht | | | |
	ND	D	ND	D	ND	D
Vater	11	13	5	6	16	19
Mutter	14	14	7	8	21	22
andere Erwachsene	3	–	1	–	4	–
Gleichaltrige	5	12	3	3	8	15
niemand	5	3	3	–	8	3
	38	42	19	17	57	59

Die Daten zeigen insgesamt keine bedeutsamen Unterschiede zwischen Prüf- und Kontroll-Gruppe. Vater und Mutter werden am häufigsten als Gesprächspartner persönlicher Probleme genannt, wobei in beiden Gruppen die Mutter etwas häufiger genannt wird als der Vater. In der Prüf-Gruppe wählen die befragten delinquenten Jugendlichen etwas häufiger

Gleichaltrige zum Gesprächspartner als die befragten nicht-delinquenten Jugendlichen in der Kontroll-Gruppe.

In der Ausgangsuntersuchung wählten bei der entsprechenden Frage die delinquenten Jugendlichen signifikant weniger häufig die Eltern oder andere Erwachsene zum Gesprächspartner als die nicht-delinquenten Jugendlichen.

Dieser Effekt läßt sich anhand der entsprechenden Daten unserer Untersuchung für die von uns befragten delinquenten Jugendlichen nicht nachweisen. Die in der Ausgangsuntersuchung bei den delinquenten Jugendlichen sich zeigende Tendenz, häufiger Gleichaltrige als Gesprächspartner zu wählen, zeigt sich in unserer Untersuchung nur bei den delinquenten Jugendlichen der unteren Schichten.

Frage 21 sollte Auskunft darüber geben, wer von den Eltern in der Art, in der die befragten Jugendlichen über ihre persönlichen Probleme denken, eher übereinstimmt, d. h. an wessen Verhaltensstandards sich die befragten Jugendlichen eher orientieren.

Tabelle 26. Übereinstimmung hinsichtlich der Lösung persönlicher Probleme (zu Frage 21)

	untere Schicht		obere Schicht			
	ND	D	ND	D	ND	D
mehr mit dem Vater	12	11	2	6	14	17
mehr mit der Mutter	13	18	2	3	15	21
mit beiden	9	7	12	5	21	12
mit keinem von beiden	4	6	3	3	7	9
	38	42	19	17	57	59

Die Daten zeigen hinsichtlich der Übereinstimmung mit beiden Elternteilen keine bedeutsamen Unterschiede zwischen Prüf- und Kontroll-Gruppe. In der Prüf-Gruppe stimmen neun, in der Kontroll-Gruppe sieben der befragten Jugendlichen nicht mit den Eltern überein.

Unterschiede zeigen sich hinsichtlich der Übereinstimmung mit der Mutter. In der Prüf-Gruppe antworten mehr der befragten Jugendlichen, daß sie eher mit der Mutter übereinstimmen als in der Kontroll-Gruppe. In der Kontroll-Gruppe antwortet jedoch ein größerer Teil der Befragten, daß sie häufiger mit beiden Eltern übereinstimmen als in der Prüf-Gruppe. Ungefähr die gleiche Zahl in beiden Gruppen stimmt eher mit dem Vater überein, wobei die Zahl derjenigen Befragten, die eher mit dem Vater übereinstimmen, in der Prüf-Gruppe etwas höher liegt als in der Kontroll-Gruppe.

Während in der Ausgangsuntersuchung bei der entsprechenden Messung signifikant weniger delinquente als nicht-delinquente Jugendliche mit ihren Eltern übereinstimmen, ließ sich dieser Effekt für unsere Untersuchung wiederum nicht nachweisen.

3414 Einfluß des Vaters auf die Auswahl der Freunde

Dieser Indikator sollte Aufschluß über das Maß unmittelbarer sozialer Kontrolle des Vaters über den heranwachsenden Sohn geben. Als Ausdruck sozialer Kontrolle sollte der Einfluß dienen, den der Vater mittelbar und unmittelbar auf die Auswahl der Freunde oder der Freundin seines heranwachsenden Sohnes nimmt.

Die Fragen 23, 24 und 25 sollten prüfen, ob der Vater bzw. die Eltern Einfluß nehmen, wer von ihnen stärker Einfluß nimmt und an wem sich die befragten Jugendlichen eher orientieren.

Tabelle 27. Einflußnahme der Eltern auf die Auswahl der Freunde (-in) (zu Frage 23)

	untere Schicht		obere Schicht			
	ND	D	ND	D	ND	D
ja	35	36	18	13	53	49
nein	3	6	1	4	4	10
	38	42	19	17	57	59

Die Daten zeigen, daß die delinquenten Jugendlichen etwas häufiger antworten, daß die Eltern keinen Einfluß auf die Auswahl ihrer Freunde oder Freundin nehmen als die befragten nicht-delinquenten Jugendlichen. In beiden Gruppen aber geben der überwiegende Teil der Befragten an, daß sich die Eltern darum kümmern.

Tabelle 28. Überwiegende Einflußnahme eines Elternteils auf die Auswahl der Freunde (-in) (zu Frage 24)

	untere Schicht		obere Schicht			
	ND	D	ND	D	ND	D
Vater	4	6	2	–	6	6
Mutter	20	23	11	9	31	32
beide	11	7	5	4	16	11
	35	36	18	13	53	49

Die Daten zeigen bezüglich der Frage, wer von den Eltern mehr darauf achtet, zwischen Prüf- und Kontroll-Gruppe keine bedeutsamen Unterschiede. In beiden Gruppen achtet vorwiegend die Mutter auf die Auswahl der Freunde oder Freundin, an zweiter Stelle werden beide Eltern genannt, wobei die befragten nicht-delinquenten Jugendlichen beide Eltern wiederum etwas häufiger nennen als die delinquenten Jugendlichen. Die Väter werden in beiden Gruppen gleich häufig an letzter Stelle genannt.

Tabelle 29. Orientierung an der Einstellung eines Elternteiles hinsichtlich der Auswahl eines Freundes bzw. einer Freundin (zu Frage 25)

	untere Schicht ND	D	obere Schicht ND	D	ND	D
Vater	5	7	3	3	8	10
Mutter	6	9	1	4	7	13
weder – noch	24	20	14	6	38	26
	35	36	18	13	53	49

Die Daten zeigen, daß sich Prüf- und Kontroll-Gruppe unterschiedlich stark an der Einstellung der Eltern zur Auswahl der Freunde oder Freundin orientieren. Nur ein geringer Teil der befragten nicht-delinquenten Jugendlichen gibt an, daß sie sich an das halten, was die Eltern sagen, wobei Vater und Mutter etwa gleich häufig genannt werden. Der weit überwiegende Teil der nicht-delinquenten Jugendlichen hält sich nicht an das, was die Eltern sagen.

In der Prüf-Gruppe hält sich ungefähr die Hälfte der befragten delinquenten Jugendlichen an das, was Vater oder Mutter sagen, wobei die Mutter wiederum etwas häufiger genannt wird als der Vater.

Insgesamt läßt sich feststellen, daß die befragten delinquenten Jugendlichen sich bezüglich der Auswahl ihrer Freunde oder Freundin in stärkerem Maße an dem orientieren, was die Eltern dazu sagen als die nicht-delinquenten Jugendlichen.

Während die Fragen 23 bis 25 mehr den mittelbaren Einfluß des Vaters bzw. der Eltern prüfen sollten, wurde in den Fragen 26 und 27 nach der Akzeptierung oder Ablehnung eines unmittelbaren Einflusses des Vaters bzw. der Eltern gefragt.

Frage 26 sollte prüfen, inwieweit sich die befragten Jugendlichen an ein Verbot der Eltern bezüglich des Umgangs mit einem bestimmten Freund oder einer bestimmten Freundin halten würden.

Tabelle 30. Beachtung eines Verbots bezüglich des Umgangs mit einem bestimmten Freund bzw. einer Freundin (zu Frage 26)

	untere Schicht ND	D	obere Schicht ND	D	ND	D
immer	1	1	2	–	3	1
meistens	6	6	4	4	10	10
manchmal	13	16	7	4	20	20
selten	8	10	3	4	11	14
nie	10	9	3	5	13	14
	38	42	19	17	57	59

Die Daten zeigen zwischen Prüf- und Kontroll-Gruppe keine bedeutsamen Unterschiede.

Frage 27 sollte prüfen, wessen Verbot die befragten Jugendlichen mehr achten würden.

Tabelle 31. Überwiegende Beachtung eines Verbots eines Elternteils bezüglich des Umgangs mit einem bestimmten Freund bzw. einer Freundin
(zu Frage 27)

	untere Schicht		obere Schicht			
	ND	D	ND	D	ND	D
Vater	10	14	5	7	15	21
Mutter	7	4	1	–	8	4
beide gleich	15	24	12	7	27	31
weder – noch	6	–	1	2	7	2
	38	42	19	16	57	58

Die Daten zeigen, daß der größte Teil der befragten Jugendlichen in Prüf- und Kontroll-Gruppe ein Verbot von Vater und Mutter gleich achten würden, wobei diese Antwort von den delinquenten Jugendlichen etwas häufiger gegeben wird als von den nicht-delinquenten. An zweiter Stelle steht ein Verbot des Vaters, wobei sich wiederum zeigt, daß mehr delinquente als nicht-delinquente Jugendliche ein Verbot des Vaters mehr achten würden. Ein Verbot der Mutter würden in der Kontroll-Gruppe acht, in der Prüf-Gruppe nur vier der befragten Jugendlichen mehr achten als ein Verbot des Vaters oder ein Verbot des Vaters und der Mutter. Es zeigt sich, daß in der Prüf-Gruppe ein väterliches Verbot in bezug zu einem mütterlichen stärker dominiert als in der Kontroll-Gruppe, in der auch die Zahl derjenigen etwas höher ist, die weder ein väterliches noch ein mütterliches Verbot akzeptieren würden.

Zusammenfassend können wir feststellen, daß zwischen den befragten delinquenten und nicht-delinquenten Jugendlichen bezüglich der sozialen Kontrolle, ausgedrückt durch das Maß des elterlichen Einflusses auf die Auswahl eines Freundes oder einer Freundin, sowie das Maß, in dem dieser Einfluß akzeptiert oder abgelehnt wird, in unserer Untersuchung zwischen den beiden Gruppen keine bedeutsamen Unterschiede nachgewiesen werden konnten. Die in der Ausgangsuntersuchung festgestellten Unterschiede zwischen den delinquenten und nicht-delinquenten Jugendlichen ließen sich in unserer Untersuchung bei gleicher oder vergleichbarer Messung nicht nachweisen. Bezüglich der mittelbaren und unmittelbaren sozialen Kontrolle der Väter über die heranwachsenden Söhne zeigt sich in der Prüf-Gruppe eher eine Tendenz in Gegenrichtung zu den Ergebnissen der Ausgangsuntersuchung. Die von uns befragten delinquenten Jugendlichen weisen dem Vater eher ein etwas höheres Maß an sozialer Kontrolle zu als die befragten nicht-delinquenten Jugendlichen.

Insgesamt läßt sich über alle zur Überprüfung der Hypothese 5 verwandten Indikatoren feststellen, daß sich die jeweils entsprechenden Unterschiede im Sinne der Hypothese in der Ausgangsuntersuchung bei den von uns befragten Jugendlichen zwischen delinquenten und nicht-delinquenten Jugendlichen nicht nachweisen ließen. Die Daten unserer Untersuchung zeigen vielmehr, daß die von uns befragten delinquenten Jugendlichen den Vätern in der Tendenz ein höheres Maß an Attraktion zuwiesen als die befragten nicht-delinquenten, wobei sich diese Tendenz sowohl in den direkten als auch den indirekten Messungen der väterlichen Attraktion zeigte.

3415 Die Rolle des Vaters im Freizeitverhalten der Jugendlichen

Die Fragen 28 und 29 sollten darüber Aufschluß geben, wo und mit wem die befragten Jugendlichen am häufigsten ihre Freizeit verbringen.

Tabelle 32. Ort der überwiegenden Freizeitgestaltung (zu Frage 28)

	untere Schicht		obere Schicht			
	ND	D	ND	D	ND	D
zuhause	5	6	7	2	12	8
außerhalb	22	33	8	11	30	44
gleichviel	11	3	4	4	15	7
	38	42	19	17	57	59

ND versus D : $Chi^2 = 6,36$ df = 2 p = .05

Die Daten zeigen, daß die delinquenten Jugendlichen ihre Freizeit häufiger außerhalb verbringen als die nicht-delinquenten Jugendlichen. Allerdings zeigt sich diese Tendenz auch für die nicht-delinquenten Jugendlichen der unteren Schichten. Hier scheint möglicherweise sowohl ein Schichtunterschied als auch ein Unterschied zwischen delinquenten und nicht-delinquenten Jugendlichen vorzuliegen, wobei diese beiden Effekte bei den delinquenten Jugendlichen der unteren Schichten so zu kumulieren scheinen, daß sich zwischen diesen und den delinquenten Jugendlichen der oberen Schichten bezüglich des Freizeitverhaltens keine bedeutsamen Unterschiede mehr zeigen.

Auf die Fragen 29 erhielten wir folgende Daten (Tab. 33):

Tabelle 33. Häufigster Freizeitpartner (zu Frage 29)

	untere Schicht		obere Schicht			
	ND	D	ND	D	ND	D
allein	2	–	3	–	5	–
mit dem Vater	–	1	–	–	–	–
mit der Mutter	–	1	1	–	1	1
mit beiden	–	1	–	–	–	1
mit Freund/Freundin	14	17	4	5	18	22
mehrere Freunde	20	20	6	9	26	29
in einer Jugendgruppe	2	1	4	3	6	4
mit anderen	–	1	1	–	1	1
	38	42	19	17	57	59

Die Daten zeigen, daß die Eltern als Freizeitpartner fast überhaupt nicht genannt werden. Am häufigsten, und zwar sowohl in der Prüf- als auch in der Kontroll-Gruppe, werden von den befragten Jugendlichen mehrere Freunde bzw. Freund/Freundin genannt.

Die Frage 30: »Sind Sie Mitglied einer Jugendgruppe?« sollte darüber Aufschluß geben, inwieweit die befragten Jugendlichen ihre Freizeit in institutionalisierten Jugendgruppen (etwa konfessionellen Gruppen, Sportgruppen usw.) verbringen und damit auch außerhalb des Familienrahmens einem bestimmten Maß an unmittelbarer sozialer Kontrolle hinsichtlich ihrer Freizeit-Aktivitäten unterliegen.

Tabelle 34. Mitgliedschaft in einer Jugendgruppe (zu Frage 30)

	untere Schicht		obere Schicht			
	ND	D	ND	D	ND	D
ja	21	15	14	7	35	22
nein	17	27	5	10	22	37
	38	42	19	17	57	59

ND versus D : Chi² = 6,73   df = 1   p = .01

Die Daten zeigen einen auf dem 1 %-Niveau signifikanten Unterschied zwischen Prüf- und Kontroll-Gruppe. Die delinquenten Jugendlichen sowohl der unteren als auch der oberen Schicht sind jeweils signifikant weniger häufig Mitglied institutionalisierter Jugendgruppen.

35 Prestige des väterlichen Berufes und väterliche Attraktion

In der Ausgangsuntersuchung, in der der soziale Status durch das berufliche Prestige determiniert wurde, war in Hypothese 5a ein direkter Zusammenhang zwischen sozialem Status, d. h. dem beruflichen Prestige und der Attraktion dahingehend vorausgesagt worden, daß geringes Prestige geringe Attraktion bedingt, d. h. Väter, deren berufliche Tätigkeit in der Gesellschaft nur geringes Prestige besitzt, entsprechen nicht dem Bild des »erfolgreichen Mannes« in der Gesellschaft und sind daher für ihre Söhne weniger attraktiv.

Da wir in unserer Untersuchung sozialen Status durch die Schichtzugehörigkeit definierten, sollte zur Überprüfung der Hypothese 5a das von den befragten Jugendlichen perzipierte Ansehen des väterlichen Berufes in der Gesellschaft über die in der Vorbefragung geprüfte Prestige-Skala direkt gemessen werden, wobei wir vermuten, daß die geänderte Definition des sozialen Status auf den in der Ausgangsuntersuchung vermuteten Zusammenhang keinen Einfluß haben dürfte.

Frage 7: Welches Ansehen genießt Ihrer Schätzung nach die berufliche Tätigkeit des Vaters?

Tabelle 35. Geschätztes Berufsprestige der Väter (zu Frage 7)

	untere Schicht		obere Schicht			
	ND	D	ND	D	ND	D
Professor	–	–	–	1	–	1
Arzt	–	–	2	1	2	1
Ingenieur	2	4	5	8	7	12
Buchhalter	11	7	9	1	20	8
Maschinenschlosser	22	30	2	4	24	34
Kellner	2	1	1	2	3	3
Straßenkehrer	–	–	–	–	–	–
	37	42	19	17	56	59

Die Daten zeigen, daß die befragten delinquenten Jugendlichen der unteren Schichten das Ansehen des väterlichen Berufes häufiger niedriger schätzen als die befragten nicht-delinquenten Jugendlichen. Ebenso besteht zwischen den Schichten sowohl in der Prüf- als auch in der Kontroll-Gruppe eine Tendenz dahingehend, daß die befragten Jugendlichen der oberen Schichten den väterlichen Berufen ein höheres Maß gesellschaftlichen Ansehens zuweisen, wobei jedoch die delinquenten Jugendlichen den väterlichen Berufen häufiger ein höheres Ansehen zuweisen als die nicht-delinquenten Jugendlichen.

Inwieweit ein Teil der väterlichen Attraktion direkt auf der beruflichen Tätigkeit des Vaters beruht, sollte über die Frage 39 am Maß der Bereitschaft zur Übernahme dieses Berufes durch die befragten Jugendlichen geprüft werden.

Tabelle 36. Bereitschaft, den väterlichen Beruf zu ergreifen (zu Frage 39)

	untere Schicht		obere Schicht			
	ND	D	ND	D	ND	D
ja	4	3	3	3	7	6
nein	34	39	16	14	50	53
	38	42	19	17	57	59

Die Daten zeigen keine bedeutsamen Unterschiede zwischen Prüf- und Kontroll-Gruppe. Die überwiegende Mehrheit der befragten Jugendlichen sowohl in der Prüf- als auch in der Kontroll-Gruppe will den väterlichen Beruf nicht ergreifen.

Die Fragen 40 und 41 sollten Aufschluß über die Gründe geben, aus denen heraus die befragten Jugendlichen den väterlichen Beruf übernehmen bzw. ablehnen.

Da die Zahl der Jugendlichen, die den väterlichen Beruf übernehmen wollen, in beiden Gruppen sehr gering ist, soll auf die Daten zu Frage 40 nicht weiter eingegangen werden. Interessanter scheinen in Anbetracht der starken Ablehnung die dafür genannten Gründe zu sein.

Tabelle 37. Gründe für die Ablehnung, den väterlichen Beruf zu ergreifen (zu Frage 41)

	untere Schicht		obere Schicht			
	ND	D	ND	D	ND	D
Verdienst zu gering	8	3	2	1	10	4
geringe berufliche Sicherheit	3	5	2	2	5	7
keine Aufstiegsmöglichkeit	4	11	–	1	4	12
geringes Ansehen in der Öffentlichkeit	–	–	–	–	–	–
Arbeit macht keine Freude	8	13	3	3	11	16
fühle mich nicht dazu geeignet	6	5	7	5	13	10
will nicht in das väterliche Unternehmen	1	1	–	–	1	1
andere Gründe	2	1	2	2	4	3
	32	39	16	14	48	53

Die Daten zeigen, daß sich die Gründe der Ablehnung sowohl nach der Schichtzugehörigkeit der befragten Jugendlichen als auch in den unteren Schichten nach der Zugehörigkeit zu Prüf- oder Kontroll-Gruppe unterscheiden.

Die befragten nicht-delinquenten Jugendlichen der unteren Schichten nennen als Gründe der Ablehnung, nach der Häufigkeit der Nennung geordnet:

1. Verdienst zu gering (8)
2. diese Arbeit macht keine Freude (8)
3. fühle mich nicht dazu geeignet (6)
4. keine Aufstiegsmöglichkeit (4)
5. geringe berufliche Sicherheit (3)

Die befragten delinquenten Jugendlichen der unteren Schichten nennen als Gründe der Ablehnung, wiederum nach der Häufigkeit der Nennung geordnet:

1. diese Arbeit macht keine Freude (13)
2. keine Aufstiegsmöglichkeit (11)
3. fühle mich nicht dazu geeignet (5)
4. geringe berufliche Sicherheit (5)
5. Verdienst zu gering (3)

Hinsichtlich der Begründung der Ablehnung bestehen in den oberen Schichten zwischen Prüf- und Kontroll-Gruppe sowohl in der Rangordnung der Gründe als auch in der Häufigkeit der Nennung keine bedeutsamen Unterschiede. Die befragten Jugendlichen der oberen Schichten geben als Gründe der Ablehnung an:

1. fühle mich nicht dazu geeignet (7/5)
2. diese Arbeit macht keine Freude (3/3)
3. geringe berufliche Sicherheit (2/2)
4. andere Gründe (2/2)

In den unteren Schichten zeigt sich zwischen Prüf- und Kontroll-Gruppe ein deutlicher Unterschied hinsichtlich der Gewichtung der Gründe. Während die nicht-delinquenten Jugendlichen vor allem zu geringen Verdienst im väterlichen Beruf angeben, steht dieser Grund bei den delinquenten Jugendlichen an letzter Stelle, obwohl gerade die delinquenten Jugendlichen der unteren Schichten das Einkommen des Vaters signifikant niederer schätzen als die nicht-delinquenten Jugendlichen. Dem Grund, daß die Arbeit im väterlichen Beruf keine Freude macht, kommt in beiden Gruppen ungefähr die gleiche Bedeutung zu. Die mangelnde Aufstiegsmöglichkeit im väterlichen Beruf ist jedoch wiederum für die delinquenten Jugendlichen weitaus gewichtiger als für die nicht-delinquenten Jugendlichen. Gleiches Gewicht hat in beiden Gruppen das Gefühl, zum väterlichen Beruf nicht geeignet zu sein, während die geringe berufliche Sicherheit für die delinquenten Jugendlichen etwas mehr Gewicht besitzt als für die nicht-delinquenten.

Für die befragten Jugendlichen der oberen Schichten ist es vor allem das Gefühl, nicht zum väterlichen Beruf geeignet zu sein, sowie das Gefühl, daß der väterliche Beruf keine Freude macht.

Interessanterweise wird der Grund »geringes Ansehen« des väterlichen Berufes in der Gesellschaft überhaupt nicht genannt, obwohl zu vermuten wäre, daß dies vor allem für die befragten Jugendlichen der unteren Schichten als Grund der Ablehnung relevant sein könnte. Es scheint in der Tat so zu sein, daß reine Prestige-Gesichtspunkte beruflicher Tätigkeit keine unmittelbare Bedeutung für die befragten Jugendlichen haben. Dies um so mehr, als die Messung des perzipierten Ansehens der väterlichen Berufe in Frage 7 deutliche Unterschiede zwischen den Schichten zeigt.

Im Anschluß an die Einstellung der Jugendlichen zum väterlichen Beruf sollte über die Frage 42 geprüft werden, inwieweit die befragten Jugendlichen ihre Väter als Vorbilder der eigenen Erwachsenen-Rolle akzeptieren.

Tabelle 38. Väter als Vorbilder der eigenen Erwachsenen-Rolle (zu Frage 42)

	untere Schicht		obere Schicht			
	ND	D	ND	D	ND	D
ja	9	11	6	6	15	17
teils – teils	21	24	13	10	34	34
nein	8	7	–	1	8	8
	38	42	19	17	57	59

Die Daten zeigen zwischen den beiden Gruppen keine bedeutsamen Unterschiede, allenfalls eine leichte Tendenz dahingehend, daß die Jugendlichen der oberen Schichten eher dem Vater gleichen wollen als die der unteren Schichten.

36 Disziplinäre Kontrolle und väterliche Attraktion

In der Ausgangsuntersuchung war vermutet worden, daß die Art der Disziplinierung sich möglicherweise, vor allem bei körperlicher Bestrafung, attraktionsmindernd auswirke.

Diese mögliche Beziehung sollte in unserer Untersuchung über die Fragen 43 bis 46 geprüft werden.

Frage 43 lautete: Gibt es Dinge, derentwegen Sie von den Eltern bestraft oder ausgeschimpft werden?

Tabelle 39. Disziplinäre Kontrolle (zu Frage 43)

	untere Schicht		obere Schicht			
	ND	D	ND	D	ND	D
ja	23	32	14	10	37	42
nein	15	10	5	7	20	17
	38	42	19	17	57	59

Die Daten zeigen, daß die befragten delinquenten Jugendlichen der unteren Schichten häufiger bestraft werden als die befragten nicht-delinquenten Jugendlichen. In den oberen Schichten werden dagegen die nicht-delinquenten Jugendlichen etwas häufiger bestraft als die delinquenten Jugendlichen. Insgesamt bestehen jedoch zwischen den beiden Gruppen sowie über die Schichten keine bedeutsamen Unterschiede.

Frage 44: Wer bestraft Sie?

Tabelle 40. Ausübung disziplinärer Kontrolle (zu Frage 44)

	untere Schicht		obere Schicht			
	ND	D	ND	D	ND	D
Vater	6	6	4	2	10	8
Mutter	4	6	2	–	6	6
beide	13	20	8	8	21	28
	23	32	14	10	37	42

Die Daten zeigen zwischen Prüf- und Kontroll-Gruppe keine bedeutsamen Unterschiede. Der überwiegende Teil der befragten Jugendlichen nennt beide Eltern, dann folgt der Vater und an letzter Stelle, etwas weniger häufig, die Mutter.

Die Frage 45 sollte über die Art der Bestrafung Aufschluß geben.

Tabelle 41. Art der Sanktionen (zu Frage 45)

	untere Schicht		obere Schicht			
	ND	D	ND	D	ND	D
körperlich	1	2	1	–	2	2
Entzug von Freizeit, Taschengeld etc.	8	18	4	3	12	31
schimpfen	14	12	6	7	20	16
	23	32	11	10	34	39

Die Daten zeigen zwischen Prüf- und Kontroll-Gruppe keine bedeutsamen Unterschiede, allenfalls eine leichte Tendenz zu stärkerer Disziplinierung bei den delinquenten Jugendlichen. Diese Tendenz zeigt sich jedoch nur für die delinquenten Jugendlichen der unteren Schichten, die häufiger angeben, daß sie durch Entzug von Freizeit, Taschengeld etc. bestraft werden, als die nicht delinquenten Jugendlichen. Nur jeweils zwei Jugendliche in Prüf- und Kontroll-Gruppe geben an, daß sie körperlich, etwa durch Ohrfeigen, bestraft werden.

Da die Daten zu Frage 45 keine Aussage darüber zulassen, ob möglicherweise bestehende Unterschiede zwischen delinquenten und nichtdelinquenten Jugendlichen infolge des delinquenten Verhaltens erst entstehen, sollte über Frage 46 geprüft werden, ob zu einem früheren Zeitpunkt, etwa im Alter zwischen 6 und 10 Jahren, Unterschiede bezüglich der Disziplinierung bereits bestanden.

Tabelle 42. Art der Sanktionen im Alter von 6–10 Jahren (zu Frage 46)

	untere Schicht		obere Schicht			
	ND	D	ND	D	ND	D
körperlich	23	21	6	5	29	26
Entzug von Freizeit, Taschengeld etc.	7	13	6	6	13	19
schimpfen	8	8	7	6	15	14
	38	42	19	17	57	59

Die Daten zeigen, daß unabhängig von der Zugehörigkeit der befragten Jugendlichen zu Prüf- oder Kontroll-Gruppe ein Unterschied der Disziplinierung zwischen den Schichten besteht. Der größte Teil der Jugendlichen der unteren Schichten gibt an, daß er zu einem früheren Zeitpunkt körperlich bestraft wurde. Die Tendenz, daß delinquente Jugendliche etwas häufiger durch Entzug von Freizeit, Taschengeld etc. bestraft wurden, zeigt sich auch hier.

In den oberen Schichten zeigen sich für Prüf- und Kontroll-Gruppe zwischen den einzelnen Disziplinierungsarten keine bedeutsamen Unterschiede, jedoch zeigt sich, daß diese Jugendlichen im Vergleich zu denen der unteren Schichten weniger häufig von körperlicher Bestrafung berichten und etwas häufiger antworten, daß die Eltern schimpften und ihnen klar zu machen versuchten, was sie falsch gemacht hätten.

Zusammenfassend läßt sich feststellen, daß die befragten Jugendlichen in Prüf- und Kontroll-Gruppe sich hinsichtlich der von den Eltern benutzten Disziplinierungsarten zum Zeitpunkt unserer Befragung nur dadurch unterscheiden, daß die delinquenten Jugendlichen der unteren Schichten etwas häufiger von Entzug von Freizeit usw. berichten als die nicht-delinquenten Jugendlichen der gleichen Schichten. In den oberen Schichten zeigen sich zwischen Prüf- und Kontroll-Gruppe keine bedeutsamen Unterschiede. Körperliche Bestrafung wird nur von vier der insgesamt befragten 116 Jugendlichen berichtet.

Bezüglich der Disziplinierung in der Kindheit zeigen sich zwischen Prüf- und Kontroll-Gruppe insgesamt keine bedeutsamen Unterschiede. Allerdings zeigen sich zwischen den Schichten unterschiedliche Präferenzen der Eltern bezüglich der Disziplinierungsarten. In den unteren Schichten wird häufiger körperlich bestraft als in den oberen Schichten, wobei jedoch keine Unterschiede zwischen Prüf- und Kontroll-Gruppe sich zeigen. Eine Tendenz zu einer etwas häufigeren Bestrafung durch Entzug von Freizeit, Taschengeld etc. bei den delinquenten Jugendlichen der unteren Schichten zeigt sich auch in den Daten zur Frage 46. In den oberen Schichten zeigen sich zwischen delinquenten und nicht-delinquenten Jugendlichen keine bedeutsamen Unterschiede.

Betrachten wir diese Ergebnisse in Zusammenhang mit den zur Messung der Attraktion des Vaters erhobenen Daten, so zeigt sich, daß die in der Ausgangsuntersuchung vermutete und durch die dort erhaltenen Daten bestätigte Beziehung zwischen körperlicher Bestrafung und mangelnder Attraktion für die delinquenten Jugendlichen unserer Untersuchung nicht nachgewiesen werden kann.

4 Väterliche Attraktion - soziale Kontrolle und Delinquenz
Versuch einer Interpretation der Ergebnisse

Die im Rahmen unserer Untersuchung überprüften Hypothesen zur Familie bzw. dem Vater als der primären Quelle sozialer Kontrolle für den heranwachsenden Sohn implizieren zwei generelle Effekte hinsichtlich des Zusammenhangs zwischen sozialem Status des Vaters, dessen Attraktion und der Delinquenz des heranwachsenden Sohnes.

Einmal wurde vorhergesagt, daß Väter mit niederem sozialem Status für ihre heranwachsenden Söhne weniger attraktiv und damit hinsichtlich der Etablierung sozialer Kontrolle benachteiligt sind. Das, so wurde vermutet, ist möglicherweise ein Grund dafür, daß Jugendliche aus Familien mit niederem sozialem Status häufiger delinquent werden.

Zum anderen wurde vorhergesagt, daß mangelnde Attraktion zum Vater delinquente Jugendliche mit niederem oder höherem Status gleichermaßen kennzeichnet.

Beiden vorhergesagten Effekten lag die Prämisse zugrunde, daß innerhalb der Familie als Gruppe Attraktion die primäre Basis sozialer Kontrolle und der Vater wiederum primäre Quelle sozialer Kontrolle für den heranwachsenden Sohn darstellt, wobei die auf die väterliche Attraktion begründete soziale Kontrolle dergestalt wirksam wird, daß bei hinreichender Attraktion des Vaters der Sohn den väterlichen Verhaltenserwartungen zu entsprechen wünscht und durch diese kontrolliert wird.

Bevor wir nun versuchen wollen, die zur Überprüfung der obigen Hypothesen erhobenen Daten zu interpretieren, sei darauf hingewiesen, daß aufgrund des von uns gewählten methodischen Vorgehens per Interview anhand standardisierter Fragebogen die damit verbundene methodologische Problematik nicht außer Betracht bleiben darf. Es ist erforderlich, darauf hinzuweisen, daß die Möglichkeit mit dieser Erhebungsmethode Attitüden oder Verhaltensmuster zu messen, relativ begrenzt ist, sofern die Messung nicht auf der Basis reliabler und valider Skalen möglich ist. Solche Skalen standen jedoch für unsere Untersuchung nicht zur Verfügung, so daß es in der Tat fraglich ist, inwieweit die Daten Aufschluß über die wirklichen Attitüden und Verhaltensmuster der von uns befragten Jugendlichen liefern.

Eine weitere Problematik ergibt sich aus einer vergleichenden Betrachtung von Prüf- und Kontroll-Gruppe und zwar dadurch, daß aufgrund der Auswahl der Prüf-Gruppe aus der Zahl der durch spezifisch deliktisches Verhalten bei den entsprechenden Institutionen aktenkundigen Jugendlichen mit hoher Wahrscheinlichkeit zu vermuten ist, daß diese delinquenten Jugendlichen, insbesondere nach Abschluß der aus dem deliktischen Verhalten resultierenden Sanktions-Prozesse, spezifischem sozialem Einfluß unterlagen, der auf die Kontroll-Gruppe der nichtdelinquenten Jugendlichen nicht ausgeübt wurde. Das heißt, daß man eine Vergleichbarkeit beider Gruppen nur insofern unterstellen kann, als man annimmt, daß die Prüf-Gruppe vor ihrer sozialen Auffälligkeit sich hinsichtlich der in den Hypothesen vermuteten Zusammenhänge nicht wesentlich von der Kontroll-Gruppe unterschied, wobei man gleichzeitig annehmen muß, daß die Kontroll-Gruppe, unter den entsprechenden Voraussetzungen der Auswahl, ein für die Gesamtpopulation beider Gruppen repräsentativeres Bild bezüglich der über die Hypothesen zu prüfenden Zusammenhänge liefert.

Bezogen auf die in unserer Untersuchung befragten delinquenten und nicht-delinquenten Jugendlichen kann das bedeuten, daß zwischen beiden Gruppen bestehende Unterschiede bezüglich der in den Hypothesen vorhergesagten Effekte möglicherweise erst durch den nur auf die Prüf-Gruppe gerichteten spezifischen Einfluß induziert wurden, ohne daß vor der sozialen Auffälligkeit, d. h. der Delinquenz dieser Jugendlichen, ein solcher Unterschied zwischen beiden Gruppen bestand. Da dieser soziale Einfluß als intervenierende Variable ungemessen in die Hypothesen eingeht, liegt die besondere Problematik der Vergleichbarkeit in der Rücktransformation möglicher Unterschiede auf den Zeitpunkt der sozialen Unauffälligkeit beider Gruppen.

Weiter stellt sich die Frage, inwieweit die Ergebnisse unserer Untersuchung, unabhängig von denen der Ausgangsuntersuchung, generalisiert werden können. Da sich die Hypothesen nur hinsichtlich des ersten generellen Effektes nicht bestätigen ließen, bezüglich des zweiten generellen Effektes weder bestätigen noch eindeutig falsifizieren ließen, wird eine Generalisierung der Ergebnisse über den Kreis der von uns befragten Jugendlichen nur sehr bedingt möglich sein, zumal es in der Bundesrepublik keine unmittelbar vergleichbaren Untersuchungen mit ähnlichen oder gleichen Erklärungsansätzen gibt, die ihrerseits Anhaltspunkte für eine allgemeinere Gültigkeit unserer Ergebnisse liefern könnten.

Wir werden im folgenden bei der Interpretation der Daten nochmals auf die bis hier geschilderte Problematik näher eingehen.

Betrachten wir nun die Ergebnisse hinsichtlich des Zusammenhangs zwischen sozialem Status und väterlicher Attraktion als der Grundlage sozialer Kontrolle, auf der Basis der aus den Einzel-Indikatoren errechneten Attraktions-scores, so zeigt sich, daß ein Zusammenhang zwischen sozialem Status, ausgedrückt durch die soziale Schichtzugehörigkeit, und der Attraktion des Vaters auf den heranwachsenden Sohn, im Sinne der Hypothesen 4 bis 5a in unserer Untersuchung, eindeutig nur für die befragten nicht-delinquenten Jugendlichen der Kontroll-Gruppe nachweisbar ist. Die der Kontroll-Gruppe zugehörenden Jugendlichen der unteren Schichten weisen dem Vater häufiger ein geringeres Maß an Einfluß in der Familie, geringeres berufliches Prestige in der Gesellschaft sowie, gemessen am Median aller Attraktions-scores, häufiger ein geringeres Maß an Attraktion zu als die befragten Jugendlichen der oberen Schichten innerhalb der Kontroll-Gruppe. Für die befragten Jugendlichen der Kontroll-Gruppe scheint sich der in den Hypothesen vermutete Zusammenhang zwischen sozialem Status des Vaters und dessen Attraktion zum heranwachsenden Sohn zu bestätigen.

Das wiederum könnte dazu berechtigen anzunehmen, daß zumindest diese Beziehung kulturspezifisch relativ unabhängig ist, d. h. daß hier keine durch Kulturvariablen bedingten Verzerrungen wirksam werden und die Klassifizierung nach sozialer Schichtzugehörigkeit in etwa der in der Ausgangsuntersuchung zugrunde gelegten Klassifizierung des sozialen Status nach den in den USA für solche Untersuchungen allgemein verwandten Prestige-Differenzierung beruflicher Tätigkeit entspricht.

Betrachten wir weiter die als Kontroll-Gruppe befragten nicht-delinquenten Jugendlichen als für die Gesamtpopulation der insgesamt befragten Jugendlichen repräsentativer, so wäre zu erwarten, daß sich für die befragten delinquenten Jugendlichen ein Zusammenhang zwischen sozialem Status und väterlicher Attraktion zumindest gleichermaßen zeigt, ohne daß dies schon einen Zusammenhang zwischen Attraktion, sozialer Kontrolle und Delinquenz im Sinne der über die Hypothesen vorhergesagten zwei generellen Effekte implizieren müßte.

Die für die befragten delinquenten Jugendlichen errechneten Attraktions-scores zeigen jedoch, gemessen am Median aller Attraktions-scores, eine annähernd normale Verteilung um den Median. Das bedeutet einmal, daß sich innerhalb der Prüf-Gruppe zwischen den sozialen Schichten bezüglich der Attraktion zum Vater keine bedeutsamen Unterschiede nachweisen lassen. Dies bedeutet auch, daß, gemessen an der Verteilung der Attraktions-scores der Kontroll-Gruppe, zwei gegenläufige Tendenzen zwischen den Schichten innerhalb der Prüf-Gruppe wirksam sind. Die den unteren sozialen Schichten angehörenden delinquenten Jugendlichen weisen dem Vater in der Tendenz häufiger ein höheres Maß an Attraktion und sozialer Kontrolle zu als die entsprechenden nicht-delinquenten Jugendlichen der Kontroll-Gruppe. Die den oberen sozialen Schichten zugehörenden delinquenten Jugendlichen weisen dagegen in der Tendenz dem Vater häufiger ein geringeres Maß an Attraktion und sozialer Kontrolle zu als die entsprechenden nicht-delinquenten Jugendlichen der Kontroll-Gruppe.

In beiden Fällen lassen sich diese Tendenzen jedoch nicht signifikant gegen die Verteilung der Attraktions-scores im jeweils entsprechenden

Teil der Kontroll-Gruppe absichern, aber es würde bedeuten, daß, zumindest in der Tendenz, die in Hypothese 6 vorhergesagte Beziehung zwischen mangelnder Attraktion zum Vater, mangelnder sozialer Kontrolle und der Delinquenz für die befragten Jugendlichen der oberen sozialen Schichten nicht vollständig ausgeschlossen werden kann.

Dies scheint jedoch innerhalb eines Vergleiches zwischen Prüf- und Kontroll-Gruppe eine nach der sozialen Schichtzugehörigkeit differenzierte Betrachtung erforderlich zu machen. Im folgenden sollen deshalb die für die delinquenten Jugendlichen der unteren und oberen sozialen Schichten erhobenen Daten getrennt betrachtet werden.

41 Väterliche Attraktion – soziale Kontrolle und Delinquenz Jugendlicher aus oberen sozialen Schichten

Beginnen wir mit der Betrachtung der für die geringere Attraktionszuweisung der delinquenten Jugendlichen aus oberen sozialen Schichten möglicherweise relevanten Unterschiede in den Daten der in den Attraktions-score eingehenden Einzel-Indikatoren. Als Vergleichsbasis sollen dabei die jeweils bei den entsprechenden nicht-delinquenten Jugendlichen erhobenen Daten dienen.

Im Vergleich zu den entsprechenden nicht-delinquenten Jugendlichen fällt auf, daß die delinquenten Jugendlichen wesentlich häufiger angeben, daß sie keine gemeinsamen Hobbies mit dem Vater treiben. Unterschiede zeigen sich auch hinsichtlich des Freizeitverhaltens. Delinquente Jugendliche verbringen ihre Freizeit häufiger außerhalb der Familie in der Gemeinschaft Gleichaltriger und sind wesentlich weniger häufig Mitglied einer institutionalisierten Jugendgruppe. Auch geben die delinquenten Jugendlichen etwas häufiger an, daß die Eltern auf die Auswahl ihrer Freunde oder Freundin keinen Einfluß nehmen. Ebenso würden sich die delinquenten Jugendlichen etwas häufiger »selten« oder »nie« an ein elterliches Verbot bezüglich des Umganges mit einem bestimmten Freund oder einer Freundin halten. Hinsichtlich der elterlichen Disziplinierung geben die delinquenten Jugendlichen an, daß sie von den Eltern nicht bestraft werden.

Auf der anderen Seite jedoch weisen die delinquenten Jugendlichen dem Vater in der Tendenz ein höheres Maß an Einfluß in der Familie zu, »schätzen« ihn häufig höher, weisen ihm in der Tendenz ein höheres Maß an beruflichem Prestige zu und geben etwas häufiger an, daß sie hinsichtlich ihrer Einstellung zu persönlichen Problemen mehr mit dem Vater übereinstimmen.

Dies scheint, bei aller Problematik der Erhebungsmethode und der Daten, darauf hinzuweisen, daß sich hier möglicherweise ein Einwand gegen die von Gold im Rahmen seines theoretischen Ansatzes postulierte Identität von Attraktion und sozialer Kontrolle ergibt.

Da die delinquenten Jugendlichen sich hinsichtlich der als attraktionsbegründend angenommenen Variablen »Einfluß des Vaters in der Familie« sowie des Bildes vom Vater als einem »erfolgreichen Mann« dadurch von den entsprechenden nicht-delinquenten Jugendlichen unterscheiden, daß sie dem Vater bezüglich dieser Variablen eher eine höhere Position zuweisen, scheint das Maß der Attraktion als Basis sozialer Kontrolle im Zusammenhang mit dem Maß des unmittelbar vom Vater ausgeübten sozialisierenden Einflusses zu stehen.

Wenn wir die Daten richtig interpretieren, so scheint das Maß des unmittelbaren sozialisierenden Einflusses des Vaters für die delinquenten Jugendlichen der oberen sozialen Schichten geringer zu sein als für die nicht-delinquenten Jugendlichen.

Betrachten wir hierzu die Ergebnisse einer von Devereux Jr., Bronfenbrenner und Suci (1962) durchgeführten interkulturellen Feld-Untersuchung zum Verhalten der Eltern in den USA und der Bundesrepublik, so fällt auf, daß die jeweils im Alter von 12 Jahren in gleichartigen Stichproben befragten deutschen Kinder sich von den amerikanischen dadurch signifikant unterschieden, daß sie beträchtlich mehr liebevoller Zuneigung und strengerer disziplinärer Kontrolle ausgesetzt sind. In dieser Untersuchung zeigte sich, daß diese Unterschiede hauptsächlich dem kontrastierenden Verhalten der Väter zuzurechnen sind. Die deutschen Väter erscheinen hinsichtlich ihres Rollenverhaltens wesentlich aktiver, wenn es um direkte Erziehung und Beweise der Zuneigung geht, wobei die väterliche Position innerhalb der deutschen Familie in beiden Fällen über die Position der Mutter dominiert. (Sicherlich ergeben sich hier schichtspezifische Differenzierungen, die aber im wesentlichen nur gradueller Art sein dürften.) Als Folge dieser Charakteristika deutscher Familien, d. h. des Rollenverhaltens der Eltern, vermuten die Autoren, zumindest für Jungens, verringerte Unabhängigkeit von der Familie, weniger Leistung aus eigenem Antrieb sowie eine spätere Integration in »peer-groups«, d. h. in die Gemeinschaft Gleichaltriger.

Nehmen wir an, daß sich diese Charakteristika des Rollenverhaltens deutscher Eltern bis zur endgültigen Ablösung der Jugendlichen aus der Rolle der Nicht-Erwachsenen fortsetzen, so scheinen die Familien, vor allem die Beziehung »Vater – heranwachsender Sohn«, der von uns befragten delinquenten Jugendlichen, dieser Struktur nicht voll zu entsprechen.

Interessant erscheinen in diesem Zusammenhang auch die von Neidhardt (1966) berichteten Tendenzen zu einer stärkeren Verschiebung patriarchalischer Autoritätsstrukturen in die oberen sozialen Schichten, wobei in den oberen Schichten eine Vaterherrschaft mehr als doppelt so häufig anzutreffen ist als in den drei unteren Schichten. Als Grund führt er an, daß »eine hohe Stellung des Vaters außerhalb der Familie wegen der damit verbundenen materiellen und immateriellen Leistungen zugunsten seiner Frau und Kinder sich in einer höheren Autorität innerhalb der Familie niederzuschlagen pflegt« (Neidhardt 1966, 50). Diese genannten Gründe implizieren nichts anderes als die von Gold hypostatierten Zusammenhänge zwischen sozialem Status, dem Einfluß und der Attraktion eines Mannes in seiner Familie, unter der Prämisse, daß der soziale Status des Mannes im wesentlichen den sozialen Status der Familie insgesamt determiniert.

Betrachten wir nun die für die delinquenten Jugendlichen der oberen sozialen Schichten erhobenen Daten unter dem Gesichtspunkt dieser Dominanz des Vaters sowie der den deutschen Familien an sich zugeschriebenen Charakteristika im Rollenverhalten der Eltern, insbesondere der väterlichen Zuneigung und starker disziplinärer Kontrolle durch den Vater, so scheint sich für die Beziehung Vater – Sohn folgendes vermuten zu lassen:

Die delinquenten Jugendlichen der oberen Schichten weisen dem Vater die seinem sozialen Status entsprechende Position innerhalb der Familie zu, d. h., der Vater verfügt über ein potentiell hohes Maß an Attraktion. Dies führt jedoch deshalb nicht zu einer Etablierung hinreichender sozialer Kontrolle über den und im heranwachsenden Sohn, weil der Vater seine Möglichkeiten, über unmittelbaren sozialisierenden Einfluß normkonforme Attitüden und Verhaltensmuster beim heranwachsenden Sohn zu intendieren, nicht ausreichend nutzt, d. h. keine klaren Verhaltenserwartungen an diesen richtet. Damit aber könnte möglicherweise eine Deprivation der Jugendlichen dergestalt wirksam werden, daß ihre eigenen Erwartungen an die Rolle des Vaters bezüglich der Zuneigung und auch der unmittelbaren sozialen Kontrolle nicht hinreichend erfüllt werden. Das aber könnte möglicherweise dazu führen, daß diese Jugendlichen, die ja durchaus bereit sind, die Stellung des Vaters zu akzeptieren, Schwierigkeiten bezüglich der Definition ihrer eigenen Rolle in der Familie und ihres Selbstbildes haben.

Das aber wiederum könnte erklären, weshalb diese delinquenten Jugendlichen ihre Freizeit häufiger außerhalb der Familie in der Gemeinschaft Gleichaltriger verbringen, wenn wir unterstellen, daß in diesen »peer-groups« klar definierte Rollen-Erwartungen an sie herangetragen werden, die gleichzeitig zu klar definierten Status-Positionen innerhalb dieser Gruppen führen.

Diese frühere und intensivere Integration in die Gemeinschaften Gleichaltriger bedeutet auch, daß die delinquenten Jugendlichen bezüglich der von Devereux Jr., Bronfenbrenner und Suci vermuteten längeren Abhängigkeit von der Familie sowie der relativ späten Integration der Jugendlichen, vor allem der männlichen Jugendlichen, abweichen.

Es könnte möglich sein, daß die vermutete Rollen- und damit Verhaltensunsicherheit in der Familie bei den delinquenten Jugendlichen zu einer früheren und intensiveren Integration in die Gemeinschaft Gleichaltriger führt, als dies bei den nicht-delinquenten Jugendlichen der Fall ist, wobei dieser Wechsel in der primären Bezugsgruppe auch sehr wahrscheinlich zu konkurrierenden verhaltensrelevanten Norm-Strukturen führt. Man kann die Existenz spezifischer jugendlicher Teil- oder Subkulturen akzeptieren (Tenbruck 1962, Bell 1962) oder ablehnen (v. Friedeburg 1962, Elkin/Westley 1962), sicherlich aber wird man nicht übersehen dürfen, daß sich in solchen relativ altershomogenen Gruppen auch ohne institutionalisierte Gruppenstrukturen bestimmte Normsysteme und damit bestimmte Verhaltensmuster herausbilden, die von den jeweiligen Gruppenmitgliedern akzeptiert werden.

Unterstellen wir weiter, daß in diesen Gruppen, die wie König (1957) meint, in vielen Fällen als regelrechter »Familienersatz« dienen, häufig und bis zu einem gewissen Maß auch von den Erwachsenen toleriert, abweichendes Verhalten ausgeübt wird, so scheint es plausibel anzunehmen, daß damit bei hohen Interaktionsfrequenzen innerhalb solcher Gruppen die Wahrscheinlichkeit sozial »auffällig«, damit auch im Sinne der Legal-Definition »delinquent« zu werden, erheblich steigt.

Interessant erscheint in diesem Zusammenhang, daß die delinquenten Jugendlichen der unteren sozialen Schichten ebenfalls signifikant häufiger als die entsprechenden nicht-delinquenten Jugendlichen angeben, daß sie ihre Freizeit überwiegend außerhalb der Familie in der Gemeinschaft Gleichaltriger verbringen. Ebenso sind sie signifikant weniger häufig Mitglied institutionalisierter Jugendgruppen. Wir werden auf diese beiden Charakteristika, die die delinquenten Jugendlichen unabhängig von der sozialen Schichtzugehörigkeit gleichermaßen kennzeichnen, in einem späteren Abschnitt gesondert eingehen.

Fassen wir die für die geringere Attraktionszuweisung der delinquenten Jugendlichen der oberen sozialen Schichten möglicherweise relevanten Faktoren noch einmal zusammen, so könnte vermutet werden, daß diese Jugendlichen hinsichtlich der von Gold als attraktions-begründend angenommenen Variablen »Einfluß des Vaters in der Familie« sowie dem Bild des Vaters als »erfolgreichem Mann«, sich durchaus schichtspezifisch im Sinne der Hypothesen 4 bis 5a äußern, daß aber Golds theoretisches Postulat der Identität von Attraktion und sozialer Kontrolle, im Gegensatz zu den Ergebnissen der Ausgangsuntersuchung, für unsere Untersuchung nicht aufrechterhalten werden kann.

Für die Funktion der Attraktions-Kontrolle-Dynamik in der dyadischen Beziehung Vater – Sohn scheinen, zumindest für die von uns befragten delinquenten Jugendlichen der oberen sozialen Schichten, das Maß an sozialer Interaktion mit dem Vater sowie die Intensität des unmittelbaren sozialisierenden Einflusses des Vaters auf den Sohn eine wesentliche Rolle als intervenierende Variablen dergestalt zu spielen, daß selbst bei potentiell hoher väterlicher Attraktion hinreichend effektive Attraktion und soziale Kontrolle nur dann als »controlling force« im Muster der der Delinquenz möglicherweise zugrunde liegenden »provocations« und »controls« wirksam wird, wenn diese obengenannten intervenierenden Variablen in hinreichendem Maß in der Attraktions-Kontrolle-Dynamik wirksam werden.

Das bedeutet aber, daß eine unmittelbare Identität von Attraktion und sozialer Kontrolle durch die Annahme, daß der Sohn bei hinreichender Attraktion zum Vater aus sich heraus den väterlichen Verhaltenserwartungen zu entsprechen wünscht und durch diese kontrolliert wird, allenfalls dann entsteht, wenn einerseits klare Verhaltenserwartungen vom Vater an den Sohn gestellt werden, die diesen Erwartungen zugrunde liegenden Normstrukturen für den Jugendlichen am Vater transparent werden und die soziale Wertigkeit dieser Strukturen durch einen unmittelbar darauf hin sozialisierenden Einfluß des Vaters auf den Sohn für diesen deutlich wird. Das heißt, für die Etablierung hinreichender sozialer Kontrolle ist, trotz potentiell hoher väterlicher Attraktion, erforderlich, daß die Beziehung Vater – heranwachsender Sohn durch ausreichende Interaktionsfrequenzen sowie ein ausreichendes Maß sozialisierenden Einflusses des Vaters gestützt wird.

Beides scheint u. E. für die von uns befragten delinquenten Jugendlichen der oberen sozialen Schichten nach den erhobenen Daten nicht hinreichend gegeben zu sein.

Das aber, so vermuten wir, ist möglicherweise der Grund dafür, daß sich diese Jugendlichen der Familie und damit auch deren potentieller sozialer Kontrolle weitgehend entziehen und sich den möglicherweise klarer strukturierten Normen und Verhaltenserwartungen ihrer »peergroups« anpassen. Wenn wir weiter annehmen, daß diese Jugendlichengruppen häufig durch abweichendes Verhalten gekennzeichnet sind, so scheint es plausibel anzunehmen, daß die Jugendlichen, die aus den genannten Gründen ihre Freizeit überwiegend in der Gemeinschaft Gleichaltriger verbringen, eine hohe Chance haben, sozial auffällig, damit in vielen Fällen »delinquent« zu werden.

42 Väterliche Attraktion – soziale Kontrolle und Delinquenz Jugendlicher aus unteren sozialen Schichten

Betrachten wir die über die Attraktions-scores insgesamt höhere Attraktionszuweisung der delinquenten Jugendlichen der unteren sozialen Schichten gegenüber der der entsprechenden nicht-delinquenten Jugendlichen, so zeigt sich eine relativ konsistente Tendenz hierzu über beinahe alle Daten der in den Attraktions-score eingehenden Einzel-Indikatoren. Diese Tendenz zu höherer Attraktionszuweisung läßt sich zwar nicht signifikant gegen die Verteilung in der entsprechenden Kontroll-Gruppe absichern, aber sie geht nicht in Hypothesenrichtung.

Betrachten wir jedoch die Daten zu den als attraktionsbegründend angenommenen Variablen, so zeigen sich dazu keinerlei Unterschiede zur Kontroll-Gruppe der nicht-delinquenten Jugendlichen, so daß von daher anzunehmen gewesen wäre, daß sich auch hinsichtlich der Verteilung der Attraktions-scores, d. h. der Attraktionszuweisung, keine unterschiedlichen Tendenzen zeigen.

Die delinquenten Jugendlichen berichten jedoch etwas häufiger von gemeinsamen Aktivitäten mit dem Vater, schätzen ihn häufiger höher und unterstellen sich etwas häufiger dem sozialisierenden Einfluß sowie der unmittelbaren disziplinären Kontrolle des Vaters. Das aber widerspricht offensichtlich dem in Hypothese 6 vorhergesagten Zusammenhang zwischen mangelnder Attraktion – mangelnder sozialer Kontrolle und delinquentem Verhalten sowie den entsprechenden Ergebnissen der Ausgangsuntersuchung, d. h. die von uns befragten delinquenten Jugendlichen der unteren sozialen Schichten zeigen bezüglich der als Meß-Indikatoren angesehenen Variablen keine mangelnde Attraktion zum Vater. Ebenso sind sie entgegen dem ersten vorhergesagten generellen Effekt gegenüber den nicht-delinquenten Jugendlichen der unteren sozialen Schichten nicht überrepräsentiert.

Es fällt in der Tat schwer zu entscheiden, ob diese Daten Ausdruck verhaltensrelevanter Attitüden und internalisierter Verhaltensmuster sind, oder nur verbale Reproduktion unter spezifischem sozialem Druck intendierter Normkonformität.

Hier scheint sich unseres Erachtens ein weiterer Einwand gegen die von Gold postulierte Identität von Attraktion und sozialer Kontrolle zu ergeben. Ein Einwand insofern, als wir aufgrund unserer Daten vermuten, daß in die Attraktions-Kontrolle-Dynamik als einem Erklärungsansatz delinquenten Verhaltens, vor allem bei per Legal-Definition kategorisierten delinquenten Jugendlichen der unteren sozialen Schichten, im Rahmen der Sanktions-Mechanismen, d. h. der Behandlung dieser Jugendlichen durch die sanktionierenden Institutionen, ein spezifischer sozialer Druck als intervenierende Variable unberücksichtigt eingeht (vgl. hierzu Reckless 1964, 11 f.).

Dieser soziale Druck, der auf die Intendierung normkonformen Verhaltens gerichtet ist, führt möglicherweise dazu, daß die delinquenten Jugendlichen zur Vermeidung, zumindest aber Verminderung dieses Druckes ein bestimmtes zweckorientiertes Anpassungs-Verhalten entwickeln, das zu dieser verbalen Reproduktion der intendierten Normkonformität führt. Daraus resultierende, entgegen des in Hypothese 6 vorhergesagten Effektes laufende Ergebnisse können aber im Rahmen der Attraktions-Kontrolle-Dynamik unter der Identität von Attraktion und sozialer Kontrolle nicht mehr hinreichend erklärt werden, zumal weiter die Interview-Methode in der benutzten Form, d. h. ohne Verwendung reliabler und valider Skalen, ohnehin kaum in der Lage wäre, diese intervenierende Variable hinreichend zu messen. Des weiteren bliebe selbst dann noch die Frage nach der Gültigkeit des Rückschlusses auf die Attitüden und Verhaltensmuster von der sozialen Auffälligkeit der nun »delinquenten« Jugendlichen im Vergleich zur Kontroll-Gruppe.

Anhand der übrigen Daten unserer Untersuchung sind wir geneigt anzunehmen, daß es sich hinsichtlich der in der Tendenz höheren Attraktionszuweisung der delinquenten Jugendlichen der unteren sozialen Schichten um die verbale Reproduktion normkonformer Attitüden und Verhaltensmuster handelt, die eine Verzerrung der tatsächlichen Attitüden und Verhaltensmuster dieser Jugendlichen beinhaltet. Es erscheint wenig plausibel, daß delinquente Jugendliche einer stärkeren Attraktions-Kontrolle-Dynamik unterliegen als die nicht-delinquenten Jugendlichen der Kontroll-Gruppe.

Betrachten wir hierzu die Verteilung der delinquenten Jugendlichen über die ursprünglich vorgesehenen drei Delinquenzstufen »ohne Jugendstrafverfahren«, »mit einem abgeschlossenen Jugendstrafverfahren« und mit »zwei oder mehr abgeschlossenen Jugendstrafverfahren« im Vergleich zur entsprechenden Verteilung der delinquenten Jugendlichen der oberen sozialen Schichten, so zeigt sich über diese drei Stufen folgendes Bild (Tab. 43):

Tabelle 43. Verteilung der Prüf-Gruppe über drei Delinquenzstufen

	Kategorie I	Kategorie II	Kategorie III	
untere Schichten	14	13	15	42
obere Schichten	8	7	2	17
	22	20	17	59

Hier zeigt sich, daß in den unteren sozialen Schichten die Zahl der rückfälligen Jugendlichen wesentlich höher ist als in den oberen sozialen

Schichten. Dies scheint uns zumindest ein Indiz zur Unterstützung unserer Annahme bezüglich der durch die Variable »sozialer Druck« bedingten Verzerrung der Daten zur Attraktion zu sein, ohne schon deshalb einen kausalen Zusammenhang zwischen Zugehörigkeit zu unteren sozialen Schichten und stärkerer und häufigerer Delinquenz zu implizieren. Erinnern wir uns, daß die delinquenten Jugendlichen in den unteren Schichten im Vergleich zu dem entsprechenden Anteil nicht-delinquenter Jugendlicher in der Kontroll-Gruppe keineswegs überrepräsentiert waren.

Der im Vergleich zu den delinquenten Jugendlichen der oberen Schichten weitaus stärkere Anteil delinquenter Jugendlicher mit zwei oder mehr Jugendstrafverfahren könnte aber möglicherweise erklären, weshalb und wie es zu diesen Verzerrungen der in den Attraktions-score eingehenden Daten kommt. Es scheint plausibel anzunehmen, daß der von den sanktionierenden Institutionen auf die delinquenten Jugendlichen der unteren Schichten ausgeübte soziale Druck im Rahmen abgeschlossener und mehrfacher Jugendstrafverfahren sowohl häufiger als auch intensiver ausgeübt wird, wenn wir unterstellen, daß Theorien dahingehend bestehen, daß Familien aus unteren Schichten weniger in der Lage sind, ihre delinquenten Jugendlichen zu »resozialisieren« und diese Theorien sich auf die Sanktions-Mechanismen entsprechend auswirken. Man könnte nun vermuten, daß der so wirkende soziale Druck einen Lern-Prozeß dergestalt induziert, daß die delinquenten Jugendlichen sehr rasch lernen, sich diesem Druck dadurch zu entziehen, daß die intendierten normkonformen Attitüden und Verhaltensmuster verbal reproduziert, d. h. simuliert werden, wobei diese Verhaltens-Strategie gegenüber allen entsprechenden Intentionen, in unserem Falle auch im Rahmen einer relativ neutralen Befragung, generalisiert und perpetuiert wird.

Daß diese Strategie bei den delinquenten Jugendlichen der oberen sozialen Schichten nicht gleichermaßen feststellbar ist, hängt möglicherweise damit zusammen, daß auf diese Jugendlichen ein weitaus geringerer sozialer Druck und Sanktions-Mechanismen geringerer Intensität ausgeübt wird, da angenommen wird, daß die Familien aus oberen sozialen Schichten eher in der Lage sind, ihre delinquenten Jugendlichen zu »resozialisieren«, d. h. ausreichende soziale Kontrolle auszuüben und normkonforme Attitüden und Verhaltensmuster zu intendieren.

Zur Stützung unserer obigen Annahme, d. h. der Verzerrung in den Daten zur Bestimmung der väterlichen Attraktion, scheint das zwischen den delinquenten und nicht-delinquenten Jugendlichen der unteren sozialen Schichten signifikant unterschiedliche Freizeitverhalten beitragen zu können, wenn wir annehmen, daß zwischen der Attraktion zum Vater und dem Freizeitverhalten des heranwachsenden Sohnes ein Zusammenhang dahingehend besteht, daß bei hinreichender Attraktion das Freizeitverhalten des Sohnes überwiegend familien-orientiert ist. Selbst wenn wir annehmen, daß Familien aus unteren sozialen Schichten insgesamt aufgrund ihres sozio-ökonomischen Hintergrundes für ihre heranwachsenden Söhne weniger attraktiv sind, was sich in der Tendenz daran zeigt, daß auch die nicht-delinquenten Jugendlichen ihre Freizeit häufiger außerhalb der Familie verbringen, so unterscheiden sich dennoch die delinquenten Jugendlichen dadurch von den nicht-delinquenten, daß sie ihre Freizeit signifikant noch häufiger außerhalb der Familie in der Gemeinschaft Gleichaltriger verbringen. Ebenso sind sie signifikant weniger häufig Mitglied einer institutionalisierten Jugendgruppe.

Erinnern wir uns, daß die delinquenten Jugendlichen der oberen Schichten sich ebenfalls hinsichtlich des Freizeitverhaltens von den entsprechenden nicht-delinquenten Jugendlichen unterschieden.

Die diesbezüglichen Daten für die von uns befragten delinquenten Jugendlichen weichen dabei nicht nur von denen für die jeweilige Kontroll-Gruppe ab, sondern darüber hinaus auch von den allgemeinen Tendenzen eines familienorientierten Freizeitverhaltens der Jugendlichen in Deutschland insgesamt, wie entsprechende neuere Untersuchungen von Blücher (1966) zeigen. Er konnte feststellen, daß »die Häufigkeit von Freizeitbetätigungen in und im Rahmen der Familie ... diejenige in sämtlichen äußeren Gesellungsformen (übertrifft)« (Blücher 1966, 116).

Das wiederum scheint zu der Annahme zu berechtigen, daß zumindest im Rahmen unserer Untersuchung ein Zusammenhang zwischen Freizeitverhalten und Delinquenz besteht. Sicherlich wird sich auch aus unseren Daten die Wirkung familienorientierten Freizeitverhaltens und der Funktion der Familie, d. h. der Eltern, im Rahmen des Sozialisierungs- und Enkulturationsprozesses nicht hinreichend überprüfen lassen. Zumindest aber kann man vermuten, daß bei weitgehend aus dem Familienbezug gelöstem Freizeitverhalten der Jugendlichen, ohne daß sich dieses wiederum in institutionalisierten Jugendgruppen vollzieht, die unmittelbare und mittelbare soziale Kontrolle der Familie, insbesondere des Vaters, oder auch anderer Erwachsener relativ gering ist.

Das aber würde in einem offensichtlichen Gegensatz zu der dem Vater von den delinquenten Jugendlichen der unteren Schichten zugewiesenen Attraktion stehen, denn die Theorie der Attraktion und Konformität würde über die Attraktions-Kontrolle-Dynamik aufgrund der höheren Attraktion ein höheres Maß an sozialer Kontrolle, d. h. im weiteren Sinne ein familienorientiertes Freizeitverhalten implizieren.

Diese Diskrepanz zwischen Attraktionszuweisung und Freizeitverhalten scheint unsere Vermutung bezüglich einer Verzerrung der zur Bestimmung der Attraktion erhobenen Daten zu unterstützen.

Betrachten wir die bei den delinquenten Jugendlichen der unteren Schichten erhobenen Daten auf weitere Anhaltspunkte einer mangelnden Attraktion des Vaters, so fällt auf, daß die Schätzung des väterlichen Einkommens signifikant niedriger liegt als die der entsprechenden nichtdelinquenten Jugendlichen, obwohl sich die Väter hinsichtlich der beruflichen Tätigkeit sowie der Schulbildung nicht unterscheiden. Hinsichtlich der Gründe, die im Zusammenhang mit der Prestige-Schätzung des väterlichen Berufes zu dessen Ablehnung führen, nennen die delinquenten Jugendlichen nun nicht etwa den geringen Verdienst, sondern wesentlich häufiger als die nicht-delinquenten Jugendlichen die mangelnden Aufstiegsmöglichkeiten im väterlichen Beruf.

Diese beiden Faktoren fallen im Rahmen der Familie aber vor allem dem Vater zur Last und verringern im Sinne der Theorie die potentielle Attraktion des Vaters, da unter der Prämisse der Organisation der Familie als Gruppe zur Erreichung eines höheren sozialen Status, der Vater zur Erreichung dieses Zieles nichts oder nur wenig beiträgt. Diese Folgerung impliziert aber wiederum eine Diskrepanz zur effektiven Attraktionszuweisung durch die delinquenten Jugendlichen, denn diese beiden Faktoren sprechen eher für eine mangelnde als für die sich in den entsprechenden Daten zeigende relativ höhere Attraktion.

Die bisherigen Überlegungen sollten deutlich machen, daß die von Gold hypostasierten Zusammenhänge zwischen sozialem Status und der Delinquenz Jugendlicher auf der Basis der Attraktions-Kontrolle-Dynamik als einem Erklärungsansatz insofern nicht reliabel und valide gemessen werden können, als die Interview-Methode ohne Verwendung entsprechender Attitüden-Skalen methodologisch dazu nicht hinreichend in der Lage ist, wenn wir unterstellen, daß in diesen Erklärungsansatz ein spezifischer sozialer Druck zur Normkonformität als intervenierende Variable eingeht. Daraus resultierende Verzerrungen hinsichtlich der Attraktionsbestimmung lassen sich im Rahmen des von Gold benutzten theoretischen Ansatzes nicht hinreichend erklären, vor allem dann nicht, wenn das Kriterium »delinquentes Verhalten« durch die Legal-Definition determiniert wird.

Da wir jedoch die Wirkung des über die Sanktionsprozesse vor allem auf die delinquenten Jugendlichen der unteren sozialen Schichten ausgeübten sozialen Druckes als intervenierender Variable nur vermuten, müßte in weiteren Untersuchungen unter entsprechend geänderten Hypothesen und besseren methodologischen Voraussetzungen geprüft werden, inwieweit diese intervenierende Variable tatsächlich die festgestellten Diskrepanzen und Verzerrungen in den Daten bewirkt.

43 Familien-desorientiertes Freizeitverhalten als gemeinsames Merkmal delinquenter Jugendlicher aus unteren und oberen sozialen Schichten

Zusammenfassend läßt sich feststellen, daß sich die delinquenten Jugendlichen insgesamt dadurch von den nicht-delinquenten Jugendlichen unserer Untersuchung unterscheiden, als sie jeweils signifikant häufiger ihre Freizeit außerhalb der Familie in der Gemeinschaft Gleichaltriger verbringen und signifikant weniger häufig Mitglied institutionalisierter Jugendgruppen sind.

Die Lösung aus dem familienorientierten Freizeitverhalten aber steht im Gegensatz zu den Tendenzen, die Blücher in neueren Untersuchungen zum Freizeitverhalten deutscher Jugendlicher festgestellt hat, darüber hinaus auch zu dem Freizeitverhalten, das die nicht-delinquenten Jugendlichen unserer Untersuchung zeigen.

Es scheint plausibel anzunehmen, daß, unabhängig von der sozialen Schichtzugehörigkeit, eine Beziehung zwischen der von den delinquenten Jugendlichen überwiegend in der Gemeinschaft Gleichaltriger verbrachten Freizeit, der damit verringerten unmittelbaren sozialen Kontrolle der Familie und der Wahrscheinlichkeit sozial auffällig, d. h. im Sinne der Legal-Definition »delinquent« zu werden, besteht.

Dies vor allem dann, wenn wir mit König (1957) annehmen, daß dieses Freizeitverhalten in der Gemeinschaft Gleichaltriger sehr häufig »sowohl von den Normen der Erwachsenen wie von denen der sonstigen Umwelt (etwa anderer Banden) abweicht« (König 1957, 8). Schüler-Springorum und Sieverts (1964) weisen darauf hin, daß »auch das ›soziale‹ Verhalten junger Menschen ein anderes als das der Erwachsenen ist. Die Gesellschaft der Erwachsenen konzidiert ihrem Nachwuchs von vornherein und zu Recht eine breite Zone relativer Narrenfreiheit, innerhalb derer sie bei jungen Menschen toleriert, was sie bei ihresgleichen mißbilligen würde. Die erhöhte Neigung junger Menschen, sich auffällig zu benehmen, gilt also bis zu gewissen Grenzen als ›normale Begleiterscheinung des Jugendalters‹. Aber auch ein großer Teil dessen, was diese Grenzen überschreitet, wird – obwohl bereits eindeutig dissozial – als bloße Übersteigerung ›normaler‹ Jugendtümlichkeiten, als ein Über-die-Stränge-Schlagen erkannt. Hierher gehört die Menge der Streiche, Dummheiten, Dreistigkeiten oder Tollheiten, bei denen Erwachsene oft nicht wissen, ob sie lachen oder sich entrüsten sollen. Solche Extravaganzen können zu erheblichen Schäden an Sachen und ernsten Verletzungen von Menschen führen, so daß ein jugendkriminalrechtliches Nachspiel unvermeidlich ist« (Schüler- Springorum/Sieverts 1964, 27). Schließen wir uns diesen Überlegungen an, so kann vermutet werden, daß für die Jugendlichen, die ihre Freizeit überwiegend in der Gemeinschaft Gleichaltriger verbringen, die Chance, daß es zu einem »jugendkriminalrechtlichen Nachspiel« kommt, ungemein größer ist, als für die Jugendlichen, die ihre Freizeit überwiegend im Familienrahmen verbringen, denn diese Ablösung aus dem Familienbezug impliziert sehr wahrscheinlich einmal eine mangelnde unmittelbare soziale Kontrolle und zum zweiten eine gesteigerte Anzahl von Interaktionen mit der sozialen Umwelt. Damit erhöht sich aber auch die Wahrscheinlichkeit von Konflikten mit dieser sozialen Umwelt, wobei – wie Schüler-Springorum und Sieverts meinen – schon durch die Gemeinsamkeit mit anderen Jugendlichen die Hemmungen des einzelnen, Gesetze und Gebote zu verletzen, aus den verschiedensten Gründen reduziert werden (Schüler-Springorum/Sieverts 1964, 31).

In der Tat zeigen die von Kogan/Wallach (1964) durchgeführten Experimente hinsichtlich des Entscheidungsverhaltens in Gruppen, daß gemeinschaftliche Entscheidungen risikoreicher zu sein pflegen als Einzelentscheidungen. Dieses Phänomen des sogenannten »risky-shift« wurde zwischenzeitlich in einer Reihe von Experimenten weiter geprüft und bestätigt. Es wird von den Autoren darauf zurückgeführt, daß innerhalb der Gruppen möglicherweise eine »responsibility-diffusion« einsetzt, d. h. es tritt eine Diffusion der Verantwortung über alle Gruppenmitglieder ein. Es wäre durchaus plausibel anzunehmen, daß sich dieses Phänomen auch hinsichtlich der Entscheidungen im Rahmen des Freizeitverhaltens in Gemeinschaften gleichaltriger Jugendlicher dahingehend zeigt, daß die Aktivitäten solcher Gemeinschaften bezüglich der Verletzung von Gesetzen und Geboten risikoreicher werden, d. h. daß die »Hemmungen« bezüglich der Normverletzungen beim einzelnen geringer werden.

Das zu prüfen, wäre Aufgabe weiterer Untersuchungen, die sich mit solchen Gemeinschaften Jugendlicher und deren Verhalten spezifischer befassen müßten, als dies unter den theoretischen Implikationen unserer Untersuchung möglich war.

5 Mütterliche Attraktion und Delinquenz

Im Rahmen des auf die Vater-Sohn-Beziehung ausgerichteten Erklärungsansatzes der Attraktions-Kontrolle-Dynamik kam der mütterlichen Attraktion nur insofern Bedeutung zu, als eine berufliche Tätigkeit der Mutter möglicherweise geringere Interaktionsfrequenzen zwischen Mutter und Sohn und damit auch ein geringeres Maß an unmittelbarer sozialer Kontrolle mit sich bringt. Weiter wurde vermutet, daß bei gleichem oder nur wenig geringerem materiellem Beitrag der Mutter zur Erreichung der Familienziele, die Mutter möglicherweise einen ebenso starken Einfluß in der Familie geltend macht wie der Vater und damit zwangsläufig die Stellung des Vaters und sein Einfluß in der Familie in der Perzeption des Sohnes geschwächt wird, was wiederum zu einem Attraktions-Verlust des Vaters führen kann.

Da im allgemeinen häufiger Mütter aus den unteren sozialen Schichten berufstätig sind, wurde vermutet, daß dies möglicherweise die Etablierung familiärer sozialer Kontrolle insgesamt vermindert, was wiederum die häufigere Delinquenz der Jugendlichen aus den unteren Schichten erklären könnte.

Im Rahmen unserer Untersuchung sollte im wesentlichen geprüft werden, inwieweit ein Zusammenhang zwischen mütterlicher Berufstätigkeit, mütterlicher Attraktion und der Delinquenz heranwachsender Söhne besteht. Dieser Zusammenhang sollte über die Fragen 33 und 36 geprüft werden.

Frage 33: Ist die Mutter berufstätig?

Tabelle 44. Berufstätigkeit der Mutter (zu Frage 33)

	untere Schicht		obere Schicht			
	ND	D	ND	D	ND	D
ja	20	21	5	2	24	23
nein	18	21	14	14	33	35
	38	42	19	16	57	58

NDu versus NDo : p = .05   Du versus Do : p = .01

In Prüf- und Kontroll-Gruppe zeigen sich zwischen den unteren und oberen sozialen Schichten jeweils signifikante Unterschiede. Die befragten Jugendlichen der unteren Schichten berichten signifikant häufiger von einer beruflichen Tätigkeit der Mutter als die befragten Jugendlichen der oberen Schichten.

Frage 36: Wie sehr schätzen Sie Ihre Mutter?

Tabelle 45. Maß des »Schätzens« der Mutter (zu Frage 36)

	untere Schicht		obere Schicht			
	ND	D	ND	D	ND	D
Fläche 1	17	27	11	9	28	36
Fläche 2	15	9	6	5	21	14
Fläche 3	3	5	2	–	5	5
Fläche 4	2	1	–	1	2	2
Fläche 5	–	–	–	1	–	1
Fläche 6	1	–	–	–	1	–
Fläche 7	–	–	–	–	–	–
	38	42	19	16	57	58

Die Daten zeigen zwischen den Schichten für Prüf- und Kontroll-Gruppe keine bedeutsamen Unterschiede. Ein Zusammenhang zwischen beruflicher Tätigkeit der Mutter und daraus resultierender geringerer Attraktion scheint nicht zu bestehen. Fassen wir die Häufigkeiten in der Besetzung der Flächen 1 bis 3 als Ausdruck höherer und die Häufigkeiten in der Besetzung der Flächen 4 bis 6 als Ausdruck niederer Attraktion zusammen, so zeigen sich auch zwischen Prüf- und Kontroll-Gruppe bei jeweils gleicher Schichtzugehörigkeit keine bedeutsamen Unterschiede. Im Vergleich zur entsprechenden Frage beim Vater zeigt sich eine Tendenz, die Mutter etwas höher zu schätzen, wobei diese Tendenz bei den delinquenten Jugendlichen der unteren Schichten am stärksten ist. Diese Tendenz zeigt sich ebenso bei den nicht-delinquenten Jugendlichen der oberen Schichten, nicht jedoch bei den delinquenten.

6 Attraktion anderer Personen im Vergleich zur Attraktion der Eltern

Über die Fragen 37, 38 und 38a sollte geprüft werden, welche anderen Personen die Jugendlichen neben den Eltern noch schätzen und wie sehr sie diese Personen im Vergleich zu den Eltern schätzen, wobei wir vermuteten, daß neben den Eltern auch andere Personen bei ausreichender Attraktion soziale Kontrolle ausüben können.

Frage 37: Gibt es andere Personen, die Sie schätzen, etwa einen Lehrer, einen Meister oder Vorgesetzten, einen Jugendleiter oder einen gleichaltrigen Bekannten?

Tabelle 46. »Schätzen« anderer Personen (zu Frage 37)

	untere Schicht		obere Schicht			
	ND	D	ND	D	ND	D
Lehrer	8	8	7	2	15	10
Meister oder Vorgesetzter	15	12	4	7	19	19
Jugendleiter	1	4	2	1	3	4
gleichaltrigen Bekannten	6	12	3	3	9	16
andere ...	4	2	1	2	5	4
niemanden	4	4	2	2	6	6
	38	42	19	17	57	59

Es zeigen sich zwischen Prüf- und Kontroll-Gruppe keine bedeutsamen Unterschiede bezüglich der Wahl anderer Personen. Am häufigsten werden Meister, Lehrer und gleichaltrige Bekannte genannt. Interessant erscheint die Tendenz der delinquenten Jugendlichen der unteren Schichten, weitaus häufiger als die entsprechenden nicht-delinquenten Jugendlichen gleichaltrige Bekannte als Personen, die sie schätzen, anzugeben.

Die Frage 38 sollte darüber Aufschluß geben, wie die Jugendlichen die gewählte Person im Vergleich zum Vater schätzen.

Tabelle 47. Maß des »Schätzens« anderer Personen im Verhältnis zum Vater
(zu Frage 38)

	untere Schicht ND	D	obere Schicht ND	D	ND	D
mehr als den Vater	3	3	1	1	4	4
wie den Vater	14	12	3	7	17	19
weniger als den Vater	17	23	13	6	30	29
	34	38	17	14	51	52

Die Daten zeigen, daß Jugendliche aus unteren Schichten eher geneigt sind, andere Personen ebenso zu schätzen wie den Vater, wobei diese Tendenz bei den delinquenten Jugendlichen allerdings geringer ist als bei den nicht-delinquenten Jugendlichen. Im Gegensatz dazu sind es in den oberen Schichten die delinquenten Jugendlichen, die bedeutend häufiger angeben, andere Personen wie den Vater zu schätzen. Insgesamt gesehen zeigen sich hier die gleichen Tendenzen wie in der Verteilung der Attraktions-scores über die Zugehörigkeit zur Prüf- und Kontroll-Gruppe und der sozialen Schichtzugehörigkeit.

Die Frage 38a sollte darüber Aufschluß geben, wie die Jugendlichen die gewählte Person im Vergleich zur Mutter schätzen.

Tabelle 48. Maß des »Schätzens« anderer Personen im Verhältnis zur Mutter
(zu Frage 38 a)

	untere Schicht ND	D	obere Schicht ND	D	ND	D
mehr als die Mutter	4	3	–	2	4	5
wie die Mutter	9	7	2	1	11	8
weniger als die Mutter	21	28	15	10	36	38
	34	38	17	13	51	51

Die Daten zeigen, daß die Jugendlichen der unteren Schichten wiederum in der Tendenz eher geneigt sind, andere Personen wie die Mutter zu schätzen, wobei diese Tendenz wiederum bei den delinquenten Jugendlichen schwächer ist als bei den entsprechenden nicht-delinquenten Jugendlichen. Im Vergleich zum Vater jedoch nimmt die Mutter gegenüber anderen Personen eine bessere bzw. höhere Position ein. Diese Tendenz zeigt sich hier gleichermaßen bei den delinquenten und nicht-delinquenten Jugendlichen der oberen Schichten.

Insgesamt gesehen, scheint die Beziehung Mutter – Sohn affektiv wesentlich stärker zu sein als die Vater–Sohn–Beziehung. Das aber scheint in der Tat unter Berücksichtigung unserer Daten keinen Einfluß auf die Delinquenz der Jugendlichen zu haben, da sich die delinquenten Jugendlichen zumindest nicht durch mangelnde Attraktion der Mutter von den nicht-delinquenten Jugendlichen unterscheiden. Die Daten liefern vor allem für die befragten Jugendlichen der unteren Schichten keine Anhaltspunkte dafür, daß sich die berufliche Tätigkeit der Mutter auf die Attraktion der Mutter negativ auswirkt.

Auch in den entsprechenden Fragen der Ausgangs-Untersuchung ließ sich ein Zusammenhang zwischen der Berufstätigkeit der Mutter, mangelnder Attraktion und delinquentem Verhalten des Sohnes nur bei »whitecollar«-Familien, also Familien aus oberen Schichten, dergestalt nachweisen, daß delinquente Jugendliche aus diesen Schichten häufiger berufstätige Mütter hatten. Dies traf für die in unserer Untersuchung befragten delinquenten Jugendlichen der oberen Schichten nicht zu.

7 Delinquenz-Neigung und Delinquenz

Um Aufschlüsse darüber zu erhalten, ob sich delinquente und nichtdelinquente Jugendliche hinsichtlich ihrer Attitüden zu deliktischem Verhalten unterscheiden, wurden am Ende unseres Fragebogens vier Fragen zu hypothetisch formulierten deliktischen Handlungen gestellt. Es handelte sich dabei einmal um Sachbeschädigung, Eigentumsdelikte und ein Sittlichkeitsdelikt im weiteren Sinne. Delikte also, die im Rahmen der Delinquenz Jugendlicher relativ häufig vorkommen. Den Wahlantworten dieser Listen-Fragen lag jeweils ein Kontinuum von Ablehnung bis Zustimmung zugrunde. Aus den Antworten zu diesen Fragen wurde für jeden der befragten Jugendlichen ein score gebildet, wobei nach dem Grad steigender Zustimmung gewichtet wurde. Die so errechneten scores wurden über alle am Median geteilt. Dabei ergaben sich für Prüf- und Kontroll-Gruppe folgende Verteilungen.

Tabelle 49. Delinquenz-Neigung bei den befragten Jugendlichen (zu Fragen 47–50)

	Nicht-Delinquente	Delinquente	
Unterhalb Median	31 (28,5)	27 (29,5)	58
Oberhalb Median	26 (28,5)	32 (29,5)	58
Summe	57	59	116

Median (Z) = 5,   ONr. = 58, $X^2 = 0{,}86$,   df = 1,   p = 0,50

Die Daten zeigen keine bedeutsamen Unterschiede zwischen Prüf- und Kontroll-Gruppe, allenfalls eine leichte Tendenz dahingehend, daß die delinquenten Jugendlichen den in den Fragen 47 bis 50 hypothetisch formulierten deliktischen Handlungen etwas weniger ablehnend gegenüberstehen, d. h. eine etwas stärkere Delinquenz-Neigung zeigen. Es kann jedoch durchaus eine zufällige Tendenz unserer Stichprobe delinquenter Jugendlicher sein oder möglicherweise Ausdruck der Anpassung der Attitüden an das eigene deliktische Verhalten darstellen. In jedem Falle aber scheinen die internalisierten Normstrukturen der delinquenten und nicht-delinquenten Jugendlichen bezüglich der von uns zur Frage gestellten »items« nicht signifikant unterschiedlich zu sein.

Sowohl die für die delinquenten als auch für die nicht-delinquenten Jugendlichen aus den zu den Fragen 47 bis 50 erhaltenen Daten errechneten scores zur Delinquenz-Neigung verteilen sich jeweils annähernd normal um den über alle scores ermittelten Median. Dies jedoch scheint die Vermutung nahezulegen, daß, zumindest hinsichtlich der von uns befragten Jugendlichen, delinquentes Verhalten nicht primär durch spezifische norm-akonforme Verhaltensdispositionen determiniert wird, sondern in der Tat durch das Ausmaß der unmittelbaren und mittelbaren sozialen Kontrolle im Muster der in sozialen Interaktionen wirksam werdenden »provocations« und »controls«. Aufgrund der Daten unserer Untersuchung sind wir geneigt anzunehmen, daß die nicht-delinquenten Jugendlichen, trotz schicht-spezifischer Unterschiede bezüglich der Attraktions-Kontrolle-Dynamik in der Vater–Sohn–Beziehung, insgesamt einer stärkeren unmittelbaren und mittelbaren sozialen Kontrolle unterliegen als die delinquenten Jugendlichen. Als Indiz für unserer Vermutung betrachten wir dabei vor allem die Art des Freizeitverhaltens, d. h. das Ausmaß der Orientierung an der Familie und an institutionalisierten Jugendgruppen, wobei sich hinsichtlich dieser Orientierung jeweils signifikante Unterschiede zwischen delinquenten und nicht-delinquenten Jugendlichen dahingehend zeigten, daß die delinquenten Jugendlichen ihre Freizeit überwiegend außerhalb der Familie und außerhalb institutionalisierter Jugendgruppen verbringen. Das aber kann möglicherweise geringere unmittelbare und mittelbare soziale Kontrolle durch die Eltern und andere Erwachsene implizieren, während die Konfliktmöglichkeiten in der sozialen Umwelt dieser Jugendlichen erheblich ansteigen. Damit aber würden schwächere »controls« möglicherweise mit stärkeren »provocations« koinzidieren, wenn wir weiter unterstellen, daß in den Gemeinschaften der Jugendlichen häufig abweichendes Verhalten praktiziert wird, daß spezifische, von den Normen der Erwachsenen abweichende, Normstrukturen gelernt werden, die die Chance delinquent zu werden sehr wahrscheinlich erhöhen.

Sicherlich läßt sich nicht ausschließen, daß die delinquenten Jugendlichen auch hier nur »normkonforme« Attitüden und Verhaltensmuster verbal reproduzierten, aber da sich die scores der nicht-delinquenten Jugendlichen als der für die Gesamtpopulation der befragten Jugendlichen insgesamt repräsentativeren Gruppe ebenfalls annähernd normal um den Median aller scores verteilen, sind wir geneigt anzunehmen, daß die aus den Fragen 47 bis 50 in den score eingehenden Antworten die Delinquenz-Neigung, d. h. die Attitüden und Verhaltensmuster der delinquenten Jugendlichen relativ unverzerrt widerspiegeln.

Betrachten wir jedoch die Verteilung der scores in der Kontroll-Gruppe im Hinblick auf die Intensität der Normkonformität auf der Basis der in den hypothetischen deliktischen Handlungen angesprochenen Legal-Normen, so fällt auf, daß immerhin fast die Hälfte der befragten nicht-delinquenten Jugendlichen eine über dem Median liegende Delinquenz-Neigung zeigt, d. h. die Intensität der Normkonformität bezüglich der in unserer Gesellschaft geltenden und mit Sanktionen ausgestatteten Legal-Normen ist auch bei den nicht-delinquenten Jugendlichen nicht allzu hoch.

Erinnern wir uns jedoch daran, daß die nicht-delinquenten Jugendlichen ihre Freizeit häufiger im Rahmen der Familie und institutionalisierter Jugendgruppen verbringen, so scheint es plausibel anzunehmen, daß das Maß unmittelbarer und mittelbarer sozialer Kontrolle für die nicht-delinquenten Jugendlichen wesentlich höher ist. Dies würde andererseits implizieren, daß damit auch das Maß unmittelbarer Konflikte mit der sozialen Umwelt geringer ist, d. h. geringeren »provocations« im weiteren Sinne stehen bei diesen Jugendlichen höhere »controls« gegenüber, die Chance, delinquent zu werden, wird vermindert.

Zusammenfassend läßt sich feststellen, daß sich die von uns befragten delinquenten und nicht-delinquenten Jugendlichen bezüglich der Delinquenz-Neigung, ausgedrückt durch ihre Attitüden und Verhaltensmuster zu delinquenten, spezifisch deliktischen Handlungen, nicht bedeutsam unterscheiden.

8 Schlußbetrachtung

Ziel unserer Untersuchung war einmal die Überprüfung einiger spezifischer Hypothesen zum Zusammenhang zwischen sozialem Status und der Delinquenz Jugendlicher. Grundlage war eine in den USA von M. Gold durchgeführte Feld-Untersuchung auf der Basis eines feld-theoretischen Modells, wobei die Annahme zugrunde lag, daß delinquentem Verhalten möglicherweise unterschiedliche Muster von »provocations« und »controls« unterliegen. Die zu überprüfenden Hypothesen bezogen sich ausschließlich auf die Wirkung des sozialen Status hinsichtlich der Etablierung sozialer Kontrolle im Rahmen der Familie, d. h. besonders auf die Etablierung sozialer Kontrolle in der Beziehung des Vaters zum heranwachsenden Sohn.

Diese dyadische Beziehung wurde im Sinne der Gruppen-Theorie als »small-group« betrachtet, in der die kollektive Variable »sozialer Status« auf der Grundlage der allgemeinen Theorie von Attraktion und Konformität in die Attraktion als der im psychologischen Feld eines Jugendlichen repräsentierten Entsprechung transformiert und über die Attraktions-Kontrolle-Dynamik als einer »controlling force« im Muster von »provocations« und »controls« betrachtet wurde. Das heißt, es sollte geprüft werden, inwieweit sozialer Status die Attraktion des Vaters auf den heranwachsenden Sohn determiniert und damit hinsichtlich der Etablierung sozialer Kontrolle wirksam wird.

Die Hypothesen implizierten zwei generelle Effekte. Einmal wurde vorhergesagt, daß sich niederer sozialer Status schwächend auf die Attraktion des Vaters und damit auf dessen soziale Kontrolle auswirkt, so daß Jugendliche aus Familien mit niederem sozialem Status eher delinquent werden. Der zweite generelle Effekt sagte voraus, daß mangelnde Attraktion des Vaters auf den Sohn delinquente Jugendliche aus Familien mit höherem sozialem Status gleichermaßen kennzeichnet. Beide Effekte bezogen sich ausschließlich auf eine mögliche Verminderung der »controls«, nicht auf die möglichen »provocations«.

Hinsichtlich der den Hypothesen impliziten beiden generellen Effekten bleibt festzustellen, daß sich diese für die von uns befragten delinquenten Jugendlichen gegenüber den als Kontroll-Gruppe befragten nicht-delinquenten Jugendlichen im Gegensatz zu der Ausgangs-Untersuchung von Gold nicht nachweisen ließen. Weder waren die delinquenten Jugendlichen aus Familien mit niederem sozialem Status im Vergleich zu den entsprechenden Jugendlichen der Kontroll-Gruppe überrepräsentiert, noch ließ sich aus den Daten eine eindeutige mangelnde Attraktion zum Vater bei den delinquenten Jugendlichen nachweisen. Ein Zusammenhang zwischen sozialem Status und väterlicher Attraktion ließ sich lediglich für die nicht-delinquenten Jugendlichen der Kontroll-Gruppe dergestalt nachweisen, daß die Jugendlichen aus Familien mit niedrigerem sozialem Status dem Vater in der Tat weniger Attraktion zuwiesen als die Jugendlichen aus Familien mit höherem sozialem Status.

Bei den delinquenten Jugendlichen unserer Untersuchung zeigten sich zwischen den Jugendlichen aus Familien mit niederem und höherem sozialem Status zwei gegenläufige Tendenzen. Die delinquenten Jugendlichen aus Familien mit niederem sozialem Status wiesen dem Vater im

Vergleich zu den entsprechenden Jugendlichen der Kontroll-Gruppe ein etwas höheres Maß an Attraktion zu. Die delinquenten Jugendlichen aus Familien mit höherem sozialem Status wiesen dem Vater im Vergleich zu den entsprechenden Jugendlichen der Kontroll-Gruppe ein etwas geringeres Maß an Attraktion zu. Beide Tendenzen ließen sich jedoch nicht signifikant gegeneinander und gegen die Kontroll-Gruppe absichern.

Wir nahmen jedoch an, daß die sich bei der Kontroll-Gruppe zeigenden Zusammenhänge zwischen sozialem Status und Attraktion des Vaters für die Gesamtpopulation der von uns befragten Jugendlichen repräsentativer sind und versuchten auf dieser Basis eine Erklärung für die unterschiedlichen Zusammenhänge in der Prüf-Gruppe zu finden. Hierzu schien es sinnvoll, die delinquenten Jugendlichen mit niederem oder höherem sozialem Status, d. h. in unserer Untersuchung aus unteren oder oberen sozialen Schichten, jeweils getrennt zu betrachten.

Der Transformation der kollektiven Variablen »sozialer Status« in die väterliche »Attraktion« als die im psychologischen Feld eines Jugendlichen repräsentierte Entsprechung lagen die Perzeption des väterlichen Einflusses in der Familie sowie die Perzeption des Vaters im kulturspezifischen Bild des »erfolgreichen Mannes« zugrunde. Hinsichtlich dieser beiden Variablen zeigten die Daten unserer Untersuchung jedoch keine bedeutsamen Unterschiede zwischen Prüf- und Kontroll-Gruppe, so daß von da aus auch in der Prüf-Gruppe gleichlaufende Unterschiede in der Attraktionszuweisung zu erwarten gewesen wären.

Was nun die in der Tendenz höhere Attraktionszuweisung der delinquenten Jugendlichen mit niederem sozialem Status, d. h. aus unteren sozialen Schichten betrifft, so vermuteten wir, daß die von Gold im Rahmen der Attraktions-Kontrolle-Dynamik als dem verbindenden Prozeß-Glied im Zusammenhang zwischen sozialem Status und der Delinquenz Jugendlicher postulierte Identität von Attraktion und sozialer Kontrolle durch spezifische intervenierende Variable in Zusammenhang mit dem sozialen Status gesprengt wird.

Für die befragten delinquenten Jugendlichen aus unteren sozialen Schichten vermuteten wir diese intervenierende Variable als einen über die Sanktions-Prozesse und -mechanismen wirkenden, auf die Intendierung »norm-konformer« Attitüden und Verhaltensmuster gerichteten spezifischen sozialen Druck. Dieser soziale Druck mag möglicherweise aus einer gesellschaftlichen Diskriminierung, nämlich der Zugehörigkeit zu unteren sozialen Schichten resultieren. Bolte, Kappe und Neidhardt (1966) sehen eine solche Diskriminierung neben anderem auch darin, daß »Richter gegenüber Angeklagten aus niedrigeren Milieus weniger Verständnis aufbringen und sie deshalb härter beurteilen« (Bolte, Kappe, Neidhardt 1966, 101). Diese Autoren stellen weiter fest: »In allen diesen Fällen geht es um die Begegnung der Unterschichten mit Institutionen, deren Träger höheren Schichten angehören und in ihrer sozialen Distanz zu denen, über die sie Urteile sprechen, leicht der Gefahr unterliegen, negativ gefärbte Vorurteile anzuwenden. Da diese zu einem realen Bestandteil der Unterschicht-Situationen werden, wächst die Ungleichheit derart über die Bereiche hinaus, in denen sie primär entstanden sind. Diskriminierungen ziehen Diskriminierungen an« (Bolte, Kappe, Neidhardt 1966, 102).

Diese Diskriminierung äußert sich für die von uns befragten delinquenten Jugendlichen möglicherweise besonders darin, daß einmal an der »Resozialisierungsfähigkeit« der Familien aus unteren sozialen Schichten gezweifelt wird, damit stärkere Sanktionen und intensiverer sozialer Druck hinsichtlich der Intention »norm-konformer« Attitüden und Verhaltensmuster ausgeübt wird. »Norm-Konformität« impliziert dabei im Sinne der sanktionierenden Institutionen sicherlich auch stärkere Unterordnung unter die elterliche, insbesondere die väterliche Autorität. Dieser soziale Druck aber, so vermuteten wir, führt eher zu einem zweckorientierten Anpassungsverhalten dieser delinquenten Jugendlichen dergestalt, daß die intendierte »Norm-Konformität« in allen entsprechenden sozialen Situationen verbal reproduziert wird, d. h. auch im Zusammenhang mit einer relativ neutralen Befragung, sofern spezifisch nach der Art der Beziehung Eltern bzw. Vater zum heranwachsenden Sohn gefragt wird.

Wenn diese Vermutung richtig ist, d. h. die Daten zur Attraktion und sozialen Kontrolle durch sozialen Druck als intervenierender Variablen verzerrt wurden, dann scheint es sinnvoll und erforderlich, die Wirkung dieser Variablen im Erklärungsansatz der Attraktions-Kontrolle-Dynamik eingehender zu prüfen als dies in unserer Untersuchung möglich war. Eine Überprüfung sollte dabei auf der Basis reliabler und valider Einstellungs-Skalen am besten in Form von Längsschnitt-Untersuchungen durchgeführt werden, die vor Eintritt der gesetzlichen Strafmündigkeit beginnen und bis zur sozialen Auffälligkeit, d. h. der Delinquenz im Sinne der Legal-Definition führen sollten.

Als ein Indiz für diesen sozialen Druck auf die delinquenten Jugendlichen der unteren sozialen Schichten könnte möglicherweise die in der Tendenz gegenläufige, d. h. mangelnde Attraktionszuweisung der delinquenten Jugendlichen aus oberen sozialen Schichten gewertet werden. Die Daten zur väterlichen Attraktion und sozialen Kontrolle zeigen hier eine Tendenz in Richtung des zweiten generellen Effektes, was plausibel erscheint, wenn wir unterstellen, daß hier die soziale Distanz zwischen delinquenten Jugendlichen und den Trägern der sanktionierenden Institutionen relativ gering ist und damit die Gefahr negativ gefärbter Vorurteile kaum besteht. In der konkreten Situation konnte das für die von uns befragten delinquenten Jugendlichen aus oberen sozialen Schichten bedeuten, daß hinsichtlich der »Resozialisierungsfähigkeit« ihrer Familien kaum Zweifel bestehen, deliktisches Verhalten mehr zufallsbedingt als durch spezifische Verhaltensdispositionen bewirkt gesehen wird. Möglicherweise besteht hier die Gefahr »positiv« gefärbter Vorurteile, insgesamt aber dürften sowohl die unmittelbaren Sanktionen als auch der auf die Intention »norm-konformer« Attitüden und Verhaltensmuster gerichtete soziale Druck wesentlich geringer sein und damit nicht in gleichem Maß zu einem zweckorientierten Anpassungsverhalten dieser Jugendlichen führen.

Auf der anderen Seite ließen die Daten zur väterlichen Attraktion jedoch vermuten, daß auch hier die Identität von väterlicher Attraktion und sozialer Kontrolle nicht aufrecht zu erhalten ist. Hinsichtlich der Daten zu den als attraktionsbegründend vermuteten Variablen »Einfluß des Vaters in der Familie« sowie dem Bild des Vaters als »erfolgreichem Mann« zeigten sich zwischen den befragten delinquenten und nicht-delinquenten Jugendlichen der oberen sozialen Schichten keine bedeutsamen Unterschiede. Das, so vermuteten wir, konnte bedeuten, daß auch die delinquenten Jugendlichen dem Vater ein zumindest potentiell höheres Maß an Attraktion zuweisen. Hinsichtlich des unmittelbaren sozialisierenden Einflusses in der Beziehung des Vaters zum heranwachsenden Sohn ließen die entsprechenden Daten jedoch für die Väter der delinquenten Jugendlichen eine geringere Intensität vermuten. Wir nahmen an, daß sich der geringere sozialisierende Einfluß des Vaters dahingehend auswirkt, daß keine klar definierten Verhaltenserwartungen an den heranwachsenden Sohn gestellt werden. Dies führt möglicherweise zu einer Diskrepanz zwischen den Erwartungen des Jugendlichen an die sozialisierende Rolle des Vaters in der Familie und dessen tatsächlichem Rollenverhalten. Da dem Vater in den Oberschicht-Familien in Deutschland noch immer häufig die dominante Rolle in der Familie zugewiesen wird, kann die Perzeption dieser Diskrepanz möglicherweise dazu führen, daß sich die Attraktion des Vaters auf den heranwachsenden Sohn vermindert, vor allem deshalb, weil der Vater infolge des mangelnden sozialisierenden Einflusses die ihm an sich zugewiesene potentiell höhere Attraktion nicht ausreichend zur Definition klarer Verhaltenserwartungen und damit auch nicht zur Etablierung sozialer Kontrolle gegenüber dem Sohn nutzt. Das aber, so vermuteten wir, führt zu einer früheren und intensiveren Integration in die Gemeinschaft Gleichaltriger, wenn wir annehmen, daß in diesen »peer-groups« über klar definierte Rollen und Verhaltenserwartungen dem Jugendlichen eine Definition seiner Rolle und seines Selbst-Bildes in der Adoleszenz eher möglich wird als in seiner Familie.

Insgesamt konnten wir feststellen, daß sich die Operationalisierung der Hypothesen von Gold auf der Basis der Identität von Attraktion und sozialer Kontrolle als zu eng erwiesen hat und durch die Einbeziehung spezifischer intervenierender Variablen erweitert werden sollte. Sozialer Status–Attraktion/soziale Kontrolle und delinquentes Verhalten ließen sich im Rahmen der obigen Operationalisierung als kausale Kette nicht nachweisen.

Auf der anderen Seite konnten wir jedoch feststellen, daß sich die delinquenten Jugendlichen von den nicht-delinquenten Jugendlichen unserer Untersuchung vor allem durch ein überwiegend familien-desorientiertes Freizeitverhalten unterschieden. Sowohl die delinquenten Jugendlichen mit niederem als auch mit höherem sozialem Status, d. h. aus unteren und oberen sozialen Schichten, gaben an, ihre Freizeit überwiegend außerhalb der Familie in der Gemeinschaft Gleichaltriger zu verbringen, ohne daß diese Freizeit, wie bei den nicht-delinquenten Jugendlichen, dann wiederum in institutionalisierten Jugendgruppen verbracht wird. Darin aber, so nahmen wir an, drückt sich zweifellos mangelnde familiäre bzw. väterliche Attraktion aus. Ebenso mangelnde unmittelbare soziale Kontrolle der Eltern oder auch anderer Erwachsener, wenn etwa die Freizeit nicht in institutionalisierten Jugendgruppen verbracht wird.

Da diese für die von uns befragten delinquenten Jugendlichen aus den Daten unserer Untersuchung festgestellte Tendenz zu weitgehend familien-desorientiertem Freizeitverhalten auch im Widerspruch zu den in anderen Untersuchungen zum allgemeinen Freizeitverhalten der Jugendlichen in Deutschland festgestellten Tendenzen steht, wäre es möglicherweise sinnvoll, in weiteren Untersuchungen zu prüfen, ob delinquente Jugendliche tatsächlich durch familien-desorientiertes und nicht in institutionalisierten Jugendgruppen eingebundenes Freizeitverhalten gekennzeichnet sind. Die Erforschung der bedingenden Faktoren dieses Verhaltens könnte vielleicht über die tatsächliche Attraktions-Kontrolle-Dynamik in der Familie und der Vater–Sohn–Beziehung empirisch gehaltvollere Aussagen im Rahmen der Theorie von Attraktion und Konformität zulassen, als dies auf der Basis der Operationalisierung der zu überprüfenden Hypothesen von Gold möglich war.

Hinsichtlich der Transformations-Problematik sozialer Schicht- oder Status-spezifischer Erklärungsansätze delinquenten Verhaltens vermuten wir unter Rekurs auf die Daten zu dem von Gold hypostasierten Zusammenhang zwischen sozialem Status/sozialer Schicht und Attraktion in der Kontroll-Gruppe der nicht-delinquenten Jugendlichen, daß zumindest auf der Basis individuellen Verhaltens möglicherweise nur graduelle Unterschiede kulturspezifischer Art bestehen und eine Transformation entsprechender Erklärungsansätze aus amerikanischen Theorien zur Kriminologie nicht a priori verbieten.

Abkürzungsverzeichnis

I. Verzeichnis der in den Tabellen benutzten Abkürzungen

ND	=	Kontrollgruppe (nicht-delinquente Jugendliche), N = 57
NDu	=	nicht-delinquente Jugendliche aus unteren sozialen Schichten, N = 38
NDo	=	nicht-delinquente Jugendliche aus oberen sozialen Schichten, N = 19
D	=	Prüfgruppe (delinquente Jugendliche), N = 59
D I	=	delinquente Jugendliche ohne Jugendstrafverfahren (vgl. oben S. 109, 120), N = 22
Du I	=	delinquente Jugendliche aus unteren sozialen Schichten (vgl. oben S. 120 ff.) ohne Jugendstrafverfahren, N = 14
Do I	=	delinquente Jugendliche aus oberen sozialen Schichten (vgl. oben S. 120 ff.) ohne Jugendstrafverfahren, N = 8
D II	=	delinquente Jugendliche mit abgeschlossenem(n) Jugendstrafverfahren (vgl. oben S. 109, 120), N = 37
Du II	=	delinquente Jugendliche aus unteren sozialen Schichten (vgl. oben S. 120 ff.) mit abgeschlossenem(n) Jugendstrafverfahren, N = 28
Do II	=	delinquente Jugendliche aus oberen sozialen Schichten (vgl. oben S. 120 ff.) mit abgeschlossenem(n) Jugendstrafverfahren, N = 9

II. Verzeichnis der im Literaturverzeichnis benutzten Abkürzungen

ASR	=	American Sociological Review
Hum. Rel.	=	Human Relations
JASPsych.	=	Journal of Abnormal and Social Psychology
JEduc. Res.	=	Journal of Educational Research
JSoc. Iss.	=	Journal of Social Issues
KZfSS	=	Kölner Zeitschrift für Soziologie und Sozialpsychologie
NWB	=	Neue Wissenschaftliche Bibliothek

Literaturverzeichnis

(Die mit (*) gezeichneten Arbeiten zitieren wir aus der Darstellung bei Martin Gold.)

Back, K. W.: Influence through social communication; JASPsych., vol. 46, 1951; 9–23 (*). – *Bahrdt, H. P.:* Der soziale Status des Forschers in der heutigen Gesellschaft; in: Mitteilungen des Verbandes der Wissenschaftler an Forschungsinstituten e. V. (VWF), Nr. 1/67, 3–10. – *Bell, R.:* Teilkultur der Jugendlichen; in: Friedeburg, L. von (Hrsg.): Jugend in der modernen Gesellschaft, NWB 5, Soziologie, Kiepenheuer & Witsch, Köln/Berlin, 1965, 83–86. –*Blücher, V. Graf:* Die Generation der Unbefangenen; Diderichs, Düsseldorf/Köln, 1966. – *Bolte, K. M.:* Sozialer Aufstieg und Abstieg; Enke, Stuttgart, 1959. – *Bolte, K. M.; D. Kappe; Fr. Neidhardt:* Soziale Schichtung; Leske, Opladen, 1966; Reihe B der Beiträge zur Sozialkunde: Struktur und Wandel der Gesellschaft, Bd. 4. –*Burgess, E. W.; H. J. Locke:* The family, from institution to companionship; American Book, New York, 1945 (*).

Carr, L. J.: Delinquency control; Harper, New York, 1950 (*). – *Cartwright, D.:* Achieving change in people: some applications of group dynamics theory; Hum. Rel., vol. 4, 1951, 381–392 (*). – *Cohen, A. K.:* Delinquent boys; The Free Press, Chicago, 1951 (*).

Devereux, Jr., E. C.; U. Bronfenbrenner; G. J. Suci: Zum Verhalten der Eltern in den Vereinigten Staaten und in der Bundesrepublik; in: Friedeburg, L. von (Hrsg.): Jugend in der modernen Gesellschaft, NWB 5, Soziologie, Kiepenheuer & Witsch, Köln/Berlin, 1965, 335–357.

Elkin, F.; W. A. Westley: Der Mythos von der Teilkultur der Jugendlichen; in: Friedeburg, L. von (Hrsg.): Jugend in der modernen Gesellschaft, NWB 5, Soziologie, Kiepenheuer & Witsch, Köln/Berlin, 1965, 99–106.

Festinger, L.; S. Schachter; K. W. Back: Social pressure in informal groups. A study of human factors in housing; Harper, New York, 1950 (*). – *Friedeburg, L. von (Hrsg.):* Jugend in der modernen Gesellschaft, NWB 5, Soziologie, Kiepenheuer & Witsch, Köln/Berlin, 1965. – *Friedeburg, L. von:* Zum Verhältnis von Jugend und Gesellschaft; in: Friedeburg, L. von (Hrsg.): Jugend in der modernen Gesellschaft, NWB 5, Soziologie, Kiepenheuer & Witsch, Köln/Berlin, 1965, 176–190.

Glaser, D.; K. Rice: Crime, age and employment; ASR, vol. 24, 1959, 679–686 (*). – *Gold, M.:* Status forces in delinquent boys; Institute for Social Research of the University of Michigan, Ann Arbor, 1963. – *Gold, M.; C. Slater:* Office, factory, store – and family: a study of integration setting; ASR, vol. 23, 1958, 64–74 (*).

König, R.: Einige Bemerkungen zur Stellung des Problems der Jugendkriminalität in der allgemeinen Soziologie; in: Soziologie der Jugendkriminalität; KZfSS, Sonderheft 2, Westdeutscher Verlag, Köln/Opladen, 1957, 1–11. – *Kogan, N.; M. A. Wallach:* Risk taking: a study in cognition and personality; Holt, Rinehart and Winston, New York, 1964. – *Komarovsky, M.:* The unemployed man and his family; Dryden Press, New York, 1940 (*).

Laird, M. S.: Annual report for the years 1931–1932; Cuyahoga County (Cleveland) Juvenile Court, 1933 (*). – *Lewin, K.:* Field theory in social science; Harper, New York, 1951 (*).

McCord, J.; W. McCord: The effects of parental role model on criminality; JSocIss, vol. 14 (3), 1958, 66–75 (*). – *McGrath, J. E.:* A study of phenomenal resolution of experimentally induced strain in cognitive structures; Unpublished doctoral diss., University of Michigan, 1955 (*). – *Miller, W. B.; W. C. Kvaraceus:* Delinquent behavior; culture and the individual. National Educ. Ass., Washington, D. C., 1959 (*).

Neidhardt, F.: Die Familie in Deutschland; Gesellschaftliche Stellung, Struktur und Funktionen; Leske, Opladen, 1966, Reihe B der Beiträge zur Sozialkunde: Struktur und Wandel der Gesellschaft, Bd. 5. – *Newcomb, T. M.*: Personality and social change: attitude formation in a student community; Dryden Press, New York, 1943 (*).
Parsons, T.; R. F. Bales: Family; The Free Press, Chicago, 1955 (*).
Reckless, W. C.: Die Kriminalität in den USA und ihre Behandlung; Münsterische Beiträge zur Rechts- und Staatswissenschaft, Bd. 8, de Gruyter, Berlin, 1964. – *Reinemann, J.*: Juvenile delinquency in Philadelphia economic trends; Temple Univer. Law Quart., vol. 20, 1947, 7 ff. (*).
Scheuch, E. K.: Sozialprestige und soziale Schichtung; in: Soziale Schichtung und soziale Mobilität, KZfSS, Sonderheft 5, Westdeutscher Verlag, Köln/Opladen, 1965, 102 ff. – *Schüler-Springorum, H.; R. Sieverts:* Sozial auffällige Jugendliche; Überblick, Bd. 5, Deutsches Jugendinstitut, Juventa, München, 1964. – *Sexton, P. C.*: Social class in a big city school system; Unpublished doctoral diss., Wayne State Univer., 1960 (*). – *Shaw, D.*: The relationship of socio-economic status to educational achievement in grades IV to VIII; JEduc. Res., vol. 7, 1943, 197–270 (*). – *Stermer, J.*: Report to Judge D. H. Healy Jr.; Wayne County Juvenile Court (Detroit), 1936 (*). – *Sutherland, E. H.*: Principles of Criminology; Lippincott, New York, 1939 (*).
Tenbruck, F. H.: Moderne Jugend als soziale Gruppe; in: Friedeburg, L. von (Hrsg.): Jugend in der modernen Gesellschaft, NWB 5, Soziologie, Kiepenheuer & Witsch, Köln/Berlin, 1965, 87–98.

Tabellenverzeichnis

1 Schicht- und Altersstruktur der befragten Jugendlichen (Vorbefragung) . . . 112
2 Prestige-Differenzierung verschiedener Berufe (Vorbefragung) 113
3 Altersverteilung der Prüf-Gruppe über drei Delinquenzstufen 115
4 Verteilung der Prüf-Gruppe über die Stadtbezirke 116
5 Kategorien der beruflichen Tätigkeiten der Väter 120
6 Art der beruflichen Tätigkeiten der Väter 120
7 Schulbildung der Väter 121
8 Einkommen der Väter 121
9 Schichtzugehörigkeit 122
10 Prozentuale Verteilung über die Schichten 123
11 Einfluß in der Familie (gemessen an der Entscheidung über die Einkommensverwendung, zu Frage 9) 124
12 Einfluß in der Familie (gemessen an der Entscheidung über die Einkommensverteilung für relativ teure Dinge, zu Frage 10) 125
13 Antizipation der beruflichen Verbesserung der Väter (zu Frage 8) 128
14 Korrelation der Daten aus Tab. 11 und 13 129
15 Hobbies der Väter (zu Frage 11) 129
16 Einkommensbelastung durch Hobbies (zu Frage 12) 130
17 Soziale Schicht und Attraktion 131
18 Soziale Schicht und Attraktion (nur D-Gruppe) 132
19 Soziale Schicht und Attraktion (nur ND-Gruppe) 132
20 Maß des »Schätzens« des Vaters (zu Frage 19) 133
21 Gemeinsame Hobbies von Vätern und Jugendlichen (zu Frage 15) 134
22 Zeitaufwand für gemeinsame Hobbies (zu Frage 16) 135
23 Weitere gemeinsame Tätigkeiten von Väter und Jugendlichen (zu Frage 17) . . 135
24 Zeitaufwand für weitere gemeinsame Tätigkeiten (zu Frage 18) 135
25 Gesprächspartner für persönliche Probleme (zu Frage 20) 136
26 Übereinstimmung hinsichtlich der Lösung persönlicher Probleme (zu Frage 21) 137
27 Einflußnahme der Eltern auf die Auswahl der Freunde(-in) (zu Frage 23) . . 138
28 Überwiegende Einflußnahme eines Elternteils auf die Auswahl der Freunde(-in) (zu Frage 24) 138
29 Orientierung an der Einstellung eines Elternteiles hinsichtlich der Auswahl eines Freundes bzw. einer Freundin (zu Frage 25) 139
30 Beachtung eines Verbots bezüglich des Umgangs mit einem bestimmten Freund bzw. einer Freundin (zu Frage 26) 139
31 Überwiegende Beachtung eines Verbots eines Elternteils bezüglich des Umgangs mit einem bestimmten Freund bzw. einer Freundin (zu Frage 27) 140
32 Ort der überwiegenden Freizeitgestaltung (zu Frage 28) 141
33 Häufigster Freizeitpartner (zu Frage 29) 141
34 Mitgliedschaft in einer Jugendgruppe (zu Frage 30) 142

Tabellenverzeichnis

35 Geschätztes Berufsprestige der Väter (zu Frage 7) 143
36 Bereitschaft, den väterlichen Beruf zu ergreifen (zu Frage 39) 143
37 Gründe für die Ablehnung, den väterlichen Beruf zu ergreifen (zu Frage 41) . . 144
38 Väter als Vorbilder der eigenen Erwachsenen-Rolle (zu Frage 42) 146
39 Disziplinäre Kontrolle (zu Frage 43) 146
40 Ausübung disziplinärer Kontrolle (zu Frage 44) 146
41 Art der Sanktionen (zu Frage 45) 147
42 Art der Sanktionen im Alter von 6–10 Jahren (zu Frage 46) 147
43 Verteilung der Prüf-Gruppe über drei Delinquenzstufen 158
44 Berufstätigkeit der Mutter (zu Frage 33) 164
45 Maß des »Schätzens« der Mutter (zu Frage 36) 164
46 »Schätzen« anderer Personen (zu Frage 37) 165
47 Maß des »Schätzens« anderer Personen im Verhältnis zum Vater (zu Frage 38) 166
48 Maß des »Schätzens« anderer Personen im Verhältnis zur Mutter (zu Frage 38 a) 166
49 Delinquenz-Neigung bei den befragten Jugendlichen (zu Frage 47–50) 167

Die hier nicht veröffentlichten Berechnungen der »Attraktions-scores« und der »Delinquenz-Neigungs-scores« können vom Institut für Kriminologie und Strafvollzugskunde der Universität Freiburg i. Br., 78 Freiburg, Günterstalstraße 70, angefordert werden.

Anhang:

Muster der Fragebogen

I. Anschreiben, Rückantwort-Karte und Interview-Anweisungen

Anschreiben

Sehr geehrter Herr

Im Rahmen einer Forschungsarbeit über die Situation der männlichen Jugend heute – führen wir in Mannheim eine Befragung durch.

Da wir aus verständlichen Gründen nicht alle Mannheimer Jugendlichen befragen können, haben wir eine maßgerechte Stichprobe gezogen, in die auch Sie aufgenommen wurden. Wir möchten Sie also stellvertretend für viele andere befragen.

Beigefügt finden Sie eine Postkarte mit einem Terminvorschlag. An diesem Tage würde unser Interviewer Sie gerne besuchen. Sollte Ihnen dieser Termin nicht zusagen, tragen Sie bitte einen Ihnen angenehmen Termin mit Uhrzeit ein. Die Karte ist bereits frankiert, Sie brauchen sie also nur noch in den Briefkasten zu werfen.

Wir wären Ihnen für Ihre Teilnahme an dieser Befragung außerordentlich dankbar, denn Sie sollen ja, wie bereits gesagt, stellvertretend für viele andere befragt werden und jeder Ausfall eines Befragten aus unserer Stichprobe beeinträchtigt die Genauigkeit unserer Ergebnisse.

Selbstverständlich werden Ihre Angaben völlig anonym und nur statistisch ausgewertet.

Mit freundlichen Grüßen!
Prof. Dr. Martin Irle

Rückantwort-Karte

Mannheim, den

a) Ich bin bereit, sie am   67 um   Uhr zu einem Interview zu empfangen.
b) Da ich zu dem unter a) vorgeschlagenen Termin verhindert bin, bitte ich Sie, mich am   67 um   Uhr zu einem Interview aufzusuchen.

....
(Unterschrift)

(Wenn Ihnen der unter a) vorgeschlagene Termin recht ist, bitte b) durchstreichen. Wenn der unter a) vorgeschlagene Termin nicht passend ist, bitte a) durchstreichen und unter b) Ersatztermin eintragen. *Umseitig bitte noch Absender eintragen und umgehend absenden.*

Danke schön!)

Interviewer-Anweisungen:

1. Nehmen Sie bei der Vorstellung bezug auf den Ankündigungsbrief, auch dann, wenn keine Rückantwort kam.
2. Der zu befragende Jugendliche sollte mit Vater und Mutter in einem Haushalt leben. Ist dies nicht der Fall, brechen Sie das Interview ab.
3. Achten Sie bitte darauf, daß nach Möglichkeit keine Dritt-Personen während des Interviews anwesend sind. Falls es sich nicht vermeiden läßt, notieren Sie dies bitte mit der Bemerkung »Dritt-Personen« auf der letzten Seite des Fragebogens.

4. Bei Verständnisschwierigkeiten auf seiten des Befragten bitte nur die zur Beantwortung stehende Frage wörtlich wiederholen. Bitte halten Sie sich genau an den Wortlaut der Fragen. Dies ist äußerst wichtig.
5. Bitte tragen Sie bei Wahlantworten die Ziffer der jeweiligen Antwort in das entsprechende Kästchen ein.

II. Fragebogen zur Hauptbefragung

Fragebogen zur Untersuchung der Situation der männlichen Jugend heute

Bei Wahlantworten Nr. der Antwort in ☐ eintragen!

0   0 ☐

1   1 ☐

2   2 ☐

3 *Fragebogennummer 120*   *Interviewer: freilassen*   3

Zunächst danke ich Ihnen dafür, daß Sie bereit sind, an dieser Befragung teilzunehmen. Sie haben ja sicherlich unseren Brief erhalten und wissen, weshalb wir gerade Sie befragen wollen. Selbstverständlich werden alle Ihre Antworten absolut anonym und ausschließlich statistisch ausgewertet. Es ist uns ausdrücklich verboten, Ihren Namen auf dem Fragebogen zu vermerken.

Ich möchte Ihnen nun zuerst einige Fragen zur beruflichen Situation des Vaters stellen. Diese Fragen kommen Ihnen vielleicht im ersten Augenblick etwas ungewöhnlich vor, sind aber für unsere Befragung wichtig. Ich möchte Ihnen aber nochmals versichern, daß alle Ihre Antworten völlig anonym bleiben.

4 Welchen Beruf übt der Vater jetzt aus?
   Freie Antwort: .... 4 ☐
   Bei Antworten, wie etwa »Arbeiter, Angestellter, Beamter, Selbständig« durch Zusatzfragen, etwa nach der Art der Tätigkeit, genauere Berufsposition feststellen! Zur Orientierung siehe Liste I im Anhang! Dann oben eintragen!

5 Wie hoch war ungefähr das Einkommen des Vaters im letzten Monat nach den Abzügen? Zeigen Sie mir doch bitte auf der Liste hier, in welche Gruppe das fiel.
   Liste I a vorlegen! Genannte Gruppe im Fragebogen ankreuzen!
   Bis 100 DM   ( )
                100–199 DM   ( )
                             200–349 DM   ( )
   350–499 DM   ( )
                500–749 DM   ( )
                             750–999 DM   ( )
   1000–1499 DM   ( )
                   1500–1999 DM   ( )
                                2000–2999 DM   ( )
   3000 DM und mehr   ( )   5 ☐

6 Welche Schulbildung hat der Vater?
   Siehe hierzu Liste II im Anhang! Diese langsam fragend vorlesen! Falls keine klare Antwort kommt, ungefähren Bereich auf der Liste ankreuzen, sonst Nr. der Antwort eintragen!   6 ☐

7 *Siehe Liste II a im Anhang!*
Welches Ansehen genießt Ihrer Schätzung nach die berufliche Tätigkeit des Vaters?
Bitte kreuzen Sie das Kästchen des Berufes an, der im Ansehen Ihrer Schätzung nach dem Beruf Ihres Vaters entspricht   7 ☐

8 Hat der Vater sein endgültiges Berufsziel erreicht oder rechnet er noch mit einer beruflichen Verbesserung? *(Keine Tariferhöhung!)*
Würden Sie sagen, daß der Vater:
sein Ziel nicht erreicht hat und eine Verbesserung wenig wahrscheinlich ist   1
sein Ziel nicht erreicht hat, aber eine Verbesserung wahrscheinlich ist   2
sein Ziel nicht erreicht hat, aber eine Verbesserung sehr wahrscheinlich ist 3
sein Ziel erreicht hat   4
Keine Antwort oder »weiß nicht«   5   8 ☐

9 Wer von den Eltern entscheidet darüber, welcher Teil des monatlichen Einkommens für Essen, Kleidung, Unterhaltung usw. ausgegeben wird?
Siehe hierzu Skala III im Anhang!
Ich lege Ihnen jetzt eine Skala vor. Kreuzen Sie bitte darauf an, was für Ihre Eltern zutrifft.   9 ☐

10 Wer von den Eltern entscheidet über die Ausgaben für relativ teure Dinge, wie z. B. Möbel, Fernsehen, Urlaubsreisen usw.?
Siehe hierzu Skala III a im Anhang!
Kreuzen Sie bitte auch auf dieser Skala an, was für Ihre Eltern zutrifft.   10 ☐

11 Welche Hobbies hat der Vater?
Freie Antwort:..
Falls keine spontane Antwort kommt, Liste IV im Anhang langsam fragend vorlesen und ankreuzen! Mehrfachnennung möglich!   11 ☐

12 Wieviel Geld, glauben Sie, gibt der Vater im Monat ungefähr dafür aus?
Freie Antwort:..
Evtl. in 10,– DM-Stufen nachfragen, bei höheren Beträgen (100,– bis 80,– usw.) beginnen!   12 ☐

13 Welche Hobbies haben Sie selbst?
Freie Antwort:..
Falls keine spontane Antwort kommt, Liste IV im Anhang langsam fragend vorlesen und ankreuzen! Mehrfachnennung möglich!   13 ☐

14 Wieviel geben Sie im Monat ungefähr dafür aus?
Freie Antwort:..
Evtl. in 10,– DM-Stufen nachfragen, bei höheren Beträgen (100,– bis 80,– usw.) beginnen!   14 ☐

15 Welche Hobbies treiben Sie gemeinsam mit dem Vater?
Freie Antwort:..
Falls keine spontane Antwort kommt, Liste IV im Anhang langsam fragend vorlesen und ankreuzen! Mehrfachnennung möglich!   15 ☐

16 Wieviel Stunden pro Woche treiben Sie ungefähr diese gemeinsamen Hobbies?
Freie Antwort:..
Evtl. grob in Stunden (etwa: mehr als 10 Std. bis 8 Std. usw.) nachfragen! 16 ☐

Anhang: Muster der Fragebogen

17 Welche Dinge tun Sie sonst *freiwillig* mit dem Vater zusammen?
    Nichts   1
    Freie Antwort:... 2   17 ☐
    Falls »nichts« weiter zu Frage 19

18 Wieviel Stunden tun Sie das ungefähr in der Woche?
    Freie Antwort:...
    Evtl. grob in Stunden (etwa: mehr als 10 Std. bis 8 Std. usw.) nachfragen!   18 ☐

19 Wie sehr schätzen Sie Ihren Vater?
    Siehe hierzu Skala V im Anhang!
    Ich lege Ihnen eine Skala vor. Wenn Sie den Vater ganz besonders schätzen, wählen Sie eine der größeren Flächen.   19 ☐

20 Mit wem besprechen Sie *am liebsten* Ihre persönlichen Probleme und Schwierigkeiten, z. B. Sorgen in der Schule oder am Arbeitsplatz, Meinungsverschiedenheiten mit Freund oder Freundin?
    mit dem Vater   1
    mit der Mutter   2
    mit anderen Erwachsenen   3
    mit Gleichaltrigen   4
    mit niemandem   5   20 ☐

21 Stimmen Sie in der Art, wie Sie über solche Probleme denken, mehr mit dem Vater oder mehr mit der Mutter überein? Würden Sie sagen:
    mehr mit dem Vater   1
    mehr mit der Mutter   2
    mit beiden   3
    mit keinem von beiden   4   21 ☐

22 Wenn Sie sich durch gelegentliche Nebenbeschäftigung etwas Geld hinzuverdienen wollen; was meinen Sie, wird eher der Vater oder eher die Mutter damit einverstanden sein?
    eher der Vater   1
    eher die Mutter   2
    beide gleich   3
    weder – noch   4   22 ☐

23 Kümmern sich Vater und Mutter darum, welche Freunde oder Freundin Sie haben? Was würden Sie sagen:
    ja, sie kümmern sich darum *(auch: Kümmern sich manchmal darum)*   1
    nein, sie kümmern sich nicht darum   2   23 ☐
    Falls »nein«, weiter zu Frage 26

24 Wer von beiden achtet mehr darauf?
    Vater   1
    Mutter   2   24 ☐
    beide gleich   3

25 Halten Sie sich bei der Auswahl Ihrer Freunde oder Freundin mehr an das, was der Vater oder mehr an das, was die Mutter sagt?
    mehr an das, was der Vater sagt   1
    mehr an das, was die Mutter sagt   2
    weder – noch   3   25 ☐

26 Angenommen, der Vater oder die Mutter verbieten Ihnen den Umgang mit einem bestimmten Freund oder einer bestimmten Freundin. Halten Sie sich an dieses Verbot:
    immer   1
    meistens   2

manchmal	3
selten	4
nie	5 26 ☐

27 Welches Verbot würden Sie mehr achten:
　　das des Vaters　　　　　　　　　　　　　　1
　　das der Mutter　　　　　　　　　　　　　　2
　　beide gleich　　　　　　　　　　　　　　　3
　　weder – noch　　　　　　　　　　　　　　4　27 ☐

28 Wo verbringen Sie den größten Teil Ihrer Freizeit?
　　zu Hause　　　　　　　　　　　　　　　　1
　　außerhalb　　　　　　　　　　　　　　　　2
　　gleichviel　　　　　　　　　　　　　　　3　28 ☐

29 Mit wem zusammen verbringen Sie Ihre Freizeit *am häufigsten?*
　　allein　　　　　　　　　　　　　　　　　　1
　　mit dem Vater　　　　　　　　　　　　　　2
　　mit der Mutter　　　　　　　　　　　　　　3
　　mit beiden gemeinsam　　　　　　　　　　　4
　　mit einem Freund, einer Freundin　　　　　　5
　　mit mehreren Freunden　　　　　　　　　　6
　　mit einer Jugendgruppe　　　　　　　　　　7
　　mit wem sonst? ....　8　29 ☐

30 Sind Sie Mitglied einer Jugendgruppe?
　　Ja　　　　　　　　　　　　　　　　　　　1
　　Nein　　　　　　　　　　　　　　　　　　2　30 ☐
　　Falls »nein« weiter zu Frage 33

31 Haben Sie in dieser Gruppe irgendeine Aufgabe, für die Sie besonders verantwortlich sind?
　　Ja　　　　　　　　　　　　　　　　　　　1
　　Nein　　　　　　　　　　　　　　　　　　2　31 ☐

32 Haben Sie sich selbst für diese Gruppe entschieden oder haben Vater oder Mutter Ihnen empfohlen einer solchen Gruppe beizutreten?
　　selbst entschieden　　　　　　　　　　　　1
　　Vater hat empfohlen　　　　　　　　　　　2
　　Mutter hat empfohlen　　　　　　　　　　3
　　oder wer sonst? ....　4　32 ☐

33 Ist die Mutter berufstätig?
　　Ja　　　　　　　　　　　　　　　　　　　1
　　Nein　　　　　　　　　　　　　　　　　　2　33 ☐
　　Falls »nein« weiter zu Frage 36

34 Arbeitet die Mutter dauernd oder nur vorübergehend?
　　Mutter arbeitet dauernd　　　　　　　　　　1
　　Mutter arbeitet nur vorübergehend　　　　　2
　　weiß nicht　　　　　　　　　　　　　　　3　34 ☐

35 Arbeitet die Mutter ganz- oder halbtags?
　　Mutter arbeitet ganztags　　　　　　　　　　1
　　Mutter arbeitet halbtags　　　　　　　　　　2
　　weniger　　　　　　　　　　　　　　　　　3　35 ☐

Anhang: Muster der Fragebogen

36 Wie sehr schätzen Sie Ihre Mutter?

Siehe hierzu Skala VI im Anhang!

Ich lege Ihnen wieder ein Skala vor. Wenn Sie die Mutter ganz besonders schätzen, wählen Sie eine der größeren Flächen. 36 ☐

37 Gibt es andere Personen, die Sie schätzen, etwa einen Lehrer, einen Meister oder Vorgesetzten, einen Jugendleiter oder einen gleichaltrigen Bekannten?

Lehrer	1
Meister oder Vorgesetzten	2
Jugendleiter	3
einen gleichaltrigen Bekannten	4
sonst jemand?:	5
niemanden	6 37 ☐

Falls »niemanden« weiter zu Frage 39
Bei Mehrfachnennung in Frage 37, Frage 38 entsprechend der Anzahl der Nennungen wiederholen!

38 Wie sehr schätzen Sie diesen? ....

Antwort(en) aus 37 einsetzen!

mehr als den Vater	1
wie den Vater	2
weniger als den Vater	3 38 ☐

38a *Gleiche Frage!*

mehr als die Mutter	1
wie die Mutter	2
weniger als die Mutter	3 38a ☐

39 Wollen Sie später einmal den Beruf Ihres Vaters ergreifen oder arbeiten Sie schon in diesem Beruf?

Ja	1
Nein	2 39 ☐

Falls positive Antwort, weiter zu Frage 40!
Falls negative Antwort, weiter zu Frage 41!

40 Was hat Sie dazu bewogen?

Siehe hierzu Liste VII im Anhang!

Ich lege Ihnen jetzt eine Liste vor. Bitte kreuzen Sie die Gründe an, die Sie zu Ihrem Entschluß bewogen haben oder nennen Sie andere Gründe, falls diese nicht auf der Liste aufgeführt sind.
Weiter zu Frage 42! 40 ☐

41 Weshalb wollen Sie den Beruf des Vaters nicht ergreifen?

Siehe hierzu Liste VIII im Anhang!

Ich lege Ihnen jetzt eine Liste vor. Bitte kreuzen Sie die Gründe an, die Sie zu Ihrem Entschluß bewogen haben, oder nennen Sie andere Gründe, falls diese nicht auf der Liste aufgeführt sind! 41 ☐

42 Würden Sie als erwachsener Mensch dem Vater gleichen wollen?

Ja	1
Teils – teils	2
Nein	3 42 ☐

43 Gibt es Dinge, derentwegen Sie von den Eltern bestraft oder ausgeschimpft werden?

Ja	1
Nein	2	43 ☐

Falls »nein« weiter zu Frage 46!

44 Wer bestraft Sie?

Mutter	1
Vater	2
Beide	3	44 ☐

45 Wie werden Sie bestraft?

Siehe hierzu Liste IX im Anhang!

Ich lege Ihnen wieder eine Liste vor. Nehmen Sie bitte das, was für Sie zutrifft.
Mehrfachnennungen möglich 45 ☐

46 Wie wurden Sie bestraft als Sie noch jünger waren, etwa im Alter von 6 bis 10 Jahren?

Siehe hierzu Liste X im Anhang!

Ich lege Ihnen wieder eine Liste vor. Nennen Sie bitte das, was für Sie zutrifft. 46 ☐

47 Man hört oder liest immer mal, daß anläßlich eines Beat-Konzerts Stühle oder Einrichtungsgegenstände kaputtgemacht werden. Wie würden Sie das beurteilen?

als sehr schlimm	1
als schlimm	2
als dummen aber nicht schlimmen Streich	3
als richtig	4	47 ☐

48 Angenommen, Sie sind mit Ihren Freunden auf dem Heimweg von einer Party. Keiner von Ihnen hat mehr Zigaretten und niemand hat mehr ein Markstück. Einer Ihrer Freunde will nun einen Zigarettenautomaten knacken, um so zu Zigaretten zu kommen. Wie würden Sie sich dazu stellen?

Siehe hierzu Liste XI im Anhang!

Ich lege Ihnen eine Liste vor. Sagen Sie mir bitte, was für sie zutrifft. 48 ☐

49 Angenommen, Sie wüßten, daß Ihr bester Freund ab und zu ein fremdes Auto zu Spazierfahrten benutzt. Er hat einen ganz speziellen Trick, um die Tür zu öffnen und den Wagen in Gang zu bringen. Es ist ihm dabei auch bisher nie etwas passiert. Wie würden Sie das beurteilen?

als sehr schlimm	1
als schlimm	2
als dummen aber nicht schlimmen Streich	3
als richtig	4	49 ☐

50 Angenommen, Sie sind auf einer Party und erfahren, daß eines der anwesenden Mädchen, mit dem Sie zwar nicht befreundet sind, das Sie aber gut kennen, erst etwas unter Alkohol gesetzt und dann zu einem Strip-tease gezwungen werden soll. Wie würden Sie sich dazu stellen?

Siehe hierzu Liste XII im Anhang!

Ich lege Ihnen nochmals eine Liste vor. Bitte sagen Sie mir, was für Sie zutrifft. 50 ☐

Wir sind nun am Ende unserer Fragen, und ich möchte Ihnen nochmals herzlich dafür danken, daß Sie so freundlich mitgearbeitet haben.

Interviewer – Name:

Datum des Interviews:

Tageszeit des Interviews:

Dauer des Interviews:

ANHANG

Liste I: Beruf des Haupternährers

Arbeiter:	Ungelernter Arbeiter	1
	Angelernter Arbeiter	2
	Normaler Facharbeiter	3
	Hochqualifizierter Facharbeiter	4
Angestellter:	Ausführender Angestellter	5
	Qualifizierter Angestellter	6
	Leitender Angestellter	7
Beamter:	Unterer Beamter	8
	Mittlerer Beamter (ab Inspektor)	9
	Leitender Beamter (ab Rat)	10
Selbständiger:	Kleiner Selbständiger	11
	Mittlerer Selbständiger	12
	Führender Selbständiger	13
	Freie Berufe, intellektuelle Berufe	14
	Kleiner Landwirt (5 ha)	15
	Mittlerer Landwirt (20 ha)	16
	Großer Landwirt	17

Liste I a
Bis 100 DM
    100–199 DM
        200–349 DM
           350–499 DM
                500–749 DM
                    750–999 DM
                        1000–1499 DM
                            1500–1999 DM
                                2000–2999 DM
                                  3000 und mehr DM

Liste II: Schulbildung des Haupternährers

Volksschule, unvollständig	1
Volksschule, ohne Lehre	2
Volksschule, mit Lehre	3
Handelsschule oder Mittelschule ohne Abschluß	4
Höhere Schule bis Obertertia	5
Mittlere Reife	6
Höhere Schule länger als Untersekunda, ohne Abitur	7
Höhere Fachschule mit Abschluß	8

Abitur	9
Hochschule oder Universität ohne Abschluß	10
Hochschule oder Universität mit Abschluß	11

Liste II a: Berufliches Ansehen
- ☐ Professor
- ☐ Arzt
- ☐ Ingenieur
- ☐ Buchhalter
- ☐ Maschinenschlosser
- ☐ Kellner
- ☐ Straßenkehrer

Skala III zu Frage 9 vorlegen!

Vater	mehr	Vater/Mutter	mehr	Mutter
allein	der Vater	zur Hälfte	die Mutter	allein

Skala III a zu Frage 10 vorlegen!

Vater	mehr	Vater/Mutter	mehr	Mutter
allein	der Vater	zur Hälfte	die Mutter	allein

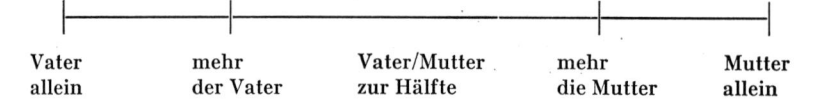

Liste IV: Hobby-Liste

	Vater	Sohn	Gemeinsam	
Sport aktiv				1
Sport passiv				2
Basteln				3
Arbeiten in Haus und Garten				4
Berufl. und priv. Weiterbildung				5
Musizieren				6
Lesen				7
Motorsport (Auto, Motorrad, Moped)				8
Spazierengehen, Wandern				9
Kino				10
Theater				11
Konzerte				12
Kleintierzucht				13
Angeln				14
Jagen				15
Vereine und Gruppen				16
Tanzen				17
Sonstige Hobbies				

Anhang: Muster der Fragebogen 189

Satz V und VI zu Fragen 19 und 36

SCHÄTZE SEHR

SCHÄTZE SEHR

SCHÄTZE SEHR

SCHÄTZE SEHR

SCHÄTZE SEHR

SCHÄTZE SEHR

SCHÄTZE SEHR

Karte VII zu Frage 40 vorlegen!

guter Verdienst	1
gesicherte Stellung	2
gute Aufstiegsmöglichkeiten	3
gutes Ansehen in der Öffentlichkeit	4
Freude an dieser Arbeit	5
fühle mich dazu besonders geeignet	6
Fortführung des väterlichen Unternehmens	7
andere Gründe:	8

Karte VIII zu Frage 41 vorlegen!

Verdienst zu gering	1
geringe berufliche Sicherheit	2
keine Aufstiegsmöglichkeiten	3
geringes Ansehen in der Öffentlichkeit	4
diese Arbeit macht keine Freude	5
fühle mich nicht dazu geeignet	6
will nicht in das väterliche Unternehmen	7
andere Gründe:	8

Liste IX zu Frage 45 vorlegen!

Wie werden Sie bestraft?

körperlich, etwa durch eine Ohrfeige	1
durch Entzug von Freizeit, Taschengeld, Kinoverbot, Ausgangssperre, Sonderarbeiten	2
Schimpfen Vater und Mutter mit Ihnen und versuchen Sie Ihnen klar zu machen, weshalb Sie sich falsch verhalten haben	3

Liste X zu Frage 46 vorlegen!

Wie wurden Sie bestraft als Sie noch jünger waren, etwa im Alter von 6 bis 10 Jahren?

körperlich, etwa durch eine Ohrfeige	1
durch Entzug von Freizeit, Taschengeld, Kinoverbot, Ausgangssperre, Sonderarbeiten	2
Schimpften Vater und Mutter mit Ihnen und versuchten Sie Ihnen klar zu machen, weshalb Sie sich falsch verhalten haben	3

Liste XI zu Frage 48 vorlegen!

ich würde ihn daran hindern	1
ich würde ihn darauf hinweisen, daß es nicht richtig ist, wenn er es aber trotzdem tut, würde ich ihn nicht daran hindern	2
ich würde ihn machen lassen	3

Liste XII zu Frage 50 vorlegen!

ich würde es verhindern	1
ich würde das Mädchen warnen und mit ihm die Party verlassen	2
ich würde den anderen sagen, daß ich so etwas nicht fair finde, es jedoch nicht verhindern	3
ich würde mich nicht darum kümmern	4
ich würde mitmachen, weil so etwas immer ganz lustig ist	5

Sachregister

Ablehnung, elterliche 33
Alter
– Kindergarten- 29 ff.
– Kleinkind- 26 ff.
– Schul- 32 ff.
– Vorschul- 29 ff.
Anomie 36 ff., 78
– Theorie von Durkheim 37 f.
– Theorie von Jaffe 40 ff.
– Theorie von Merton 38 ff.
Attraktion
– als Quelle sozialer Kontrolle 97 ff.
– bzgl. der Mutter 163 ff.
– bzgl. des Vaters 98 f., 118 ff.
– bzgl. Drittpersonen 165 ff.
– der Familie 73 ff., 118 ff.
– Indikatoren der – 133 ff.
– Kontrolle – Dynamik der – 118, 130 ff., 149 ff.
– und disziplinäre Kontrolle 146 ff.
– und Jugenddelinquenz 149 ff.
– und soziale Schicht 131 ff., 150 ff.

Beziehungen, soziale
– Faktoren der – 5 ff.

Delinquenzneigung 167 ff.
Diskriminierung, soziale 171 f.
Distanz, soziale 30

Einfluß
– der Mutter 124 f.
– des Vaters 98 f., 105 f., 152
– des Vaters und sozialer Status 123 f.
Einstellungen 7
Enkulturation 7
Erziehung 23 ff.

Familie
– Eigenschaften der 22 f.
– – Bedeutung für soz. Kontrolle 22 ff.
– Größe 66
– Homogenität 66
– Kernfamilie 2, 7, 13, 21
– – Funktionen 21
– – und Sozialisation 21 ff.
– Mobilität 66
– Ziele 104 f.
Fixierung, sekundäre soziale 7
Freizeit
– partner 141 f.
– verhalten 141, 152, 159 f., 174
– – familiendesorientiertes 162 f.

Gefühle 6
Gewissen 9 f., 80, 103
Gewohnheiten 7
Gruppe
– bestimmende Faktoren 11 ff.
– Primär- 13, 22, 31, 46, 78 f.
– Sekundär- 13

Halt
– äußerer 57 f.
– innerer 57 f.
– Norm- 59
– struktur 57
Haltungen 7

Ich 9 f., 44 f., 48, 55
Identifikation 7, 98, 103
Imitation 7, 103
Innovation 39
Interaktion 6, 11

Jugenddelinquenz
– Begriff 1, 96, 109
– und Anomie 36 ff.
– und Kontrolle 1, 34 ff., 43 ff., 59, 62 ff., 73 ff., 77 ff., 81 ff.
– und Überbehütung 32 ff.

Klima, affektives 29 f., 66 f.
Konformismus 39
Kontrolle
Kontrolle, disziplinäre und Attraktion 146 ff., 154 f.
Kontrolle, externe 8
Kontrolle, kulturelle 9
Kontrolle, personale 9 f., 32, 58 f., 77 ff., 81
– – Entwicklungszusammenhang mit soz. Kontr. 9 f., 32, 60
– – und Jugenddelinquenz 44 ff., 59, 72 ff., 157 ff., 168 f.
– – und Sozialisation 49
Kontrolle, soziale
– – Begriff 4
– – Faktoren für ihre Wirksamkeit 21 ff.
– – Funktionen für den einzelnen 11
– – Funktionen für die Gruppe 11 ff.
– – im Kindergartenalter 29 ff.
– – im Kleinkindalter 26 ff.
– – im Schulalter 32 ff.
– – im Vorschulalter 29 ff.
– – Mittel der – – 8 ff.
– – und Attraktion 73 ff., 93, 97 ff., 157 ff.

Kontrolle, soziale
– – und äußerer Halt 57
– – und Erziehung 23 ff.
– – und Familie 21, 46 ff., 97 ff., 118 ff.
– – und Gruppe 11 ff.
– – und Kulturkonflikt 97
– – und Jugenddelinquenz 1, 34 ff., 43 ff., 45, 59 ff., 62 ff., 73 ff., 77 ff., 81 ff.
– – und Normaktualisierung 8 ff.
– – und Sanktion 14 ff.
– – und Selbstbild 49 ff.
– – und soziale Organisation 97
– – und Sozialisation 1 f., 8, 25 ff., 49
– – unmittelbare des Vaters 138 ff.
Kontrolltheorien
– – von Gold 73 ff., 92 ff.
– – von Nye 63 ff.
– – von Reckless u. a. 49 ff., 57 ff., 59 ff.
– – von Redl, Wineman 43 ff.
– – Kritik der – 77 ff.
Kräfte, provokative 74, 93, 96 f., 99 f., 118, 169 ff.
– – und Jugenddelinquenz 74 ff.
Kulurstruktur 38 ff.

Lerntheorie 17 f.
Lohn 14 ff., 79

Methodenfragen 149 ff.
Modell, feldtheoretisches 93
Mutter, Berufstätigkeit 105 f., 163 ff.

Neutralisation 59 f., 82
Norm
– aktualisierung 8, 14, 24, 79
– erosion 59 ff.
– halt 59 ff.
– internalisierung 7, 9, 20
– Rechts- 6
– soziale 5 f.
– übermittlungsprozeß 8, 60 ff.

peer-group 31
Persönlichkeit, sozio-kulturelle 2, 14
Personalisation 2, 8, 20

Rebellion 39
Rituale 27
Ritualismus 39
Rolle
– soziale 7
– kulturelle 7
– Übernahme der – 7 f.
Rückzug, sozialer 39

Sanktion
– interne 9
– negative 8 f., 14 ff., 17 ff., 20, 28, 77, 80
– positive 8 f., 14 ff., 17 ff., 20, 28, 77, 80
Sanktionsformen 18 ff., 29 ff., 67 ff., 76, 147 f.
– bestimmende Faktoren der – 18 ff.
Sanktionsmechanismus 157 f.
Sanktionspotential 18
Sanktionssubjekt 18, 30
Schicht, soziale 65, 74, 96, 118 ff.
– Bewußtsein 100
– Zugehörigkeit 122 f.
Schulleistung und Erfolgsperzeption 100 f.
Selbst 8, 55
Selbstbild 9 f., 30, 49 ff., 61, 80
Soziabilisierung 7, 26
Sozialisation 2, 7 f., 17, 20, 59, 63 ff., 77 ff.
– Stadien 25 ff.
– und soziale Kontrolle 1 f., 8, 25 ff., 49
Sozialstruktur 38 ff.
Status
– deprivation 91, 100
– position 107
– sozialer 96, 107, 119 ff., 150 f.
– und Einfluß des Vaters 123 ff.
Strafe 14 ff., 79

Tätigkeit 6
Theorien, kriminologische 35 f., 62

Überbehütung 32 ff.
– kompensatorische 34
Über-Ich 9 f., 44, 48, 55, 80

Valenz
– positive 15 ff.
– negative 15 ff.
Vater
– Antizipation beruflicher Verbesserung 128 ff.
– Beruf 120
– Einkommen 121 f.
– Hobbies 129 ff.
– Schulbildung 121
– Vorbild für Erwachsenen-Rolle 146
Verhalten
– (norm) abweichendes 1, 77
Verhaltensstandards
– Orientierung an 137 ff., 138 f.

Wertkonflikt 69